2007 年堪仁波切於台北樹林成立「寧瑪白玉菩提昌盛閉關中心」，12 月 3 日，貝諾法王爲閉關中心主持開光法會，堪仁波切獻上身口意供養。

堪仁波切主持興建的「寧瑪菩提昌盛寺」目前有 4-20 歲的小喇嘛八十多位（另有四十多位 20 歲以上喇嘛就讀於南印度「南卓林佛學院」）。由於年幼小喇嘛人數眾多，亟需十方法友大德護持，詳情請參考「寧瑪三根本法洲佛學中心」網站 http://www.y-s-p-d.org.tw。圖爲小喇嘛學期結業典禮師生大合照。

蓮花生大士預言及授記的聖境仰桑貝瑪貴「達那果夏湖」，海拔三千六百多公尺，堪仁波切曾於此進行兩次長期閉關。

堪仁坡切閉關的岩洞位於湖畔半山腰斷崖上（即懸掛風馬旗處）。

遍智 吉美林巴

本智光照

功德寶藏論

密宗分講記

堪布徹令多傑仁波切◎講記

張福成◎口譯

欲閱讀者，請先接受具德上師口傳，較為如法。

目錄

尊貴的 寧瑪白玉大堪布 徹令多傑仁波切 簡介

　　堪布　徹令多傑仁波切於 1958 年誕生在貝瑪貴（Pemakod，原屬西藏，今屬印度），貝瑪貴係蓮花生大士在一千多年前便預言及授記的殊勝岩藏聖地，該聖地亦為　貝諾法王及第二世　敦珠法王的誕生地。堪仁波切初次接觸佛法因緣，為其小時看到田中蚯蚓不小心被踩死，悲慟不已，母親發現他有深切的慈悲心，便在他 16 歲時，讓他前往尼泊爾依止　敦珠法王，學習佛法修行，一年中從法王處接受各種灌頂、口傳及密訣。

　　後因　敦珠法王要前往法國，指示堪仁波切到南印度　貝諾法王設立的佛學院就讀，說：「該佛學院是最好的佛學院，你要依止　貝諾法王出家接受比丘戒，學習並精通佛法。」並預言堪仁波切將來會傳法利益無量眾生。

　　堪仁波切前往南印度佛學院後，經過九年時間精進研習顯密典籍，以優異成績畢業，且於　達賴喇嘛尊前辯經及講經考試時，表現優異，深獲　達賴法王之讚許。之後圓滿四加行、氣功和大圓滿之修行及完成大部分之三年閉關法。成為佛學院第一屆畢業生中，升座的五位資深堪布之一。

　　堪仁波切傳法講經至今二十五年，弟子包括多位轉世仁波切（藏語稱祖古）、教授（藏語稱堪布）及講師（藏語稱洛本）；堪仁波切以無分別之心，學習並通達不同教派如噶舉、薩迦及格魯之教法；亦從　頂果欽哲法王、　貝諾法王、　多竹千法王、　吉美彭

措法王、 祖古圖桑仁波切等上師處接受圓滿教言及所有傳承之法門灌頂和口傳，特別由 貝諾法王處接受不共的白玉傳承大手印、大圓滿合一之密訣耳傳講解，因此堪仁波切視 貝諾法王爲己之具恩根本上師。

　　堪仁波切被 貝諾法王派往西康白玉祖寺佛學院擔任校長時，三年期間，除了得到 圖桑祖古的「天法」口傳、「堪布雅嘎全集」灌頂、「吉美林巴全集」灌頂及一些秘密稀有的灌頂、口傳外，更依師囑前往謁見大成就者 阿秋仁波切，不但在 阿秋仁波切尊前接受大圓滿法全部口訣的口耳傳承，更接受了「堪布雅嘎全集」口訣及一對一口耳傳承的指導，並在 阿秋仁波切駐錫地亞青寺閉關實修，四個月間得到 阿秋仁波切的教授、口訣及口耳傳承，不負上師 貝諾法王殷重敦囑和期許。 阿秋仁波切除了在數千位僧眾面前讚揚堪仁波切爲學者及實修雙有成就之執法大師，且公開授記他將來會有廣大利生的佛行事業外，也曾對堪仁波切的修證功德授予秘密讚賞。歡喜之餘，以其從伏藏中所取出的金剛鈴、杵及由五寶所製的文殊慧劍和古老且極具加持力的佛像賜予堪仁波切，作爲殊勝之緣起並做特別之授記。

　　堪仁波切亦由 達賴喇嘛處獲得時輪金剛之灌頂、講解和格魯派及寧瑪派之教法；由薩迦派 崔津法王處獲得灌頂和口傳。後由 貝諾法王派遣到前一世 頂果法王的雪謙寺擔任堪布職、教授師，達四年之久。此段期間， 貝諾法王曾親自到雪謙寺垂賜大眾以「大寶伏藏」灌頂，並甚爲歡喜和感激地告訴堪仁波切：「 頂果法王是我的上師，我派你來協助我的上師，你不僅不負所託，

甚至令我的上師、佛母及　冉江法王皆大歡喜和讚歎，我由衷感謝你！」於尼泊爾雪謙寺佛學院擔任堪布教授四年期間，　頂果法王也對堪仁波切極為滿意並讚歎有加。

　　1999年堪仁波切返回南印度時，　貝諾法王特別對他指示：需於殊勝的貝瑪貴聖地，修建一所出家眾寺院和一所瑜伽士寺院；且需在當地興建學校、醫院和養老院。並寫下向不分教派的十方施主介紹堪布及勸善募款的信函，還指示堪仁波切必須前往台灣等地，結下法緣。

　　同年底，堪仁波切首先赴歐洲，再轉往新加坡、菲律賓、香港、台灣等地，佛行弘法事業。2002年　貝諾法王派遣堪仁波切二度來台，成立板橋弘法中心。堪仁波切面對　上師殷殷敦囑、策勉和期許，內心十分感恩與感動，這也支持著堪仁波切能夠遇難不退。

　　為報恩供養，為昌弘聖教，為利益有情，堪仁波切的心願是：「在　上師的指導和加持下，除能於貝瑪貴完成僧俗二眾的白玉分寺外❶，也能夠在貝瑪貴興建學校、養老院、醫院等，以攝受當地居民，使都能信受佛法、實踐佛法，讓聖教正法能在聖地廣弘昌盛！相信這也是身為佛弟子每一個人的願望，期盼具緣的佛弟子們，能夠用最清淨的意樂、最歡喜的發心，共襄盛舉、鼎力護持，在這稀有殊勝的密境聖地，一起造下無量功德之共業！」

---

❶ 2011年2月已於貝瑪貴興建完成「寧瑪菩提昌盛寺」，目前持續募款進行「瑜伽士閉關中心」興建計劃及寺院周邊設施工程。有意願護持的法友大德，懇請捐款，詳情可上「寧瑪三根本法洲佛學中心」網站 http://www.y-s-p-d.org.tw。劃撥帳號：19849851，戶名：臺北縣寧瑪三根本法洲佛學研究會。

堪仁波切在台弘法紀事：

1. 1999～2000 年　貝諾法王派遣來台，在新店白玉中心灌頂及講授教法《大圓滿三自解脫論》及《三律儀》等。

2. 2002 年，奉法王之命二度來台，在台灣成立板橋弘法中心；同年十月成立高雄弘法中心。正式開始有計劃、有次第的講說佛法課程，用心爲弟子做聞思修之規劃。

2002～2012 年：

＊教授法：

　　至今已講授：《大圓滿三自解脫論》、《生起次第釋論》、《大幻化網念誦實修指導文》、《大圓滿心性休息論》、《大圓滿虛幻休息論》、《大圓滿禪定休息論》、持明吉美林巴所著《功德寶藏論》、龍欽七寶藏《法界寶藏論》、《入菩薩行》智慧品、《大圓滿椎擊三要》……等近三十門課程。

＊實修法：

　　至今已口傳灌頂：嗡啊吽前行法、金剛手菩薩、地藏菩薩、二十一財神及二十一度母等實修法、山淨煙供、黑財神水供、更密上師具明點印、貝諾法王上師瑜伽法及毗瑪心滴、大圓滿前行修心七要、八大嘿嚕嘎大吉祥總集、上師內持明總集、大樂佛母母尊意修儀軌等。

＊實修指導：

　　堪仁波切會針對弟子根器及學習進度而有一對一的傳法指導，且會依弟子個人修法上的問題和瓶頸做善巧引導、突破。

3. 2006 年成立香港弘法中心。

4. 2007 年於樹林成立「寧瑪白玉菩提昌盛閉關中心」，引導相應弟子進行三日、七日等短期，乃至三年三個月的長期閉關。若具因緣者，日後可至貝瑪貴的瑜伽士關房進行短、長期閉關。

＊目前已指導進行之閉關課程：

　　八關齋戒、大圓滿前行～上師內持明總集閉關、大圓滿前行～本尊大吉祥總集閉關、大圓滿前行～大樂佛母母尊意修閉關、地藏菩薩閉關、天法藥師佛閉關、天法二十一財神閉關、普巴金剛密修閉關、龍欽寧體威猛馬鵬上師護法總集及格薩爾王閉關、天法文武百尊閉關、千手千眼觀音菩薩紐涅閉關……等。同時已計劃傳授完整「寧瑪派‧龍欽寧體法」之閉關課程。

5. 2008 年受邀獲聘擔任大華嚴寺「萬人供僧大法會」之指導上師。

6. 2009 年再度受邀獲聘擔任大華嚴寺「萬人供僧大法會」之指導上師。

7. 2010 年於香港中心講授《大幻化網總說光明藏論》。

8. 2011 年成立澳門弘法中心。

9. 2012 年 3 月成立台中中心（貝瑪瑪尼顯密法林中心）。

10. 2012 ～ 2013 年應南印度南卓林寺之邀，擔任高級佛學院院長。

自序

正如同《遍造王續》宣謂：「乘門即有二類也，性相原因之乘門，果位金剛乘門矣。」據此，《功德寶藏》由第一章至第九章講述經教性相乘門的內容，名稱上稱爲「經教性相原因乘門」，其義爲：唯以因如來藏種子作爲原因，賴之而累積二糧作爲助緣，依序離開二障，晉昇上道，方才得到正式佛果。此種主張，係以因果相關聯之因作爲實修之道，因此稱爲「因乘門」。

所謂「果金剛乘門」，在見地上進行抉擇❶：果位之法身智功德等等，如同大海一般無量無數，當下之時在基❷上即原已存在。隨後禪修之時，即隨順見地所作抉擇，依果位法已安住道理而進行禪修，因此稱爲「果金剛乘門」。

第十章至第十三章即開示密咒乘法類。

總之，《功德寶藏》圓滿開示了顯密完整的成佛道次第，實是一部罕有的殊勝典籍。

由於我個人不懂華語，不能確定是不是能夠依據我個人的思想表達了典籍的關鍵，但是如果好好聞思此部典籍，相信大家必定能夠消除一切不了解與顛倒了解；而且賴此美滿順緣，必定能夠得到部分了解與正確了解。因此，個人誠懇希望大家務必盡自己的能

---

❶ 經由推理分析而得到確定，即稱為抉擇。
❷ 指基、道、果之基。

力，好好聞思此部典籍。

　　敝人所作的這些解釋，能夠有中文面世與大家結下法緣，實是得力於口譯與筆錄的幫忙，敝人謹致上深深的謝意。

　　最後祈願祝福結下法緣者，一切順利，古祥如意！

堪布徹令多傑仁波切

於印度南卓林佛學院

導讀

　　龍欽心滴的伏藏教法由遍智　吉美林巴在他第一次三年閉關時挖掘取得，因此，遍智　吉美林巴可說是大圓滿龍欽心滴的教法法主。他在第二次三年閉關時，實修大遍智　龍欽巴（法），親見龍欽巴三次，同時龍欽巴毫無保留地傳授給他一切的指導、教誡。

　　遍智　吉美林巴所著《功德寶藏・歡喜雨》，就是將大遍智龍欽巴所著《七寶藏論》的關鍵精髓全部凝聚在一起，包括下士道、中士道、上士道的基、道、果的部分。分成三個根本大綱，也就是初善──前言，中善──正文，後善──結行。

　　正文的部分分為十三章：

第一章：暇滿難得

第二章：死亡無常

第三章：業力因果

第四章：輪迴痛苦

第五章：殊勝士夫最初入門處──四大輪

第六章：佛道入門──皈依

第七章：正式進入大乘──四無量心

第八章：發殊勝菩提心

第九章：菩薩學處

第十章：持明藏典

第十一章：一切聖教之頂──自性大圓滿

第十二章：自性大圓滿不共之道

第十三章：究竟之果——佛身與佛智

其中，第一至第三章是使本來還沒有趨向於佛法的人，能夠轉心向法；第四章到第九章，講說脫離三界輪迴的解脫之道；第十章是能滅盡其錯亂見地之方便；第十一、十二、十三章，講述把一切迷惑所顯現的景象全部清淨去除的方法，去除後，所顯全是清淨浩瀚，唯有本智。

以三士道次第而言，第三至第十三章廣說所應修持的三士道次第，下士道於第三章講說；中士道於第四章講說；上士道屬不共道，細分為三項：

1. 說明前行法：第五章

2. 說明道之所依基礎：第六章

3. 說明道之主體「觀修兩種菩提心」，再細分為三：

　(1) 道之主幹——依因經教性相乘門而說

　　　修心——四無量心：第七章

　　　發誓——全面執持菩提心：第八章

　　　修學學處——願、行菩提心學處：第九章

　(2) 道之隱義——依果密咒金剛乘門而說：第十章

　(3) 道之近道——依自性大圓滿而說：第十一至十三章

第一章到第九章屬顯分，第十章到第十三章屬密分。本書內容講述密分部分，至於顯分內容請參見《本智光照——功德寶藏論顯宗分講記》一書。

　　從第一章到第十三章，遍智　吉美林巴開示了顯密完整的成佛道次第，實爲一部罕有的殊勝典籍，任何一位有心學習此完整顯密教法的讀者，請務必依序由顯分到密分，逐步深入，方能掌握、領悟關鍵精髓，實質獲益。

堪布徹令多傑仁波切

中善——正文

正文也就是這本書的內容，分成十三章。第一章暇滿難得，第二章死亡無常，第三章業力因果；這三章好好學習後，本來還沒有趨向於佛法的人，就能夠轉心向法。第四章到第九章，整體講的是脫離三界輪迴得到解脫的道路，這是聲聞和獨覺的道路，但若以方便大悲、空性智慧攝持之下來學習，這也是大乘的道路，也能夠證得佛果。第十章談到顯教乘門所走的道路有應做和應斷，以致對應做和應斷會有所執著，而去除這種執著的方式是什麼呢？將於第十章講述。第十一章、十二章、十三章，講述把一切迷惑所顯現的景象全部清淨去除的方法，去除後，所顯全是清淨浩瀚，唯有本智。（註：第一章到第九章屬顯分，已於上冊闡述）

10
持明藏典

　　無論是經教乘門的教法或是密咒乘門的教法，這一切都是我們的導師釋迦牟尼佛所宣說的教法。就密咒乘門教法的實修者而言，大多數都是先將經教乘門的教法作了實修，到達徹底究竟之後，再進一步去實修密咒乘門的教法，在印度是如此，在西藏也是如此，在中國也是如此，大多數都是這種情況。

　　但雖然如此，不過有一些人，因為上輩子對教法已經非常熟練，所以這輩子只學習一點點經教乘門的教法之後，就直接實修密咒乘門的教法，也成就了佛果。這種情況也有，只是屬於相當少數。

　　現在台灣有一些人，僅僅只是去請求了一些灌頂；為了運氣轉好，請僧眾來家裡做一些佛事儀軌；自己也做了密咒乘實修法的一些念誦，然後就說：「我在實修密咒乘門的教法。」其實這樣並不能算是純正的密咒乘門實修。

　　就密咒乘門的教法而言，如果是純正的實修，首先自己要請求灌頂。得到灌頂之後，在密咒乘門裡有基、道、果的理論，對這些部分要有正確、通達的了解，之後抉擇思維去除疑問，以這樣來實修，才算是真正在實修密咒乘門。

　　同樣的情形，在實修顯教乘門方面，台灣也有許多弟子去請求了皈依戒律，之後自己在家或是在道場念誦幾句「南無阿彌陀佛」，觀想阿彌陀佛，然後就說：「我在實修顯教的教法。」當然這些都是屬於顯教的教法，但如此的實修不能算是究竟徹底的實修，因為顯教乘門也有基、道、果的理論，也有見地、觀修、行持方面的理論，有許許多多內容。這些內容不能混雜在一起，必須區

分清楚，通達了解，這樣才能說自己是在學習顯教乘門的教法，才算是名實相符。

密咒乘門教法的起源與傳承

關於密咒乘門教法的來源，導師薄伽梵在 82 歲時涅槃，在他涅槃之前曾經說過：「只要是我的弟子，不管是誰，在我沒涅槃之前，趕快到我前面來。」

他這樣指示時，就有非常多的弟子聚集到尊前，接著佛陀說：

「現在大家如果還有不能決斷的疑問，有任何問題，要趕快提出來，因為我不能久留世間，即將進入涅槃。」

這樣講了之後，有位弟子叫袞札喇，算是最好的弟子之一，站立起來，向佛陀薄伽梵提出問題：

「佛陀薄伽梵您開示了聲聞乘門的教法、獨覺乘門的教法、大乘菩薩乘門的教法，三乘的教法都作了開示，但卻沒有開示無取無捨、非常容易實修的方式、最為快速的道路，也就是密咒乘門的教法，請問原因何在呢？」

「三乘的教法我已經完全講授完畢了，將來，屬於最為快速道路的密咒乘門之教法，在我涅槃之後 112 年，印度會有一位國王名為『札』，那時會出現許多奇特的徵兆、形相，伴隨著這些徵兆、形相出現時，密咒乘門的教法就會傳揚開來。」佛陀薄伽梵如此回答。

正如佛陀所開示的一般，過了 112 年後，國王札的皇宮屋頂上

出現了各種徵兆，這時，瑪哈瑜伽教法開始流傳開來。之後有五位賢士，都是佛陀的弟子，因爲祈請之故，金剛手出現，對他們開示教法，因此阿努瑜伽教法就流傳開來。之後金剛薩埵的化身阿闍黎極喜金剛在印度出生了，他使密咒乘門教法傳揚開來，最主要是阿底瑜伽教法。所以，瑪哈瑜伽、阿努瑜伽、阿底瑜伽，大圓滿的教法也就在印度聖地流傳開來了。

逐漸傳到西藏，在古魯仁波切（蓮花生大士）、大博士無垢友、大譯師毗盧遮那的努力下，密咒乘門教法也在西藏流傳開來。在中國方面則是吉祥獅子，他到印度阿闍黎極喜金剛尊前學習了大圓滿的教法，然後在中國傳揚開來。

就一般而言，密咒乘門教法的傳承分成勝者尊意傳承、持明指示傳承、士夫耳傳承。

勝者尊意傳承：是指諸佛內心都有密咒乘教法的證悟，因此，彼此之間，在內心進入了等置禪定的狀況下，一尊佛內心的了解是什麼樣子，另一尊佛當然徹底、完全地了解，這種情況稱爲「勝者尊意傳承」。

持明指示傳承：是指登地以上的菩薩，不需要用口頭的語言辭句，只需要透過身體和手的姿勢等指示，對方就能對萬法的實相產生證悟，這種情況就叫「持明指示傳承」。

士夫耳傳承：依靠上師用言語詞句作解釋說明，之後一代一代傳承，不斷流傳下去，這種情況稱爲「士夫耳傳承」。

以上是最爲主要的三種傳承，除此之外，還有空行伏藏印傳承、祈願灌頂傳承、書卷辭句傳承。

空行伏藏印傳承：例如古魯仁波切將教法傳授給空行佛母伊喜・措嘉（本智海勝），本智海勝佛母將這些教法，例如大圓滿的教法，埋藏起來變成伏藏法，同時祝福發願：未來有某某位古魯仁波切的弟子，希望他能遇到這伏藏教法，挖掘取出，流傳開來。這就是「空行伏藏印傳承」。

祈願灌頂傳承：例如我們現在常常發願，希望能利益廣大眾生，無論哪一位眾生，希望他內心所渴求之事都能達成。未來，有些法因為前面我們所發的願望實現之故，將來有一天，在泥土之中，在大地之中，在石頭之中，在天空之中，就傳出法音，使人能聽到，因此而流傳開來的教法，就是「祈願灌頂傳承」。

書卷辭句傳承：古魯仁波切和一些弟子把教法用辭句寫在紙張上，之後逐漸流傳下來，所以是「書卷辭句傳承」。

合在一起，共有六種傳承。

此外，還有承旨授記傳承、實修加持傳承，也有這種說法。

承旨授記傳承：例如我們現在好好作實修，等到自己的罪障清淨去除時，對萬法的實相就產生一個正確的證悟；正確的證悟後就進入了聖者地；進入聖者地後當然就拜見了許多諸佛菩薩；拜見諸佛菩薩時，諸佛菩薩會開示許多教法，同時又說：「你要對眾生講解教法。」因此自己得到授記，奉了命令來傳揚佛法，這種傳承叫「承旨授記傳承」——承受了旨意、得到諸佛的授記預言。

實修加持傳承：好好地實修，等到一切罪障清淨去除後，上師的加持進入自己內心，因此而流傳出來的法，稱為「實修加持傳承」。

此外，還有其它兩種。

耳傳直接指導傳承：沒有書籍、沒有文字，由歷代上師傳承下來，一位上師教導給一位弟子，只有對著一位弟子的耳朵告訴他教法，沒有文字，直接以口講，所以叫「耳傳直接指導傳承」。

事業宗風傳承：是指在密咒乘的修法裡，壇城應當要怎麼畫、金剛舞蹈怎麼跳、如何作火供儀軌、如何進行灌頂、壓伏魔鬼邪祟的儀軌是什麼……等等。各種各類不同的事業都有它的理論及傳統的習慣，這些一定都是由前輩上師一代一代傳承下來，自己去學習就能了解，這樣的傳承方式稱為「事業宗風傳承」，並非自己獨創發明一種新方式，佛法裡沒有自己去獨創發明新方式的情形。

以上所講是不共的、歷代傳承密咒乘門教法的方式，有許多不同。

其次，在密咒乘教法的學習方面，請求密咒乘門教法時的動機和請求經教乘門教法時的動機是不相同的。巴楚仁波切在《普賢上師言教》中曾提到過：

「請求經教乘門教法時，應該要齊備心胸廣大菩提心動機來請求教法；但在請求密咒乘教法時，應該要產生方便廣大密咒乘動機來請求教法。」

方便廣大密咒乘動機產生時，以此動機來請求密咒乘門的教法或灌頂，這時的動機應當如此：請求教法、請求灌頂的這個地方，不是平常所看到的土木石頭的樣子，應當是清淨的淨土；請求教法的弟子應當是男女菩薩、登地以上的大菩薩，心識清淨；講述教法的上師，例如是金剛薩埵，一樣是佛陀的本質；就教法而言，恆常

普遍而自成。應當有這種認識後，才來請求密咒乘門的教法。

經教乘門與密咒乘門的差別

接下來，原文裡提到，一般而言，經教乘門的道路是菩薩所走的道路，密咒乘門的道路也是菩薩所走的道路，作爲菩薩所走的道路，密咒乘門卻有其它不同的名稱，有些人稱爲「果乘門」，有些人稱爲「金剛乘門」，有些人稱爲「方便乘門」，有三種不同的名稱。

首先是「**果乘門**」，用這名稱的原因何在呢？

一般來講，在經教乘門之中經常談到「一切萬法的實相是空性」，既然是空性，我就正確地去了悟空性，以這種方式了悟空性後，就能把煩惱滅掉了，這是經教乘門的見地。

但在密咒乘門之中，一切眾生本來即是佛，這是果。但這雖然是果，我並沒有了解，因爲本來就是果，我希望有這個了解，爲了要能得到果，因此，我就進行積聚資糧、調治罪障，這樣的方法就是密咒乘門的方法，所以稱爲「果乘門」。因爲現在眾生即是佛，這是果，這點要非常堅決確定，之後再進行道路的實修。因爲這個緣故，所以把它稱爲果乘門。

第二種名稱是「**金剛乘門**」，爲什麼用這個名稱，原因何在？就密咒乘門的教法而言，能夠將任何一邊的煩惱全部斷除掉，任何一邊的煩惱又不能來破壞我、傷害我，所以就像金剛一樣不變不壞，並且能夠滅掉任何煩惱而不會被打敗，因此稱爲「金剛乘門」。

　　第三種名稱是「**方便乘門**」，用這個名稱的原因何在？我們現在內心之中有非常多煩惱，在經教乘門的道路上，將這些煩惱當作是敵人，要打擊它、把它消滅掉。但在密咒乘門裡不用這種方式，當然煩惱很多，不過有很多善巧方便的方法可以運用，可以消滅掉煩惱。由於這種方便善巧的方法很多，因此稱爲「方便乘門」。

　　密咒乘門的典籍稱爲「**持明藏典**」，也有它的原因。內心的實相是基如來藏，這基如來藏的部分由上師作介紹、作指示，自己不管在何時，完全不忘記它，使它不斷地維持下去而作實修，這種使它能夠維持、繼續下去的實修法，就是密咒乘門的法，所以稱爲持明的法，「持明」是這個意思，因此就是持明藏典。

　　前面所提到那麼多的意義，在經教乘門是不存在的，因此，比起經教乘門的教法而言，密咒乘門更加地殊勝。

　　在密咒乘門的教法之中有三種續部：基續部、道續部和果續部。不僅如此，還有兩種次第：生起次第和圓滿次第。生起次第是屬於方便次第，圓滿次第是屬於勝慧次第，所以，方便次第和勝慧次第結合在一起；生起次第和圓滿次第雙運，這些都是密咒乘門教法裡實修的方式。

　　透過生起次第、圓滿次第的實修，比起顯教乘門而言，密咒乘門的教法就不需要像顯教乘門一樣那麼辛苦勞累，爲什麼呢？因爲密咒乘門是特別針對利根弟子而開示的教法，而且就入門而言，密咒乘門的入門方式也很多，所以，密咒乘門的教法就不需要非常辛苦勞累作實修，而且實修方式也是種類非常多。靠著各種各類方便善巧的方式，如果好好作實修，一輩子一個身體就能夠成就佛果，

這種道路非常地快速，因此，比起經教乘門的教法而言，密咒乘門的教法就更加地殊勝。

吉祥怙主聖龍樹也曾經講過：「雖僅一義而不昧，方便多門無辛勞，以爲銳利根器故，密咒乘門爲殊勝。」

雖僅一義而不昧

無論是以經教乘門的道路成就佛果或是以密咒乘門的道路成就佛果，這點完全一樣，都是只有一個意義，只有一個目標。不過雖然都是同樣的意義，但密咒乘門成就佛果的道路是比較不愚昧的，所以說「雖僅一義而不昧」。

方便多門無辛勞

就顯教乘門成就佛果的道路而言，方法不是很多。但就密咒乘門成就佛果的道路而言，方法就很多了，所以說「方便多門」。

其次「無辛勞」，顯教乘門的道路要成就佛果必須歷盡千辛萬苦，而且要非常久時間；但密咒乘門的道路要成就佛果，不必那麼辛苦勞累，也不需要那麼久時間，所以說「無辛勞」。

以爲銳利根器故，密咒乘門爲殊勝

就一般而言，經教乘門的教法是特別考慮到鈍根弟子實修能力而開示的；密咒乘門的教法則是特別針對利根弟子實修的情況而開示的。

因此，綜合前面所講各種不同的特色，比起經教乘門的道路而

言，密咒乘門的道路就要更加地殊勝。

這是吉祥怙主聖龍樹曾經講過的。

密咒續部的類別

前面談到的，是經教乘門的道路及密咒乘門的道路差別之所在。其次，密咒乘門的教法也有許多差別，有考慮到時間而開示、考慮到種姓而開示、考慮到根器而開示這三種情況。

考慮到時間因素而開示

就時間上來講，有圓滿劫、三分劫、二分劫、鬥爭劫不同的時代。最早的時候，具足非常殊勝的善緣，那時的人類是無量壽，不會造作不善業，連小小的不善業也不會去做，所做純粹都是善業，所以稱為「圓滿劫」。如果就貪戀之心而言，男女只要眼睛互相看到對方，貪戀之心就已滿足了。

「三分劫」的時代，十善業之中只剩下三分之一能自自然然做到。就貪戀之心而言，不僅要看到對方還要微笑，內心才能夠滿足。

「二分劫」的時代，十善業之中只剩下十分之二能自自然然做到。就貪戀之心而言，還要握手，內心才能感到滿足。

「鬥爭劫」時代，也就是現代，人與人之間不但嫉妒心很強烈，瞋恨之心也很強烈，傲慢之心也很強烈，所以經常發生很多紛爭。就貪戀之心而言，男女之間還要有性行為，內心才能感到滿足。

在圓滿劫時代，密咒乘的教法是事續傳揚開來；在三分劫時

代，密咒乘的教法是行續傳揚開來；在二分劫時代，密咒乘的教法是瑜伽續流傳開來；在鬥爭劫時代，密咒乘的教法是無上瑜伽續部流傳開來。所以，密咒乘的教法就分成四種續部。

考慮到種姓因素而開示

　　一般來講，婆羅門種姓非常喜歡乾淨，針對這種非常喜歡乾淨的情況就開示了事續的教法；王族和貴族也是喜歡乾淨，針對他們的習慣就開示了行續的教法；在王族貴族之中有國王，對國王講述的教法是瑜伽續的教法；針對賤民和一般百姓的習慣就講述了無上瑜伽續的教法。因此分成四種續部。

考慮到根器因素而開示

　　針對鈍根的弟子開示了事續的教法；針對中根的弟子開示了行續的教法；針對利根的弟子開示了瑜伽續的教法；針對最利根的弟子就開示了無上瑜伽續的教法。

　　所以就密咒乘門的教法而言，佛陀開示的情形有各種各類不同的情況。

　　有人可能會產生一個疑問，無上續部的教法在四種姓的情況中是針對一般百姓和賤民所開示，但就根器而言，卻是針對最利根器弟子所開示，為什麼呢？

　　就婆羅門的種姓、王族的種姓或是就國王而言，一開始他們的業力就已經比較清淨，因為他們業力比較清淨之故，並不需要很深奧的教法，換句話說，即使不是很深奧的教法，他們也能夠得到利

益；但如果是一般百姓、賤民，一開始他們的業力就不清淨，煩惱非常粗重，由於煩惱的力量很強大，在這時向他們開示的教法，如果不是深奧的教法，對他們絲毫不會產生利益，必須是很深奧的教法，才能對他們產生利益。

外續：事續、行續、瑜伽續

密咒續部可以分為事續、行續、瑜伽續、無上瑜伽續。其中，事續、行續以及瑜伽續稱為外密咒乘門（外續），釋迦牟尼佛曾經親自開示過。外密咒乘門在見地、行持等許多方面，跟經教乘門非常類似，喜歡乾淨，許多行為譬如受持戒律或者身體的行為，都和經教乘門很類似。

在鬥爭劫時代流傳的無上瑜伽續，跟事續、行續以及瑜伽續流傳的時代，在時代上顯然有一些不同。就貪戀之心而言，鬥爭劫時代的男女要發生性行為內心才能滿足，可是在三種續部（外續部）流傳的時代，貪戀之心方面，差別是只要看到對方就能夠滿足、微笑就能夠滿足、握手觸摸就能夠滿足。也就是說，就行為作為實修的道路而言，看或微笑或觸摸就能夠作為實修的道路。所以，事續、行續以及瑜伽續所觀想的本尊天，如果是佛父的話就佛父一尊，如果是佛母的話就佛母一尊，沒有佛父佛母雙運在一起的本尊形相。

而且，事續、行續、瑜伽續也不能享用五肉五甘露，五肉是大象肉、人肉、馬肉、牛肉、孔雀肉。在以前的時代，人都有一種清

淨不清淨的想法，對肉也存在「這種肉乾淨、那種肉不乾淨」的既
定想法。譬如西藏有些年紀較長的老者只吃牛肉，認為牛肉之外的
肉都不乾淨，這可以說是一個地方的風俗習慣。

　　就享用五肉而言，是指在了悟密咒乘門的見地之下，對於這些
肉沒有乾淨不乾淨的分別心，以絲毫沒有區別的心態來享用它；就
見地的證悟之下而來享用它，這才是密咒乘門享用五肉的心態。

　　除此之外，說我可以吃這種肉、不可以吃那種肉，只是作為一
種風俗習慣，按照習慣去吃，在吃這些肉時不是在見地的證悟之下
來吃，而是因為風俗習慣，因為傳統是這樣，所以我就去吃這個肉
或者不吃那個肉。現代大多是這種情況。

　　其次，五甘露──大便、小便、血、肉、明點。現在也有許多
人在喝小便，但並不是在見地的證悟之下來喝，而是把它當作一種
藥、一種治病的方法。大便的話大概就沒有人會吃，有時罵人「你
去吃大便」，只是罵嘛，沒有人會真的去吃。至於喝血、吃肉、還
有喝明點，可能有一些地方的風俗習慣還存在，但無論如何，這些
都不是密咒乘門的方式。

　　密咒乘門享用五肉五甘露，是指在齊備無上密咒乘門見地之下
才能去享用。因此，就事續、行續、瑜伽續而言，不能夠去受用五
肉五甘露。

　　就外續外密咒而言，首先是事續。事續本尊有菩薩、女菩薩、
五方種姓的本尊和明咒的本尊四種，這是指方便的本尊是菩薩；勝
慧的本尊是女菩薩；方便和勝慧結合在一起，同時齊備的是五方本
尊；表示雙運的是明咒的本尊，以這四種本尊的方式而實修。但無

論如何，在事續之中，本尊被當作是國王，自己被認爲是平民百姓，以這個方式而得到成就。

如果在行續，本尊和自己的關係就像兄弟或朋友一樣。但在事續時，見地上認爲本尊地位很尊貴像國王，自己地位就像平民百姓，在這種見地之下進行實修。而且在實修時，大多數的事續都沒有自生本尊，因爲自己是一個普通人、平民百姓，而本尊是國王，非常尊貴。只觀想本尊在前面虛空之中，之後自己念誦咒語，如此而實修。

所以，大多數的事續裡，沒有觀想自己是本尊，只有少部分有，稱爲「特別事續」。特別事續觀想自己前方虛空有本尊，也會觀想自己是本尊。舉例而言，我們經常修的度母儀軌，首先觀想度母在前方虛空，之後向度母求取成就，最後度母要融入自己，也觀想自己是度母，這是屬於特別事續，觀想對生本尊，也觀想自生本尊。

另外，八關齋戒也是事續的儀軌，但是屬於特別事續，爲什麼屬於特別事續呢？因爲在斷食齋戒時，首先觀想十一面觀音在前面虛空，是對生本尊，之後不斷地念誦咒語，到最後要觀想自己也是本尊，和前面的對生本尊一模一樣的一尊本尊，這就是自生本尊，之後又念誦咒語。所以是自生本尊和對生本尊兩者都有，因此屬於事續之中的特別事續。

就事續而言，主要側重外在行爲所要做的事情爲主，所以有三種沐浴和三種衣服。三種沐浴是外在的沐浴、內在的沐浴和秘密的沐浴，外在的沐浴是指沐浴五分支（兩隻手、兩隻腳和臉）要洗乾淨；內在的沐浴是指自己所得到的戒律，不要沾染到任何過失，使

它非常乾淨；秘密的沐浴是指自己的內心不要有惡劣的念頭想法，內心非常清淨。

三種衣服是，外在的衣服指要穿新的衣服；內在的衣服指要守護自己的戒律；秘密的衣服指自己應當觀想本尊。

這些就是事續的主要內容。

總之，事續是將本尊當作殊勝的地位，將自己當作比較低劣的地位，以這種方式來取得成就。如此努力實修，十六輩子能夠成就佛果。

其次就行續而言，在行為方面是隨順事續的習慣，在觀修方面是隨順瑜伽續而作學習，事續和瑜伽續兩邊平等地重視、學習，所以又稱為「二者續」。

實修時，自己坐在本尊天的前面，本尊天和自己就好像兄弟、好像朋友，在這個見地之下念誦法本，最後修得成就。

第三種稱為「瑜伽續」，觀修本尊天所居住的壇城為自性清淨。一般來講，瑜伽續的實修裡，方便的生起次第、勝慧的圓滿次第，當然也作這些實修，不過都只有針對自己，觀想自己來作觀修，此外，並沒有雙運結合而作的觀修方式。

總而言之，瑜伽續並不以外在的事情為主，而是以內在的觀修為主，外在的事情當作是一個幫助的條件、一種幫助的方式來運用，最重要的則是內在的觀修。就瑜伽續所觀想的本尊天而言，自己所觀想出來的這尊本尊天必須從淨土進行迎請、融入，然後成為無二無別。

就融入而成為無二無別而言，身體的形相是大手印，語言的形

相是教法手印，心意的形相稱爲誓言手印，毫光放射出去又收回來是屬於事業手印，靠這四種手印而作實修。在這種方式之下進行實修時，自己和本尊天是沒有差別的，無二無別，以這種見地而修本尊，即可修得成就。修得成就時念誦很多咒語，就在咒語最後念誦完畢時，自己觀修的這尊本智尊，之前迎請融入的這尊本智尊，最後必須進行送駕，把他送還回去本智尊的淨土。

　　以這個道路進行實修的話，依據瑜伽續，三輩子會成就佛果；依據行續，七輩子會成就佛果；依據事續，十六輩子會成就佛果。

　　另有一種說法，按照事續的道路實修，七輩子會成就佛果；按照行續的道路實修，五輩子會成就佛果；按照瑜伽續的道路努力實修，三輩子會成就佛果。

　　所謂的佛法，是希望對自己的內心發生很強烈的改變，爲了這個目標而學習。因此，當我們在學習密咒乘教法時，內心的想法應當要如何？而且和經教乘門有何不同？好好地想一想，按照那方式來做，這是相當重要的。

內續：瑪哈瑜伽、阿努瑜伽、阿底瑜伽

　　密咒乘門之中，內在的密咒乘門稱爲內續，或內密續，或無上瑜伽。其中分成瑪哈瑜伽、阿努瑜伽、阿底瑜伽三種類型。

　　首先是總體的說明，在無上密續乘門，也就是內密續裡，分成三種類型，分別是：主要以開示生起次第爲主；主要以開示圓滿次第爲主；主要以開示雙運的實修爲主。按照這三個方式來分類。

第一種是主要以開示生起次第實修爲主的瑪哈瑜伽；第二種是主要以開示圓滿次第實修爲主的阿努瑜伽；第三種是主要以開示生起次第與圓滿次第結合在一起、雙運而作實修的阿底瑜伽。此外，也有這麼一種說法，瑪哈瑜伽是父續；阿努瑜伽是母續；阿底瑜伽是無二續部。

　　瑪哈瑜伽被稱爲父續的原因何在呢？當我們去請求灌頂時，會拋擲花朵，看花朵是落在壇城的中央、東邊、南邊、西邊還是北邊，這樣就可以辨認清楚五方佛之中，自己應當以哪一位種姓作爲主要的實修。之後當自己在實修五方佛的種姓時，就要以自己花朵所掉落的本尊作爲主要的實修，所以是以花朵所指示的種姓佛父爲主，這時原來實修的佛母不需要更換，只有佛父要更換成自己花朵所掉落的種姓的這尊佛父、這尊本尊，因此稱爲父續。

　　母續的話也是一樣，種姓花朵掉落在什麼地方，自己作實修時就把佛母換成這一尊種姓的佛母，佛父則不需更換，如此而作實修，所以阿努瑜伽被稱爲母續。

　　阿底瑜伽的話則沒有這種差別。

　　瑪哈瑜伽、阿努瑜伽和阿底瑜伽在大多數的情況裡，本尊都是佛父佛母雙尊的形相，當然也有單獨一尊，但大多數的情況都是佛父佛母雙尊的形相。

　　就所使用的物品而言，有五肉五甘露，前面曾說過，這樣一種殊勝的物品，在事續、行續及經教乘門中都是不能享用的，而在內續部裡都有。在經教乘門裡，把許多事物分成乾淨不乾淨；在事續、行續之中也會把事物分成乾淨不乾淨。但在內續三部裡，對於

一切萬法沒有乾淨不乾淨的差別，所以在見地上不會執著這是乾淨的，要得到；也不會執著這是不乾淨的，要丟掉、要排斥。這種取捨的執著並不存在。

瑪哈瑜伽就是大瑜伽，瑪哈是大的意思。一般而言，密咒乘的教法被稱爲「方便有多門」，有很多的方法，這些方法也都很容易。不過要注意，這裡所謂「很容易」，意思是指能夠一輩子、一個身體就能得到佛果，很輕鬆就能達到這個成效，因此稱之爲容易。但這方法本身仍然要非常地清淨，而且內心的信心和喜悅之心也要非常強烈；瑪哈瑜伽就是要在內心非常高興、非常喜悅的情況之下而進行實修。

瑪哈瑜伽屬於父續方便道，主要開示教導的內容是生起次第。就生起次第而言，我們以前講解過《大幻化網》寂靜尊念咒的指導文，裡面就談到生起次第應當如何觀修。有聽過講解的人，大概就能簡略了解生起次第的實修方式。但若根本沒聽過這些指導文，就很難了解生起次第應當如何觀修，也不知道是什麼內容。

總而言之，修生起次第時是以三種等持而布局，要觀修三種等持。

首先要觀修萬法都是空性，在空性之中要觀修悲心，最後要觀修本尊天的種子字，或者是「吽」，或者是「啊」。要好好地觀想這三種等持。之後再逐漸地觀想主尊一尊，單獨一尊就好了。接著再慢慢觀想主尊之外還有眷屬，也一起觀修。這樣按照生起次第的順序，一段一段逐漸地作觀修，這是瑪哈瑜伽。

生起次第之後，進一步就要觀修圓滿次第。但在觀修圓滿次第

時，要先了解自己的身體裡有各種不同類型的氣，分成五種。

　　第一種稱為「**持命氣**」，持命氣就是當我們活著，還沒有死亡的時候，在身體裡面就有「命」存在，命依靠在什麼地方呢？依靠在氣上面，靠著這個氣使命繼續維持下去，這個讓命依靠的氣，就叫持命氣。

　　第二種稱為「**下行氣**」，譬如我們吃下食物，最後變成大便排泄出去，為什麼它能夠往下走呢？就是有一個向下方推動的氣，這就是下行氣。

　　第三種稱為「**上行氣**」，在我們肚子上方，在上半身部分活動的氣就是上行氣。

　　第四種稱為「**等住氣**」（又稱暖住氣），平等安住，等住氣的重要性就是在我們身體裡有五種元素，地、水、火、風、空五大種，這五大種都有自己的能力、自己的能量，透過氣使地、水、火、風、空五大元素的能量都能維持均衡，這種使它們維持均衡的氣就是等住氣。

　　第五種稱為「**遍行氣**」，普遍存在身體裡的每一個地方，所以稱之為遍行氣。

　　身體裡有這五種氣，但是當我們修圓滿次第時，最主要的是身體的中脈、血脈和精脈，要觀想這三種脈，有時候還必須閉氣觀想。現在，我們身體裡的氣都沒有進入中脈之中，如果身體的氣進入了中脈，這個氣就會自然地淨化。如果氣淨化、清淨了，心也就淨化、清淨了，因為心是靠身體的氣才能夠活動，如果氣純淨了，當然心也純淨了。這種情形經常採用的一個比喻是：「氣就好像

馬，心就好像騎在馬上的騎士一樣。」

實修圓滿次第是母續阿努瑜伽，是勝慧旳道路。之前的生起次第是方便道，圓滿次第是屬於勝慧道（勝慧的道路）。勝慧道所講的內容當然也有生起次第，不過特別重視的部分是圓滿次第，以圓滿次第的實修爲主來講這些內容，這是阿努瑜伽。

阿努瑜伽實修圓滿次第時，重點是我們身體裡原來就存在的明點，這部分若能使它淨化，當然內心就能淨化，內心淨化後就能產生無漏的大樂。

最後是極致的、最大的瑜伽，也就是阿底瑜伽。阿底瑜伽既不是單獨重視生起次第一項，也不是單獨重視圓滿次第一項，它所重視的是一起雙運的性質，以本智作爲本質，以本智作爲道路。所以，它的性質既不是一也不是多。

總而言之，一切不清淨的法本然就不存在，因爲一切法原來的面貌都是佛身，都是佛的本智，都是大光明。按照這個方式作實修，就是阿底瑜伽的道路；按照這個道路作實修，就能得到佛果。

個別說明無上瑜伽

瑪哈瑜伽、阿努瑜伽、阿底瑜伽三者是屬於無上瑜伽教法，如果要實修這種無上密咒乘門教法，必須依靠什麼身體呢？必須依靠具足六界的身體，也就是說必須擁有具足六界的身體，才能實修密咒乘門教法；如果沒有具足六界的身體，就不能夠實修密咒乘門教法。

那六界指什麼呢？地、水、火、風、空加上神識，也就是地的元素、水的元素、火的元素、風的元素、虛空的元素、神識的元素。這六種元素一定要齊備，才能實修密咒乘門教法，否則不能實修。

　　什麼是不齊備六種元素的情況呢？譬如中陰的身體、無色界的身體、色界天的身體，都是不完整齊備六種元素，這種身體就不是實修密咒乘門的身體。

　　那麼，是不是具足六種元素的身體就一定能實修密咒乘門呢？也不是，因為已經具足六界，也就是六種元素時，還要靠上輩子的業力成熟，緣份成熟，之後才能成為實修密咒乘門的身體。

　　總而言之，我們經常提到五蘊、十二處、十八界，在實修密咒乘門教法時，這些都要齊備，但是最主要的部分第一個是脈，第二個是明點，第三個是氣，三個項目一定要齊備，如果沒有齊備這三個項目，不能夠實修密咒乘門的教法。

　　原因何在呢？如果將脈淨化，它就會轉變成化身的性質；如果將氣淨化，它就會轉變成報身的性質；如果將明點淨化，它就會轉變成法身的性質。所以在密咒乘門的階段，觀修生起次第主要作用是淨化我們的脈；接著觀修圓滿次第，主要作用是淨化我們的氣；之後觀修生起次第、圓滿次第雙運結合在一起而進行的實修，主要作用就是要淨化明點。想使氣、脈、明點三者堪能（堪能就是能受到指揮的意思），那就一定要觀修生起次第、圓滿次第、雙運觀修。

　　如果觀修生起次第使脈淨化就會得到佛身的功德，例如三十二相、八十種好，在經教乘門的佛經典籍裡談到很多，能得到這些功

德；如果觀修圓滿次第使氣淨化，就能得到佛所開示不可思議廣大無邊教法的功德；如果觀修生起次第和圓滿次第雙運的道路，透過這個觀修就能淨化明點；如果明點淨化了，就會轉變成為法身的本質，能得到法身的本質。

總而言之，氣、脈、明點三者是一切功德產生的基礎和泉源，同時也是實修密咒乘門道路的基礎。

在因續上修持見、修、行、果

接著要說明道路，在道路上實修的情形是什麼樣子呢？在密咒乘門教法的階段，對我們所顯現出來的萬法，本來是什麼樣子呢？自性自成大壇城，自性不是由因緣所形成，而是自然形成的，是大壇城，大壇城就是佛身、佛本智和清淨剎土，在見地上要這樣堅決確定。

一般談到見地，可分成有法見地、法性見地、覺性見地三種類型。

有法見地

我們眼睛所看到的色法有各種各類，耳朵所聽到的聲音也是各種各類，鼻子所聞到的氣味也是各種各類，舌頭所品嚐到的滋味也是各種各類，身體所感覺到的觸摸也是各種各類，內心所思維的法當然也是各種各類。

無論種類有多少，這一切都是因為我們前輩子累積許多不清淨

的業，這些不清淨的業形成我們這輩子的心不清淨，由於內心不清淨之故，導致對我們所顯現出來的萬法也變成不清淨的樣子，這只是對我們而言顯現爲不清淨的樣子，實際上並不是這個樣子，萬法實際上是清淨的自性。要有這種了解和認識，這就是有法見地。

換句話說，一切萬法都是清淨的自性，都是佛身、佛本智，本來就存在，這點要非常確定，以堅決確定來作抉擇。

法性見地

前面所提到的佛身、佛本智，這種情況雖然是自性自成大壇城，但它仍然是沒有自性，仍是空性。這種「佛身、佛本智和清淨的刹土仍然是沒有自性」的確定和了解，稱爲法性見地。

覺性見地

不管是有法見地或法性見地，它們的自性都不能夠成立，而且沒有「有境」和「對境」的差別，有境和對境無二無別，這個部分只有自己本身的覺性能夠了解，自己的覺性也能夠品嚐、感受得到，這就稱爲覺性見地——自己的覺性的見地。

這三種見地實際上都不容易產生，甚至有些人連這些名詞都不曾聽過，就算聽過這些名詞、了解它的內容，內心可能也不會相信，也不會產生信心。想一想這些內容後，還可能產生很多疑問，是這樣嗎？不是這樣嗎？如果是這種情況，即使去實修密咒乘門教法，對自己的內心也不能產生什麼用處。

所顯一切萬法本然清淨，這個部分佛陀曾開示過，不僅如此，

還曾經講過一個比喻，譬如大家看相同的一個對象，對象相同，但對各個不同的主體顯現出來的情況完全不會相同，此乃由於每個人的領受不一樣，即使是相同的對境，這對境對自己和對別人所顯現出來的樣子也都不會一樣。

舉例而言，有個對象，當兒子去看：「這是我的母親。」這對境對兒子顯現出母親的形象；如果是丈夫去看：「這是我的太太。」這個對境對丈夫顯現的是太太的形象；如果是爸爸去看：「這是我的女兒。」這對境對爸爸所呈現出來的形象是女兒的形象；如果是母親的女性朋友去看，會顯現出「這是我的密友、我的好朋友」的形象；假如是一個跟她吵過架、有過紛爭的人去看，這對境對他顯現出來的就是「一個可惡的敵人」的感覺；若是學生去看，顯現出來的形象就是「這是我的老師」。

所以就算是同一個對象，不同的主體去看，對這個對境的感覺、想法完全不同。

佛經裡曾用過一個比喻來講解「所顯一切本然清淨」這句話。佛陀開示，一杯水，如果地獄眾生去看，是一杯銅燒融化後形成的汁液，炙熱無比；如果鬼道去看，這杯水是膿，是血；如果畜牲道去看，假設是海洋的動物，看到這杯水，就會感覺是我的房子、是我住的地方；如果是人類去看，會知道這是可以喝的水，可以解渴，而且衣服器皿如果有污垢，也可以用水把它洗乾淨；如果天神去看，這杯水就是甘露，喝了之後能夠治療許許多多的疾病，是具有這種效用的甘露；如果登地以上的菩薩聖者或佛陀去看這杯水，看到的就是「瑪瑪姬」，是美麗的天女、佛母的形相。

所以在密咒乘門時，見地一定要非常堅決確定，「一切唯是清淨之自性」，一切萬法的自性都是清淨的。就我們而言，我們是實修密咒乘門的人，看到所顯一切時，要經常思維「一切唯是清淨之自性」，要思維一切全是男女菩薩，是阿彌陀佛；所聽到的任何聲音，都是阿彌陀佛名號或咒語；內心所產生的各種念頭、想法，都是佛本智的性質。

　　如果能經常這樣觀想、這樣思維，在未來去到中陰時，清淨的形相才能顯現出來。一般在中陰時會遇到各種各類痛苦的景象，那時才能夠去除掉這些痛苦的景象，而呈現出純粹清淨的景象。而且原本在中陰時會聽到很多令人恐懼、天搖地動的聲音，這些聲音也才能夠淨化。還有在中陰時，內心原本會遇到各種各類的恐懼害怕，這時內心的恐懼害怕才不會產生。所以在見地上的堅決確定相當重要。

　　如果見地堅決確定這麼重要，是不是我得到見地、認識見地之後，內心的煩惱就全部滅掉了呢？還沒有。見地已經堅決確定之後，接下來還要觀修，還要按照順序一段一段地作禪修。

　　舉例而言，有一個人被各種疾病纏身已經很久了，這時他要怎麼辦呢？首先要去給醫生看，很多醫生一起會診，幫他檢查，作個分析，辨認清楚他得了什麼病，然後告訴他：「喔，你得的是……病。」這時算是辨認階段，辨認階段就等於是見地階段。即使已經辨認清楚是生了什麼病，這個病人的病好了嗎？當然沒有；已經得到見地，難道就成佛了嗎？就滅掉所有煩惱了嗎？當然也沒有。

　　已經辨認清楚是什麼病後，接下來要吃藥，吃醫生所開治病用

的藥，這藥不僅吃一個禮拜、兩禮拜，可能要吃好幾個月，甚至吃一年，之後病才能逐漸好轉。所以見地上已堅決確定後，不是煩惱全部滅掉了，馬上成就佛果了，還需逐漸地進行實修，在實修時還要配合行持，對取和捨不能有貪戀執著：「喔，這是好的我要得到，這是不好的我要丟掉；這個是好的我要去做，這個是不好的我不要去做。」在善惡取捨的部分不能有這種偏袒和執著。

這是見地、觀修和行持。如果前面所提到的見地、觀修和行持三者都能妥善如理地作實修，逐漸地就能達成己事和他事的目標。

因此，基是見地，道是生起次第和圓滿次第的觀修，果就會得到佛陀的果位，譬如佛所具足的五身功德、五智功德，這些就會得到。

在方便續上修持能熟、能解脫及支分的方式

在道的理論這方面，要講說能使心續成熟的灌頂、能解脫的生起次第及圓滿次第的持修，還有助伴誓言等等。

要進入密咒乘門教法作實修，首先當然是必須請求灌頂，得到灌頂，這稱為「能熟灌頂」，是指得到灌頂時多多少少都能引發我們內心的一點能力。

舉例而言，一個還沒成熟的水果當然不能吃，把它放在房間裡或放在袋子裡，放幾天就成熟了，為什麼？這樣做有一個效果，能讓水果成熟，具有這種效果存在。一樣的道理，當我們去學習密咒乘教法，請求灌頂，灌頂能夠使我們內心成熟，產生一些能力，會

達到這個效果，所以稱爲「能熟灌頂」（能成熟的灌頂）。

可是，我們內心已經累積很多業力、很多煩惱了，如何把它們全都消滅掉呢？那就要靠生起次第的實修及圓滿次第的實修，靠著這些實修才能把以前的業力、煩惱、罪業和蓋障等一切都消滅掉。否則，僅僅只是得到灌頂，還沒有能力能夠消滅掉業力、煩惱、罪業和蓋障。

只有少數少數的例外，如果這個人上輩子已經作了廣大學習，對教法非常熟悉，具有非常殊勝的善緣，他在得到灌頂時，也能夠滅掉業力、煩惱、罪業和蓋障。這種情況也有，但非常非常稀少。

得到灌頂後，應當要作的實修有生起次第的實修、圓滿次第的實修。順著兩者實修，當然就會有誓言，誓言的部分應當如理地守護。在這些基礎上還要再加上密咒乘門純正的行持。如果這些條件都齊備，密咒乘門是殊勝的道路、純正的道路，自己就能依靠這個純正的道路而進行修持了。

如果沒有得到灌頂會有什麼過失？沒有得到灌頂通常不會有成就。如果沒有得到灌頂，就算自己觀想本尊、誦咒語、按照儀軌經年累月閉關，還是不會得到成就。這種情形就好像拿著一大袋沙子，拼命地擠，拼命地壓，想要擠出一點點油，能不能得到油呢？絲毫不可能，連一滴油都得不到。爲什麼？因爲沙子本身並不含油，不是能夠生出油的物質。應當要去找含油的物質，再不斷擠壓，才能擠出油來。

同樣的道理，如果一個人內心追求成就，他必須先得到灌頂，之後觀想本尊天，之後誦咒語，之後經年累月閉關，這樣他一定能

得到成就。

　　有些上師自己沒有得到灌頂，但向別人講說密咒乘的教法，這種講解實在沒有益處；有些弟子沒有得到灌頂，但跑去聽聞密咒乘的教法，這種聽聞實在沒有益處；有些人沒有得到灌頂，但非常努力觀想、禪修，這種禪修實在沒有益處，不僅沒有用處，將來還會墮入地獄之中；相反地，假設先得到灌頂，之後才修咒語、觀想本尊，利益就非常廣大。

　　舉例而言，好像王子一樣，當他出生時大家對他很恭敬、很重視，而且他本身就具有威力存在。如果已經得到灌頂，就有如成為了王子，自然具有威力存在。所以，得到灌頂後，要講說密咒乘的教法也可以，要觀修也可以，要聽聞也可以，自然就能做到。

　　一般而言，即使是根本不相信密咒乘教法的人，有時候他去密咒乘的壇城之處，或使用密咒乘的物品，或是有時候看到密咒乘的金剛舞蹈等，也會使他業障清淨，這種情況也有的。

　　如果得到了密咒乘門的灌頂，但這輩子實在無法實修生起次第、圓滿次第，只要誓言絲毫沒有衰損，在這種情況之下，死亡時立刻投生在天界，也有這種情形。其次，七輩子之後必定很容易地能實修生起次第和圓滿次第；而且在修生起次第和圓滿次第的時候，兩者的功德很容易達成。因此，逐漸地，初地、二地、三地到十地的功德很容易出現。這些情況都是在誓言沒有衰損的前提之下，在七輩子之後就很容易達到。這是密咒乘門的殊勝之處。

　　就傳授灌頂的阿闍黎而言，自己必須作過生起次第的實修，也應當要作過圓滿次第的實修，這非常有必要。如果沒有作過生起次

第和圓滿次第的實修就傳授灌頂，則絲毫沒有用處。

　　此外，若是傳授灌頂的上師自己，心裡想到的目的是自己要蓋一棟花園洋房，去享用亡者或陽間人的錢財物品，內心完全沒有三律儀的功德，對於家庭、子女等貪戀之心嚴重，對眾生悲心薄弱，而且妄念紛飛，內心很容易胡思亂想，這樣的上師來傳授灌頂，或弟子去向他請求灌頂，也完全沒有用處，師徒兩者將來都只會墮入地獄之中。

　　以上是略說，接著分為能成熟的灌頂、能解脫的生起次第、能解脫的圓滿次第和助伴誓言共四個段落，詳加解說。

能成熟的灌頂

　　能成熟的灌頂，要講說傳授灌頂的阿闍黎（軌範師）應具備什麼條件？請求灌頂的弟子應具備什麼條件？如何來進行灌頂？所謂的「得到灌頂」是基於什麼因緣？得到灌頂的利益有哪些等等項目。

上師和弟子的條件

　　我們經常提到上師所要具備的條件是十種其事，也就是十個條件，上師的能力應該能做到的那些事，所以稱為「其事」，一般的說法是十種。不過，十種其事又分成外在的條件、內在的條件和秘密的條件，每一個部分都有十個項目，所以就變成三十種。

　　首先，外十其事。第一個條件，是指修法時，壇城怎麼畫？有時候壇城要灌彩色的沙子，怎麼去灌？第二個條件是等持禪定的觀修，上師應當要能修這個等持；第三個條件，修儀軌時，配合儀軌要作許多手印，如何結手印？第四個條件是姿勢，譬如兩隻腳金剛跏趺坐的姿勢；第五個條件是修咒語時，例如念咒語之前要先加持念珠，這些方法他也了解；第六個條件是進行咒語念誦時有觀修，每個段落有不同的觀修方式；第七個條件，止息法、增廣法、威猛法、懷攝法，都有不同的火供，這些他也要了解；第八個條件是獻供養，各種不同的供養如何安排供養品？第九個條件是各種事業儀軌，譬如說調伏敵人、鎮壓敵人、降伏敵人的方式，佛父佛母如何配合的方式，這些事業如何進行？第十個條件，還有眷屬，怎麼讓眷屬能心服口服？以上這些屬於密咒乘門分支的部分都要了解，這是外在的十個條件。

　　其次，內十其事。瑪哈瑜伽與阿努瑜伽都有自己的傳統，順著我們前面所講解的外十其事，順著這個方式去了解瑪哈瑜伽與阿努瑜伽，這個了解就是內十其事。

　　其次，密十其事。首先，當我們要作一個修法儀軌來進行灌頂時，前面要先驅除邪祟，在驅除邪祟時，心中要觀想十位忿怒尊，把魔鬼邪祟全部趕跑，這是第一項，驅除外在的阻礙；第二項要觀想護輪，譬如要畫護輪或寫字掛在身上或掛在門上以保護自己，把這些魔鬼邪祟趕跑；第三種善巧秘密的灌頂；第四種善巧智慧的灌頂；第五種，對於十惡不赦、非常嚴重的敵人，如何使他解脫？第六種，食子做好之後，修法時要念誦「嗡啊吽」，以這個方式淨化

不清淨的部分，使它轉變成為清淨的本質，同使還要讓它增加，以布施給遍滿虛空的一切眾生，這些都要能夠了解；第七種是金剛念誦，在咒語觀修時，要順著息增懷猛四種事業各有不同的觀想和不同的持咒方式；第八種，對於觀想、產生威猛本尊的儀軌，也要善巧精通；第九種，對於佛經、佛像、佛塔等開光的儀軌和方式要熟悉；第十種是怎樣設置壇城？怎樣畫壇城？這些都要了解。

前面是三十種要齊備的條件。具德的上師要齊備的功德當然很多，如果把這些功德做個歸納，上師內心要齊備對於一切萬法實相了悟的正見，這個條件再加上齊備菩提心，若能齊備正見和菩提心兩者，就算是前面所講的三十種功德條件沒有齊備，這位上師仍然算是具德的上師。

一樣的道理，弟子所要具備的條件當然也很多，把弟子所要具備的所有條件作個歸納，首先是對於上師和佛法的信心要非常強烈，同時自己內心對罪業和不善業有羞恥之心，時時自我警惕：「哎呀，這樣是不行的，這會違背我的允諾、違背正法！」如果齊備以上這兩點，就可以說這個弟子已經是一個合乎條件的具德弟子了。

前面提到上師所要具備的功德很多，可以從廣大的層面來做分析，或是從簡略的方面來做分析。弟子所要具備的條件也很多，也可以從廣大的方面來做分析，或作個簡略的歸納。從各個角度好好地做一個分析，分析之後是在合乎資格條件的狀況下，那上師就可以為弟子傳授灌項了。

前面講的是師徒的條件，之後要正式進行灌頂。

灌頂儀軌階段

正式進行灌頂時，因爲有各種儀軌，這儀軌也要齊備不同的階段，分爲觀修階段、土地儀軌、預備階段、趨入與成熟階段。每個階段下都還要具足四個條件。

觀修的階段，內在還包括準備支、近準支、實修支、大修支。但是因爲所根據的儀軌以及修法時間不同，也會稍微有一點點差異。

其次，土地的儀軌也是四個支分，平坦、商借、鎮壓、調治。首先，修法的土地當然要整理，把它弄平坦；假設這個土地是某個人所擁有，也許要去跟他商量，跟他買或借，假設這個土地上有一些魔鬼邪祟，那就要供養，跟他們商量，請你借我用一下；借好後就要鎮壓這個土地，意思就是要插普巴杵，表示這個土地現在由我掌管、主宰，我是主人，這是鎮壓的段落；最後是調治的段落，既然土地已經借來了，可以修法用了，要根據密咒乘門的方式念誦咒語，使它由不清淨轉變成爲清淨。

預備的段落也分爲四個支分，地母預備、壇城預備、寶瓶預備、弟子預備。修法時，首先要對地母作供養，獻食子；其次是壇城預備，在這個土地之上，我們要修法要準備壇城，壇城要畫的就要畫，要灌彩沙的就要灌彩沙，這是壇城的布置預備；寶瓶預備，也是分成好幾種，一般來講，有主尊瓶和事業瓶，有時候不一樣，有些灌頂可能只需要一個瓶子，有些灌頂可能需要好幾個瓶子，到底需要哪些瓶子？需要幾個瓶子？要事先準備好；弟子預備，爲了

求法的弟子，要做許多預備的工作。

　　趨入與成熟的階段，也分爲四個支分。首先上師趨入，現在要傳授灌頂，這是密咒乘的教法，爲了這個密咒乘的灌頂，上師必須透過實修來趨入壇城之中；第二個支分，上師已經趨入之後，就要想辦法令弟子趨入，進入壇城，但是弟子進入壇城之前，要先請求本尊天的允許，第二個支分就是請求本尊天的允許；已經得到本尊天允許之後，當然就帶領弟子進入壇城裡，所以第三個支分是正式進入壇城；第四個支分，已經正式進入壇城後，就正式地進行灌頂。

　　這個儀軌裡要具足前面講的四個階段，四個階段中的每一個階段再齊備四個支分，如果四個支分裡，有一個、兩個支分不齊備，上師爲弟子進行灌頂時，加持就不能夠進入弟子心中，弟子也不能夠得到加持。

四續部灌頂的類別

　　一般而言，灌頂因爲順著不同的續部而有各自的傳統，因此灌頂也有所不同，這裡作一個說明。

　　首先事續的灌頂有兩種，水灌頂和冕旒灌頂。水灌頂就是我們經常看到的，把寶瓶放在頭上，喝寶瓶的甘露水，這是水灌頂。冕旒灌頂，綁著五方佛冠的帽帶綁在頭上，還要再繫上飄帶，這是佛冠的灌頂。

　　行續，在前面所講的水灌頂與佛冠灌頂之上，再加上一個金剛

名稱的灌頂。金剛名稱的灌頂是指在金剛鈴把柄的地方要綁一個杵，變成十字金剛杵的樣子，以這個方式來進行灌頂。

瑜伽續，一般來講是五種姓的灌頂。就是前面所提到的寶瓶灌頂是第一個，佛冠的灌頂是第二個，金剛杵的灌頂是第三個，鈴的灌頂是第四個，名稱的灌頂是第五個。所謂名稱的灌頂仍是跟前面一樣，就是金剛鈴上面綁一個金剛杵，變成十字金剛杵的樣子，最後來進行灌頂，這是名稱的灌頂。

不過，瑜伽續後面還要再加上兩個灌頂，教言灌頂與補充灌頂。教言灌頂就是上師吩咐弟子，從現在開始之後，你可以向其他眾生解釋說明密咒乘的教法，這是給他一個允許，所以稱之為教言灌頂。補充灌頂，是指在最後的段落，還要再進行八吉祥、七珍寶的灌頂，在這個灌頂時，告訴弟子，以後你可以進行利益眾生的事情，這是在最後面做補充的一個灌頂。

還有一切乘門之頂的無上瑜伽，一般提到無上瑜伽的灌頂，通常分類成四種，就是寶瓶灌頂、秘密灌頂、智慧灌頂和詞句灌頂，這個是無上瑜伽的傳統，所用的是這四種灌頂。有時候又把它稱為繁複灌頂、不繁複灌頂、極不繁複灌頂、最不繁複灌頂。寶瓶灌頂是非常繁複的，秘密灌頂比較不會那麼繁複，智慧灌頂相當不繁複，詞句灌頂則是最不繁複的灌頂。

實際上，無上瑜伽（無上續部）裡的儀軌，各自不同，所以它的灌頂也分成很多種。以瑪哈瑜伽而言，外利益灌頂有十種，內能力灌頂有五種，密甚深灌頂有三種，所以瑪哈瑜伽裡的灌頂有十八種類型。如果是阿努瑜伽，外灌頂十種，內灌頂十一種，成就灌頂

十三種，秘密灌頂兩種，加起來是三十六種。

　　瑪哈瑜伽也好，阿努瑜伽也好，有各種不同的傳統，不同的分類方式。不過雖然有這麼多種類型，做個歸納後大致上就是分成寶瓶灌頂、秘密灌頂、智慧灌頂和詞句灌頂四種。無論分類的類型有多少種，都可以包含在這四種類型裡。

得到灌頂的因緣

　　得到灌頂要靠主因和助緣，也就是因緣條件必須配合在一起。得到灌頂的因是什麼，得到灌頂的緣又是什麼？一般來講，我們灌頂也可分成基階段的灌頂、道階段的灌頂、果階段的灌頂三種類型。不過基灌頂、道灌頂與果灌頂這三種類型，在一切眾生內心之中都已是齊備的，一切眾生完全不需要依賴任何因緣條件，在自己原來內心的實相之中，基道果的灌頂就已經形成、存在了。在一切眾生內心的實相（如來藏）之中，也有寶瓶灌頂，也有秘密灌頂，也有智慧灌頂，也有詞句灌頂，所以這四個灌頂在一切眾生的內心之中其實早已齊備，這種情況稱為**基灌頂**，基礎階段的灌頂。

　　道灌頂，在我們請求灌頂的許多因緣條件都齊備的狀況之下，對於上師的信心非常強烈，對於密咒乘門的信心也非常強烈，之後請求賜給灌頂，上師也來傳授灌頂，這個時候稱為道灌頂。

　　果灌頂，是指一切眾生內心的實相之中，化身、報身、法身與自性身，四身的性質都本來齊備，本來就安住的。如果原來已經安住的四身的性質呈現出來，就稱為果灌頂。

　　現在我們在這個基礎的階段，眾生的階段，假設都沒有齊備這些條件，就算上師再努力、再積極地進行灌頂，我們也不會得到灌頂的。舉例而言，在眾生之中，如果投生在人道裡，而且對於密咒乘的教法有信心，又有親近之心，對於這種弟子，如果上師傳授他灌頂，他就得到了灌頂，其它的情況就不會得到灌頂了，就好像給石頭、泥土灌頂，泥土、石頭會不會得到灌頂呢？不會，原因何在？因為泥土、石頭沒有基灌頂，所以即使給它們灌頂，它們也不會得到。

　　除此之外，在眾生之中，地獄道的眾生、鬼道的眾生、畜牲道的眾生，當然也具足基灌頂，但是如果上師給他們灌頂，他們還是沒有得到灌頂，原因何在呢？雖然他們都具備基灌頂，不過有一些因為業障非常沉重，受到非常強烈的痛苦，由於這非常強烈痛苦的阻礙，使其不能夠得到灌頂。還有一些是因為異熟果報之故，蓋障非常沉重，受到阻擋之故，所以也不能夠得到灌頂。

　　即使是投生在人道之中，要得到灌頂仍然要齊備因與緣，就是對於密咒乘門和佛法的信心要很齊備，否則，雖然投生為人類，已經齊備基灌頂了，可是因為對密咒乘門沒有信心，對佛法也沒有信心，根本就不相信密咒乘門，在這種情況下，就算給他傳授灌頂，還是不能夠得到灌頂，因為他得到灌頂的緣並不具足。

　　譬如說一粒種子，種到泥土裡之後，當然這種子具備將來能夠長出綠苗的能力，能長成一棵稻子。但是種子種到泥土裡之後，還要給它澆水、加肥料，還需要陽光照射，如果這些條件全都沒有，光是一粒種子，雖然具有長出一棵稻米的能力，可是不會長出來，

因為其它緣分都不齊備。同理，一個人雖然他有基灌頂，可是對法也不相信，對密咒乘門也不相信，緣不齊備，就算給他灌頂，他也得不到。

我們現在投生在人道裡，人類的身體裡有脈，這個脈是寶瓶灌頂的依靠之處，如果把脈淨化了，化身的性質就能顯現出來了。身體裡也有氣，這個氣是秘密灌頂的依靠之處，如果使氣都純淨了，報身的功德就現前了。我們從父親母親得到細分的白明點和紅明點，這個細分的紅白明點是智慧灌頂的依靠之處，如果把細分的紅白明點淨化了，法身的功德就現前了。身體裡當然還有一般的明點，這明點是詞句灌頂的依靠之處，如果使明點淨化了，自性身的功德就呈現出來了。

正如種子種下去，想長成一棵稻子，要有因與緣；就得到灌頂而言，也要有「二因四緣」，兩個因與四個緣，兩個因之中，第一個因是相應因，相應因就是我們前面所提到的，身體之中具足的氣、脈、紅白明點，還有一般明點，這是我們大家都擁有的，也是得到灌頂的一個因，這個因稱為「**相應因**」。

第二個因是俱有因，俱有因又分成兩個項目。既然要得到灌頂，當然有一個灌頂的傳授者，也就是上師，上師在灌頂時，一定要靠一些物品來進行，這些灌頂物隨著各自不同的儀軌而有不同。假設沒有傳授灌頂的上師，也沒有進行灌頂的灌頂物，那當然不可能得到灌頂，所以，要得到灌頂，一定要齊備上師和灌頂物，稱之為「**俱有因**」。

其次是四種緣，也就是四種助緣。當弟子請求灌頂，上師向這

位弟子進行灌頂時，請求灌頂的這位弟子本身要具有非常好的信心和清淨心，如果具足信心和清淨心，這個弟子就是一個適當的器皿，才能夠得到灌頂，這是第一個助緣，稱為「**因緣**」。

第二個助緣，傳授灌頂的上師本身應當對密咒乘的見地有很好的了悟，對密咒乘的儀軌能夠善巧精通，之後來傳授灌頂，這是第二個緣分，稱為「**增上緣**」。

第三個助緣，上師本身對於物品、咒語、等持這些方面，應當具備能力，以其所具備的能力之故，才能夠使弟子內心發生轉變，使弟子內心的罪障清淨。具備這些能力、條件，稱為「**所緣緣**」。

第四個助緣，前面提到灌頂的分類，分成四種，首先是寶瓶灌頂，先得到寶瓶灌頂之後再得到秘密灌頂，得到秘密灌頂之後再得到智慧灌頂，得到智慧灌頂之後再得到詞句灌頂，有順序存在，一定要按照這個次第來進行，所以前面為後者之因，依賴著前前項而得到後後項，依靠寶瓶灌頂得到秘密灌頂，依靠秘密灌頂得到智慧灌頂，依靠智慧灌頂得到詞句灌頂，這種有次第、有順序的情況，稱為「**無間緣**」。

如果二因（相應因、俱有因）和四緣（因緣、增上緣、所緣緣、無間緣）都齊備了，再進行灌頂，一定會得到灌頂、得到成就的。

台灣許多新弟子初學密咒乘門，都很喜歡灌頂，但是對於得到灌頂要具備什麼條件？二因是什麼？四緣是什麼？都不知道。雖然不知道二因四緣是什麼，不過就密咒乘門的教法而言，只要耳朵聽到也會有利益產生，只要眼睛看到密咒乘門的物品，譬如說寶瓶，

也會有利益可以得到，但這就僅僅只是得到利益，是不是能正確得到灌頂呢？那就有點困難了，因為得到灌頂的條件二因與四緣是什麼都不了解，不知道如何齊備。這種情形之下想要正確地得到灌頂，實在是有點困難。所以無論如何，一定要先好好了解得到灌頂要齊備什麼條件。

灌頂的確定數

　　灌頂分成寶瓶灌頂、秘密灌頂、智慧灌頂、詞句灌頂四個項目，這四灌頂一定是確定的，原因何在？人類最早在媽媽肚子裡時，臍輪的脈先形成，之後再慢慢形成其它的脈，再依靠脈來形成身體，所以身體裡面最主要的是脈，如果脈不好，氣跟血都不通順，生命也就有困難了。如果要讓脈淨化，就要進行寶瓶灌頂，透過寶瓶灌頂，我們身體的罪障也能夠清淨去除，罪障淨化之後，就能夠生出化身的功德。

　　脈裡還住著什麼呢？脈裡就住著文字，有清淨的文字和不清淨的文字兩種類型。當我們做「嗡啊吽」實修時，要排除和淨化的部分就是六道的種子字，這是不清淨的文字，我們所念誦的「嗡啊吽」是屬於清淨的文字，這兩種類型的文字都住在脈裡。此外，還有氣也住在脈裡，我們語言的部分，說話本身會形成文字，但是說話要靠氣來推動它，才能夠形成，如果要讓氣淨化，就要透過秘密灌頂，透過傳授秘密灌頂之後，把氣淨化了，就會把語言的罪障淨化，然後會產生報身的功德。

　　在氣裡還住著什麼呢？氣裡還住著從爸爸和媽媽那裡得到的紅白明點，紅白明點就安住在氣裡。紅白明點上面還有心，心依靠在上面，這個心要淨化就必須透過智慧灌頂，由傳授智慧灌頂之故，讓心淨化了，心淨化之後，就產生了法身的功德。

　　在紅白明點上面還有一個勝義的菩提心，稱之為明點，這個明點上面還有非常細分的習氣，最微細最微細的習氣，如果要把這個最微細最微細的習氣去除掉，必須要靠傳授詞句灌頂，靠著詞句灌頂淨化最微細的習氣後，就會產生自性身的功德。

　　所以傳授四種灌頂是有原因的，原因就是：把脈淨化能夠去除身體的罪障；把氣淨化能夠去除語言的罪障；把紅白明點上面的心淨化能夠去除內心的罪障；明點上面所依靠的心，有一個最細分習氣的蓋障，把習氣蓋障去除掉能得到自性身。如果要把這四項淨化的話，當然就要靠四種灌頂，靠著四種灌頂就會得到它的果，果就是四身：法、報、化、自性身。因此，灌頂的數量，三個不恰當，五個也不恰當，一定要四個，有它的原因存在。

四種灌頂的性質

　　前面曾經提到過，順著眾生貪戀之心的不同，事續、行續、瑜伽續、無上瑜伽續四種續部才逐漸地弘揚、流傳開來。而現在則是特別順著欲界的眾生內心貪戀之心的四種不同情況，因此也就有四種灌頂。

　　六道眾生之所以會在輪迴裡不斷流轉，貪心是最主要的原因，

不過我們現在指的主要是欲界的眾生——正式的欲界眾生。因爲在欲界眾生裡，也有許多是菩薩化現形成，是聖者，這些聖者不是眞正的欲界眾生，眞正的欲界眾生乃是依於業力和煩惱而投生在欲界，這種就是正式的欲界眾生。

　　正式的欲界眾生所具有的貪戀之心分爲四種情況，譬如有一些眾生，男女之間的貪戀之心，眼睛看到對方，就心滿意足，已經非常快樂了，譬如欲界六天裡的他化自在天，在他化自在天的處所，天神之間，眼睛看到，貪心就已經滿足了。欲界六天裡有一個是化樂天，在化樂天的天神之中，男女彼此之間看到之後，要有微笑，臉上露出笑容，貪戀之心也就滿足了，這跟前面的情形不一樣。在兜率天，男女天神彼此之間互相握手，貪戀之心也滿足了。在修羅道、人道等，男女要互相擁抱，相合在一起，貪戀之心才會滿足。

　　因此，貪戀之心分成四種類型，所以，所要清淨的是這四種類型的貪戀之心，而能清淨者，也就是四種灌頂。

　　首先，是彼此看到對方就能夠滿足，這是所要清淨的部分，能清淨者就是寶瓶灌頂；看到對方還要露出微笑，這是所要清淨的貪戀之心，能清淨的灌頂就是秘密灌頂；所要清淨的貪戀之心是男女之間彼此互相握手、碰觸，才能夠使貪戀之心滿足，能清淨的灌頂就是智慧灌頂；要擁抱相合才能夠滿足的貪戀之心，這是所清淨者，能清淨的灌頂就是詞句灌頂。

　　接著要針對前面所講的寶瓶灌頂、秘密灌頂、智慧灌頂、詞句灌頂，每一個都分成九個項目詳細地加以說明。

　　九個項目，第一，是何對治？第二，依何壇城？第三，如何進

行？第四，淨何罪障？第五，得何見地？第六，得何道路之允許，修什麼道路的允許？第七，了悟何宗義？第八，修何口訣？第九，得何果位？共有九個項目，每一個灌頂都分成這九個項目。

寶瓶灌頂

　　分成九個項目說明。第一，是何對治？寶瓶灌頂是什麼罪障的對治呢？前面已經提到過，男女之間的貪戀之心，眼睛看到對方就滿足了，這種看見就能夠滿足的貪戀之心，是寶瓶灌頂要清淨的對象，換句話說，寶瓶灌頂是這種貪戀之心的對治。不過剛剛也說了，看到對方，貪戀之心就能得到滿足的情況，是在欲界六天裡的他化自在天才有，所以，寶瓶灌頂所要對治、淨化的對象是他化自在天的眾生。

　　有人或許會想：「現在我是一個人類，我又不是在他化自在天，就不用進行寶瓶灌頂清淨了嘛！」我們現在雖然投生在人類裡，不過也都具足這四種貪戀之心——看到對方就心滿意足、微笑就心滿意足、握手就心滿意足、互相擁抱相合才心滿意足。就算是一個人，雖然不在他化自在天，但內心也都擁有這四種貪戀之心，只是當我們投生在人類時，只有第四種「擁抱相合的貪戀之心」顯露出來，其它三種貪戀之心好像睡著了一樣，但它們是被以習氣的方式保留在我們身體之中，並不是沒有，只是沒有現前。

　　其次，依何壇城？要靠什麼壇城來進行寶瓶灌頂呢？在「佛進行灌頂所需要的壇城、菩薩進行灌頂所需要的壇城、凡夫上師進行灌頂所需要的壇城」這三種類型裡，前兩種壇城我們沒有辦法進

行，我們要進行的是凡夫上師進行灌頂所需要的壇城，譬如，有用彩色沙子做的「彩沙壇城」，有畫上輪廓圖後塗上彩色顏料的「圖畫壇城」，靠著彩沙壇城或圖畫壇城來進行灌頂，這是第二個項目。

　　第三，如何進行？進行何種灌頂？前面講到的彩沙壇城或圖畫壇城，依於這個壇城我們已經準備好了，之後就來進行灌頂，進行的是什麼灌頂？進行的是四種灌頂之中的寶瓶灌頂。

　　第四，淨化什麼罪障？如果進行了寶瓶灌頂，進行之後會清淨什麼罪障？會清淨我們身體的罪障；清淨身體的罪障之後，在四魔之中會滅掉五蘊魔。

　　第五，得到、了悟什麼見地？一切情器事物，情世界與器世界，五蘊、十二處與十八界，這一切萬法都包括在三座壇城裡，要得到、了悟這個見地。一般得到寶瓶灌頂能夠實修生起次第，在實修生起次第時，所看到的一切器物世界是無量宮；有情生命全部都是清淨的男女菩薩；身體的五蘊是五方佛；五大種是五方佛母，這些要了解，得到了悟，這個是見地，也就是三座壇城的見地：第一座壇城，五蘊五界佛父佛母壇城（五蘊是五方佛父，五大種五界是五方佛母）；第二座壇城，根境都是菩薩的壇城，五根是男菩薩，五境是女菩薩（五位女菩薩）；第三個壇城，其他的分支手腳等，是勇士、女勇士、忿怒尊、女忿怒尊。所以一切都是三座壇城，在見地上要得到這個了悟。

　　第六，得到什麼道路的允許？在密咒乘門的道路裡可以實修什麼？一般來講，寶瓶灌頂是得到實修生起次第的允許，當然也得到實修圓滿次第的允許，但是這裡主要指的是瑪哈瑜伽裡的生起次

第、圓滿次第與雙運的次第。通常說瑪哈瑜伽是生起次第，阿努瑜伽是圓滿次第，阿底瑜伽是雙運的次第，這是不同的範圍。實際上在瑪哈瑜伽裡也有生起次第、圓滿次第與雙運的次第；在阿努瑜伽裡也有生起次第、圓滿次第與雙運的次第；在阿底瑜伽裡也有生起次第、圓滿次第與雙運的次第，這是不同的範圍、不同的討論。這裡主要指瑪哈瑜伽之中的生起次第、圓滿次第的道路，得到了允許，可以觀修這些道路。

第七，了悟什麼宗義？宗義就是自己所設定、允許的界限，自己所主張的界限，如果得到了寶瓶灌頂，能夠了悟什麼樣的宗義呢？輪涅無二無別、本然清淨。要成立這個宗義。

第八，修什麼口訣？得到什麼口訣而做實修？如果得到寶瓶灌頂，之後實修密咒乘門的教法，一輩子成就佛果的話，如此死亡時不需要任何口訣。但是如果這輩子得到了灌頂，只持續地實修了一點點，但沒有投入全部的努力做實修，達不到高程度，如果這樣，在死亡之際氣中斷時，就必須要仰賴一個特別的口訣，這個特別的口訣就是「遷識法」的口訣。

遷識法的口訣要如何觀修呢？觀想在自己的中脈裡，神識像一個光亮的光團，外型看起來是個 ཧྲཱིཿ 啥字的形象。之後口中要唸誦，唸誦什麼呢？有些法本儀軌說要唸ㄏㄧˋ，有些法本儀軌說要唸ㄆㄟˋ，總之唸誦ㄏㄧˋ或ㄆㄟˋ都可以，靠著這個力量使自己的心識遷移到阿彌陀佛的心坎中間。這樣的觀修口訣就是遷識法的口訣，透過這個灌頂能夠得到遷識法的口訣。這是第八個項目。

第九，得到什麼果位？得到寶瓶灌頂後，我們身體裡不清淨的脈慢慢會消散不見，身體整個轉變成為本尊的身體，因此在四身之中就能夠得到化身。所得到的這個化身並不是經由因緣和合條件所形成，是屬於無為法的性質，能夠得到這種無為法性質的化身，所以果位是得到化身。

　　在新派密咒乘門裡，大概沒有第四個灌頂──詞句灌頂，如果得到第四灌頂，會比較快速、比較容易得到殊勝的成就果位。但是就算沒有第四灌頂，仍然可以靠著其它灌頂成就果位，只是時間要久一點，慢慢還是可以得到。舉例而言，以顯教乘門的方式也是可以得到佛果，在顯教乘門裡不要說沒有第四灌頂，其它的灌頂也都沒有，但還是會得到佛果，只不過要經過非常久遠的時間。

　　實修密咒乘門要看修法者自己的根器和緣份來做決定，並不是所有人都可以做這個實修，也不是所有人都要用這種方式。假設只有這個方法實修，那佛陀只要開示這一個教法就可以了，為什麼佛陀開示了各種不同的教法呢？之所以開示了各種不同的法門，就是因為每一位弟子的根器不一樣，每一位弟子的業力、緣份不一樣，所以有各種方法。

　　有一種灌頂叫「光明灌頂」，這光明灌頂是十地最後際菩薩在修道上的最後階段，十方諸佛放射光芒照射他、給他灌頂，之後他立刻成就了佛果，這個是十地最後際菩薩有的灌頂。如果我們現在階段，自己禪修念誦咒語時，感覺有毫光射向自己，這個是覺受，只能說是一個比較好的實修的徵兆而已，並不是得到灌頂。

問與答

問：請問堪布，聽說要氣脈完全清淨了才會感受到本尊的
　　化身印在自己身上，那要怎樣感覺自己的氣脈是否清
　　淨呢？

答：如果自己的氣和脈逐漸淨化了，內心煩惱的念頭、
　　不純淨的感覺，一定會逐漸地減少，所做的夢純粹只
　　有善的夢，而且自己內心以前所沒有的信心、悲心、
　　菩提心、見地，都會逐漸地產生，遇到這種情形，那
　　就是氣和脈淨化的徵兆。再進一步來講，如果脈淨化
　　了，徵兆是我們看到外在的景象，不清淨的部分都逐
　　漸轉為清淨；如果氣淨化了，氣是我們的語言，所以
　　妄語、綺語、惡口、兩舌等不善的語言一定會減少，
　　若一個人講出來的話完全沒有不善的語言，就表示他
　　的氣已經逐漸淨化了。

問：請問仁波切，不善的語言跟我們說「見惡隨喜」有什
　　麼差別？

答：平日講妄語、綺語、惡口、兩舌這些不善業，會隨著
　　講話內容的強和弱，造作的罪業也有大小強弱之分，
　　而見到不善業，自己跟著去做隨喜，當然也是不善

業，也會造作罪業，所造罪業的大小依對方所做罪業的強弱程度及我們自己所做隨喜的強弱程度，也會造成差別。譬如，如果有一個人把另外一個人殺了，被殺死的那人是我的敵人，哇，我高興得不得了，說：「你把對方殺死了，實在太好了！」這是隨喜，這種隨喜的罪業非常嚴重，和親自殺人的罪業一模一樣；如果自己內心有戒律的話，也都消失不見了。

　　如果是妄語，譬如就比丘、沙彌來講，本身具有出家的戒律，如果他沒有看到本尊卻說看到本尊，沒有看到鬼怪卻說看到鬼怪，沒有殊勝的證悟和神通幻化卻說有殊勝的證悟和神通幻化，像這樣用妄語來詐騙別人，都屬於嚴重的罪業，戒律會消失不見。

　　此外，若是其它小小的罪業我對它做隨喜，例如只是一個小妄語，當然罪業的程度就比較薄弱了。

問：對於不善的事情有需要制止它繼續，若使用憤怒的方法或斥責的方法，要如何確保自己的心沒有動到瞋念？

答：這要觀修慈心、悲心，就是表現出來的姿勢態度非常憤怒，但是內心仍然不會生氣，這是可以做到的。譬如父母爲了子女品行善良、行爲規矩、功課學業好之

故，也會罵他打他，但無論如何打小孩罵小孩時，外在表現的姿勢態度雖然很兇猛、很生氣，內心還是充滿強烈的關愛之心。不過這是對自己的子女，如果情況換成是別人家的子女，我打他罵他，外在是憤怒的形相，一般人的內在其實也是會產生憤怒之心，因為那不是自己的小孩。

要先了解眾生都曾經做過我的父母親，沒有做過我父母親的眾生根本不存在，這些眾生作為我父母親的時候，跟現在這一世的父母親一樣對我有廣大的恩惠，這個部分要慢慢地去學習，逐漸地對眾生才能夠產生慈心和悲心，之後即使示現出憤怒的形相，內心仍然可以充滿愛心。

通常美國的父母對子女不打不罵，所以在美國大概沒有這種經驗；不過在西藏、印度的許多小鎮，這種經驗太多了，有些父母碰到小孩去夜遊，晚上很晚才回來，就又打又罵，然後拿根大棍子，說：「今天放你一馬，如果明天還出去玩到這麼晚，一定用這根大棍子打斷你的腳！」實際上父母並不是真的那麼樣的憤怒，也不會真的要打斷小孩的手腳，只是嚇嚇小孩，可是小孩會害怕，會把它當作是真的，再也不敢去做壞事，這個就是要阻止他不要去做壞事的方法。

又譬如老師打學生，爲了讓他好好努力，功課進步，這種情況到處都有，這些都是在充滿愛心、充滿關懷的情況下，才去打罵小孩或學生，並不是說內心非常憤怒，把他當仇人一樣去打罵。

我在印度和尼泊爾當老師已經當很久了，打罵小孩跟學生的經驗也很多，在印度佛學院時，因爲還有很多其他堪布，我比較少去打學生，到尼泊爾佛學院當校長時，四年期間我打過的學生就不計其數了。但是我在打這些學生時，雖然外表看起來非常生氣，不過內心都有那種笑的感覺，有很多這種經驗。當然有時候打學生禁不住會發火，一邊打一邊罵，臉紅脖子粗，是有一點點生氣，但是這個生氣跟一般人的憤怒生氣不一樣，不會停留很久，打完了罵完了，愛心、關愛之心馬上就會出現。

秘密灌頂

秘密灌頂的段落也是分成九個項目來解釋它的意義，第一，是何對治？第二，依何壇城？第三，如何進行？第四，淨何罪障？第五，得何見地？第六，得何道路之允許，修什麼道路的允許？第七，了悟何宗義？第八，修何口訣？第九，得何果位？

前面講到進行寶瓶灌頂時所要依靠的壇城，是彩沙壇城或者是圖畫壇城，但是在秘密灌頂以及接著要講的智慧灌頂，要依靠什麼壇城呢？

在以前的時代，上師是非常具德的上師，條件非常圓滿，弟子也是非常具德的弟子，條件也非常圓滿，在這種情況之下，依於秘密灌頂正式的壇城以及智慧灌頂正式的壇城，進入這個壇城之中來進行灌頂。但是在目前這個時代，上師即使是一位具德的上師，大多數弟子卻都不能夠齊備條件，都不能算是具德的弟子，因此，也沒有依於秘密灌頂的正式壇城及智慧灌頂的正式壇城來進行灌頂。

當然不是說現代都完全沒有合乎條件的弟子，也不是這個意思，但是從我自己跟我所知道的傳承上師那裡，都還沒有聽說過有依於正式的秘密灌頂的壇城與智慧灌頂的壇城來進行灌頂的。當然，如果有的話，一定是在非常秘密的情況下進行，那我們也不可能聽到，這種情況也是有可能的。

如果是傳統秘密灌頂正式的壇城，應當依於佛母的密輪來作為壇城，依於佛母的密輪作為壇城所進行的灌頂就是秘密灌頂。但是在現代，上師要進行灌頂時，秘密灌頂的壇城往往都是依靠彩沙壇城或圖畫壇城，灌頂物也是把甘露倒在頭蓋骨裡，之後給予這個甘露來進行灌頂，這就是秘密灌頂了。

是何對治以及清淨什麼罪障呢？男女彼此之間微笑就能夠滿足的這種貪戀之心，在欲界六天之中屬於化樂天，秘密灌頂是化樂天貪戀之心的對治，靠這個方式來淨化，同時自己語言方面的罪障也能夠清淨；在四魔之中要滅除什麼魔呢？死亡魔。

第五，得到什麼見地？自生本智不是靠因緣和合而產生的，是自己內心實相本來所存在的本智，自己可以得到這種本智。

　　第六，得到實修什麼道路的允許？能夠觀想自己就是本尊，得到這個允許，主要就是觀想自己是本尊。另外還得到允許觀修圓滿次第，圓滿次第主要是猛烈母（拙火）的觀修，觀想自己的脈（血脈、精脈和中脈），將血脈與精脈之中不清淨的氣，能夠引導進入中脈之中。可以做這種類型的圓滿次第的觀想實修。

　　第七，成就什麼宗義？因為清淨了自己語言的罪障，所以眾生各種各類不同的語言，全部不會混雜在一起，可以個別個別分開得到了解。

　　第八，最後的口訣是什麼？靠著自己學習密咒乘門，努力地做實修，若這輩子沒有得到殊勝的成就，那麼死亡時還有什麼口訣可以當靠山？這個是在大光明的狀態之中，比喻光明會轉變成為大光明。

　　在我們內心之中有「勝義光明」存在，現在就已經有了，但是就勝義光明而言，是不是可以口頭上做一個說明？上師能不能做一個解釋？用手指頭指出來，用各種詞句去描述它呢？不能夠。

　　如果不能夠，我要怎麼了悟這個勝義光明呢？必須要靠相似的部分，上師把勝義光明很類似的部分做一個解釋，把這部分對弟子做一個直接指示，這時所介紹的光明稱為「比喻光明」。這輩子這樣觀修之後，也許這輩子勝義光明的本質還是沒有呈現出來，也沒有得到證悟，但在死亡的時候，把自己所實修的比喻光明解釋成像一個小孩子一樣，內心原來的實相勝義光明又解釋成像媽媽一樣，

在死亡的那一刻，這樣思維之後，自己所觀修的比喻光明就能夠轉變成爲勝義光明的本質。

這個情況就好像分散的母親跟兒子再見面就互相認識一樣，譬如母親跟兒子多年來始終沒有見面，媽媽已經忘記小孩長得什麼樣，小孩也忘記媽媽的模樣，後來經別人介紹說：「這是你的小孩，因爲怎麼樣所以怎麼樣；這是你媽媽，因爲如何如何你們分開了。」之後母子兩人就了解了，因此就認識了，內心當然強烈地喜悅，就像這情況一樣。一直到現在爲止所觀修的是比喻光明，比喻光明跟勝義光明非常類似，在死亡的那個時候，能夠將比喻光明轉變成勝義光明的性質，這就是臨終的口訣。

第九，得到什麼果位？我們身體裡有各種不清淨的文字，這許許多多的文字靠著猛烈母（拙火）的觀修，一個文字融入一個文字，不清淨的文字逐漸消失不見，最後，在四身之中就得到報身的果位，得到報身果位時，講經開示的語言會具足六十種功德，這是語言的功德。

智慧灌頂

首先，智慧灌頂正式的壇城是什麼樣子呢？當上師爲弟子進行智慧灌頂時，給予一位正式的、具德的空行母，靠著空行母來傳授智慧灌頂，這就是壇城。但現在的方式都是依於彩沙或圖畫壇城，靠著這個壇城，上師給弟子進行智慧灌頂，有上面畫著空行母的畫片，把畫片交在弟子手中，就是傳授了灌頂。

進行何種灌頂？所進行的灌頂就是智慧灌頂。

清淨何種罪障？男女彼此雙方要手握手才能夠滿足的這種貪戀之心，是屬於兜率天的貪戀之心，智慧灌頂能夠把這種貪戀之心淨化去除掉；在我們身語意三門罪障之中，能夠去除掉心意的罪障；在四魔之中，能夠消除煩惱魔。

得到觀修什麼道路的允許呢？三個道路：方便是所顯本智，勝慧是增廣本智，雙運是近得本智，這三種本智是所得到的觀修的道路。得到了這個允許，透過這三種道路的觀修，慢慢地產生真正的四喜（喜、特別喜、殊勝喜、俱生喜），透過四喜的產生將我們身體裡不清淨的明點、紅白明點全部熔化掉，熔化之後轉變成為本智，這個部分是見地。

得到什麼宗義？可以得到能切身真實地感受到樂空無別的本智。

臨終的口訣是什麼？如果按照這樣做實修，這輩子還沒有得到解脫，那死亡的時候，最後有什麼口訣呢？

現在所顯的一切萬法並不是像所顯現的樣子而存在，不是如其所顯而成立。那所顯現的萬法是如何成立的呢？一切純粹都是清淨，是本智的性質，現在我們內心的實相是基、基礎的金剛薩埵，但是我們的心坎中間有心結，是脈纏繞在一起的脈結，在這個時候，心坎的脈結會鬆開解開，因此，到目前為止所觀修的比喻的本智，能夠轉變成為勝義的本智，這是最後的口訣。

得到什麼果？遍空金剛。一般來講，法身是指空分、空分是指法身的部分，不過，空分的本質遍及一切萬法，這個部分屬於法身本質之中不是粗糙的部分，是屬於非常微細的部分，也就是可以得

到細分的這個部分，這是果位。

詞句灌頂

　　首先，詞句灌頂要依於什麼壇城來進行？所依靠的壇城是菩提心壇城，什麼叫菩提心壇城呢？在這個階段所謂的菩提心壇城，是指在第三灌頂時，上師會正式給予弟子一位明妃，跟這個明妃佛父佛母相合，透過明點來引發大樂，所透過的這個明點就稱為菩提心壇城。

　　進行什麼灌頂？在第三灌頂時，自己親自品嚐到、感受到的那個比喻本智，上師透過詞句來介紹，說：「你這個感受它的本質是什麼什麼……，它的性質是什麼什麼……。」用詞句來做一個介紹，所以稱為詞句灌頂。

　　清淨什麼罪障？從離諍天以下，人道、阿修羅道、畜牲道等全都有的根門相合的貪戀之心，這部分的罪障能夠淨化、去除；而且身口心三門混合在一起的罪障也能夠清淨；在四魔之中則是消滅掉天子魔。

　　得到什麼見地？得到本質空、自性明、明空雙運的見地。

　　得到觀修什麼道路的允許？堅斷、頓超，得到觀修這些道路的允許。

　　得到什麼宗義？可以得到不可思議的本然智慧這個宗義。

　　臨終的口訣是什麼？在死亡時有什麼口訣呢？大密大手印，大密就是非常秘密的意思，是指佛父佛母相合所產生的喜悅非常地秘密。臨終時，內心能夠轉變成為這個大密大樂，非常廣大的本質，

這個是死亡的口訣。

證得什麼果位？遍空自性身，仍然是遍及廣大虛空、毫無差別、遍及一切的自性身，在四身之中是第四個身體，得到這個果位。

以上介紹的是寶瓶灌頂、秘密灌頂、智慧灌頂、詞句灌頂，四種灌頂意義的解釋，每一個階段每一個灌頂都是分成九項來說明。

大家都已經求取了許多灌頂，得到了許多灌頂，但這些灌頂內容的意義和條件，大多數人都不能完整齊備，不過也不是說完全都沒有希望，至少還有一分希望，就是最後還有一個可以依靠之處——死亡的口訣，依靠這個最後的口訣，也許在中陰時能夠遷移到西方極樂淨土，在那裡投生。所以大家在這個部分要好好精進努力。

除此之外，要在這輩子就得到四身的果位，可以說是非常非常困難的。原因何在呢？因為精進的力量、信心的力量、淨顯方面的力量，這些力量完全都不足夠，所以無法在一輩子就達到四身的果位，並非法本身沒有這種威力，而是行者自己各種力量都不足夠之故。

灌頂的詞義

接下來要解釋「灌頂」這個字的意義。灌頂，印度話稱為「Abicanza」（阿毘堪札），西藏話叫做「ॅ◌ংॅ」（發音為汪），「汪」這個字的意思是允許或權勢，就是透過這個方式給他一個允

許，給他一個資格，給他一個權勢地位。但是這沒有完全表達出印度話的意思，印度話 Abi 是丟出去，Canza 是灌進來，合在一起 Abicanza 就是丟出去跟灌進來，意思是：先將弟子內心偶然的污垢、染垢丟出去，之後，就要灌進來很多的功德。譯成西藏話時譯成「汪」，並不能完整表達「丟出去跟灌進來」這兩個層面的意義。而中文譯成「灌頂」，到底有什麼意義？如何來做解釋？這個我就不瞭解了。

從 Abicanza 的意義來看，四種灌頂各自有每一個灌頂所要清淨的罪障，所以是先把罪障丟掉，之後每一個灌頂可以成就功德，有四身功德，所以是把四身的功德、本然智慧灌進來弟子的心續之中。像這樣把罪障丟出去，把功德灌進來，Abicanza 就是這個意思。

就西藏的傳統而言，想要學習密咒乘門的教法，如果沒有得到灌頂就不能聽聞教法，不能實修密咒乘門，不能觀想本尊，不能進行實修咒語。如果得到了灌頂，那這位弟子從得到灌頂時開始，他就得到一個允許，得到一個資格，有資格去聽聞密咒乘門的教法，實修密咒乘門的教法，觀想本尊，念誦咒語。這是灌頂的意義。

因、道、果的灌頂

就原因灌頂而言，所有灌頂的本質，一切的內容，實際上在我們內心就已經擁有了，現在就已經存在了。但是我們是如何去擁有這些灌頂的性質？以什麼方式擁有的呢？我們的身體具足六種元

素：地元素、水元素、火元素、風元素、虛空元素和神識元素，所以具足六界的性質，這個六界就是要進行灌頂時灌頂的依靠處。

同時在我們身體之中，還有氣、脈、紅白明點以及明點，也具足這四項。之前提到，透過寶瓶灌頂能夠使脈淨化，轉變成化身的性質；透過秘密灌頂能夠使氣淨化，轉變成報身的性質；透過智慧灌頂能夠使紅白明點淨化，轉變成法身的性質；透過詞句灌頂能夠使明點的蓋障淨化，轉變成自性身的性質。

換句話說，得到這四身果位所要依靠的就是我們身體裡的氣、脈、紅白明點，還有明點，這些是能夠得到灌頂的基礎。就一切眾生來講，灌頂的本質我們已經擁有、已經存在了，這部分稱為因灌頂。

假設在我們之中這些原因、這些灌頂的本質一個都不存在，那就不可能有眾生得到化身的果位，不可能有眾生得到報身的果位，不可能有眾生得到法身的果位，不可能有眾生得到自性身的果位。不過雖然在我們之中，因灌頂已經存在了，但我們從以前到現在，始終就沒有很純粹、很純正地實修佛法（意指徹底棄捨世俗），如果有的話，那很多人早就即身得到四身的果位了，但我們從來都沒這樣去做。

四身的性質現在已存在的部分，稱之為因灌頂。靠著因灌頂，上師透過儀軌進行寶瓶灌頂、秘密灌頂、智慧灌頂、詞句灌頂，有各自不同的儀軌，依著不同儀軌來給弟子傳授灌頂，使弟子得到灌頂，這個灌頂稱做道灌頂，道路的灌頂。

另外，我們修前行法、修〈上師相應法〉，觀想古魯仁波切的頂輪、喉輪、心輪、臍輪四門，有嗡啊吽啥，每個字有不同顏色，

放出毫光，射入自己的四門。這樣觀想後，一個個按照順序逐漸地得到一個個的灌頂，每一個灌頂也要照前面所講的九項內容來了解。但是我們現在大多數教法裡提到的，就只有清淨掉什麼罪障，然後證得什麼身的功德，緣份已經得到了，就按照觀想次第去觀想毫光射出來，射入自己，按照這個次第去觀修得到灌頂，這部分也是屬於道的灌頂。

之前有人問：「如果我觀想諸佛菩薩在前方虛空射出毫光射入自己，這個算不算是灌頂？」這不能算是灌頂，只能算是自己身體得到加持的一個徵兆。但是如何判斷這個徵兆是一個好的徵兆還是不好的徵兆呢？

我們以前曾經講過一品「觀察魔鬼」，如何去分辨魔鬼，那一品裡曾經提到，見到佛陀出現、佛陀放射光明、聽到佛陀開示教法，有這些徵兆後，如果自己內心的信心越來越強烈，悲心越來越強烈，感受到非常地殊勝，以前從來沒有的現在產生了，或是以前有的現在更加強烈了，內心得到以前從來沒有的快樂，如果有這些現象產生，之前的徵兆就是好的。

相反地，如果有諸佛菩薩放光射入自己的徵兆，之後覺得自己這個經驗實在非常棒，自己實在是非常好的根器，實在是非常地殊勝善緣，因此逐漸地產生傲慢心，因為傲慢心之故，逐漸對別人的信心衰損、減少，對眾生的悲心也減少，如果有這種情況發生，就算親自見到佛出現，佛跟自己講說教法，也都不算是好的徵兆。

總而言之，無論出現什麼徵兆，這徵兆是善還是不善，是好還是不好，完全要看出現徵兆之後自己的內心是什麼狀況，去分析一

下那時候的內心，如果自己的煩惱逐漸減少，信心逐漸強烈，悲心也越來越強烈，菩提心也越來越強烈，這就是一個好的徵兆，自己可以非常明白肯定這是好的徵兆。

相反地，不管看到什麼徵兆，哪怕是諸佛菩薩親自出現、講話、開示、握手、毫光射入自己，假設這個徵兆出現之後，自己內心煩惱越來越強烈，傲慢之心越來越強烈，對於佛法和上師的信心越來越少，對眾生的悲心越來越少，菩提心比以前更加減少、更加衰損，那麼，這些徵兆都算是不好的徵兆。

另外，十地最後際的菩薩，即當菩薩到達第十地時，安住在十地的菩薩擁有跟佛差不多一樣的功德和威力，這時十地菩薩內心會想：「我已經成佛了，我已經得到了究竟的果位。」他的內心會產生這種想法，這時佛當然了解，就會告訴他：「你現在這個果位不是究竟的果位，你還要繼續再努力精進。」佛為了鼓勵他，身體會放射出不可思議的光芒，遍布十方，重重無盡，射入十地菩薩，這時十地菩薩內心會明白：「哎呀，原來我這還不是究竟的果位！」為什麼十地菩薩會發現自己沒有得到究竟的果位呢？因為他自己的身體不能產生像佛一樣的毫光，不能擁有像佛射出毫光的能力，所以十地菩薩就會明白原來自己還沒有成就佛果，在成佛的道路上還要再加一把勁，還要再付出努力。產生這種想法之後，他就會精進在道路上做實修。精進在道路上做實修之後，他就會成就佛果。

當諸佛射出不可思議的毫光，射在十地最後際菩薩身上的時候，這個叫做大光明灌頂。大光明灌頂只發生在十地最後際菩薩，除此之外都沒有。

　　前面所講的這一切灌頂全部都是道灌頂，道路的灌頂。

　　最後一項果灌頂，果灌頂是指我們的內心、我們的身體徹底完全轉變成為四身的性質，法、報、化跟自性身等四身的性質完全顯露、展現出來，這是果灌頂，果灌頂的時候就是成就了佛果。

灌頂的利益

　　舉例而言，一塊農田的土質非常僵硬，如果把種子種下去，綠苗不太可能長出來，若現在我用這塊土地種植農作物，要使它發芽結果，那要怎麼辦呢？首先必須把泥土弄得非常鬆軟，透過耕耘挖挖挖，土質就變得鬆軟了。土質鬆軟之後再加上水就會變得非常溫潤，這時若種下種子，就會發芽，將來就有農作物收成。

　　跟這道理完全一樣，現在我們的內心充滿各種各樣的罪障，等同於堅硬的土質，對這種堅硬的土地，不管上師如何開示教法，弟子如何做觀想做實修，都不會產生功德，就好像土質堅硬的土地，種子種下去不可能發芽長出農作物一樣。所以透過灌頂，能夠使我們這種堅硬的內心稍微淨化，灌頂有這個效果。內心已經有一點淨化之後，接下來還要觀想本尊，還要念誦咒語，還要修持法本儀軌，因為都已經得到允許了，這些就像透過耕耘把僵硬的農田土質變鬆軟一樣。

　　透過灌頂，四種蓋障也比較容易淨化。四種蓋障有不同的說法，一種說法是指身的蓋障、語言的蓋障、心意的蓋障、混合在一起的蓋障；另一種說法是指業障、煩惱障、所知障、習氣障。

無論如何，經過灌頂之後，想要清淨這四種蓋障當然就比較容易，四種蓋障如果清淨，也比較容易得到四身的果位，這些都是灌頂的威力。

能解脫的生起次第

　　能解脫的道次第內容，要分成生起次第和圓滿次第兩項說明。

　　生起次第和圓滿次第主要是淨化生與死，一切眾生不可能沒有生沒有死，就我們人而言一定是在生與死之中，不可能離開生、離開死。既然一定在生在死之中，如果要把投生的罪障淨化去除，其方法就是觀修生起次第的道路；如果要把死亡的罪障清淨去除，其方法就是觀修圓滿次第的道路。

　　既然去除投生的罪障，令其清淨，要靠生起次第的觀修，那就先要了解：投生的情形是什麼樣子？出生的情形是什麼樣子？

　　出生的情形有四種，從蛋裡出生；從媽媽的肚子裡出生；從溫暖的水氣中出生；從花朵裡出生，也就是卵、胎、濕、化四種投生方式。

　　如果單就人類來討論，人類四生都完全具足，從蛋裡生出一個人、從溫暖的水氣生出一個人、從媽媽的肚子生出一個人、從花朵之中生出一個人，這四種投生方式都完全齊備。

　　從蛋裡生出人，從溫暖的水氣裡生出人，這種情況在人類非常古代的歷史裡有過，印度古代史也談到有一百個小孩從蛋裡生出來，還有以前的歷史也讀到過從溫暖的水氣中生出一個人。至於從

花朵裡出生的例子就在一千多年前，古魯仁波切從蓮花裡出生，還有印度聖者提婆也是從花朵中出生。到了現代，人類大概只有從媽媽的肚子生出來，其它三種投生方式都沒有。雖然如此，不過就人類而言，在我們內心仍然存在著從蛋而投生的罪障、從溫暖的水氣而投生的罪障、從花朵而投生的罪障。所以，若要把我們內心之中已經存在的這些罪障淨化，也還是要靠觀修生起次第。

　　大家要好好想一想，我們現在是人類，如果沒有好好學習佛法、實修佛法，將來是不是還會投生在人類裡呢？不太可能。那會投生在什麼地方呢？不知道；怎麼投生呢？不知道，可能從蛋裡就生出來了；若是從蛋生出來，是投生成哪一種？不知道。所以這種已經累積很多的從蛋來投生的罪障，一定要淨化去除，所靠的方式就是生起次第的觀修。

　　一樣的道理，從媽媽肚子投生的這種罪障要淨化、從溫暖的水氣投生的罪障要淨化、從花朵投生的罪障要淨化，也都是要靠觀修生起次第。如果把這四種投生的罪障都淨化了，那還會不會再投生在輪迴裡？不可能，因為投生的罪障完全不存在了，怎麼還會再投生在輪迴裡呢？

　　前面提到從花朵裡投生，是指由業力煩惱所引發從花朵裡投生，是化生的習氣。除此之外，化生有時候並不一定經由業力煩惱而投生，例如投生在西方極樂世界，西方極樂世界是蓮花之中化生，這化生就不是我們生起次第所要斷掉的部分，我們要斷掉的部分是指在我們這個輪迴的世界裡，由於業力煩惱引發從花朵裡投生，這種習氣才是我們要消滅掉的部分。以上這兩種的差別要清楚

了解。

　　針對四種投生的習氣，因爲要把它們淨化、消滅掉，所以要觀修生起次第，佛陀對此開示了四種方法，四種生起次第，以消滅掉前面所講的投生在輪迴裡的四種情況的習氣。

　　一般來講，生起次第有許多類型，但無論是什麼樣的類型，基本上生起次第的要素一定要齊備三個性質：淨、圓、熟，這三個條件非常重要，不能欠缺。如果齊備了這三個功德，就是一個純正的生起次第，否則不能算是純正的生起次第。

　　首先是清淨。三界是欲界、色界和無色界，當我們內心想到三界時，會想：「喔，這地方是欲界。」或者也會想：「啊，色界大概是什麼樣子。」雖然我們看不到，不過也知道色界是存在的，也會知道色界是這個樣子、那個樣子。雖然看不到無色界，但是知道無色界是存在的，無色界大概是這個樣子、那個樣子。我們內心總是有很多的對象可以讓我們思維，想著這個、想著那個。要在見地上非常確定：一切內心所能夠思維的對境，全部都是完全清淨、完全純淨。

　　如果在觀修生起次第的時候，所思維的對象不能夠非常肯定是完全純淨的話，這不是正式的生起次第，第一個「清淨」這個條件就沒有齊備。

　　第二個是圓滿。我們現在觀修生起次第，外在的器物世界是純淨的，已經淨化了，內在的有情生命也已經純淨了，都是佛，我們都是這樣觀想。但是有人可能會存疑：我們現在所做的觀想這部分其實是不是如此呢？完全是如此，在我們內心的實相之中，純粹都

是這個樣子，我們所觀想的這些部分，其實在我們的內心實相裡已經完全圓滿具足，絲毫沒有遺漏。這部分也必須透過見地，非常堅決確定，這就是「圓滿」的項目。

觀修生起次第時，要具足清淨這個條件，要具足圓滿這個條件，具足清淨和圓滿這兩個條件的生起次第，有什麼威力呢？有成熟的威力，成熟什麼呢？成熟圓滿次第。

為什麼要觀修生起次第呢？因為透過觀修生起次第能夠推動圓滿次第的證悟；要得到圓滿次第的證悟，原因就是前面的生起次第。沒有生起次第就不可能成就佛果，為什麼生起次第能夠成就佛果呢？因為生起次第的觀修具有一個成熟的威力，能夠成熟出圓滿次第。所以，所修的生起次第必須具足成熟的這個條件，如果不具足這個條件，這個生起次第根本不可能證得佛果。

無論學習顯教的教法或者學習密咒乘門的教法，對於這些教法所談到的意義，在學習實踐時，針對我們身體與內心兩個項目中，最主要是針對內心，使我們內心的能力逐漸地發揮出來，特別是密咒乘門之中所談到的生起次第與圓滿次第。這一切教法的內容，最主要都是強調內心，靠著這個實修使內心進步再進步，如此來進行。

但是就身體與內心這兩個項目而言，大多數人都比較重視身體，並沒有非常重視內心，譬如有一些人很擔心自己的身體會生病，如果身體沒病，又擔心是不是太胖了？太瘦了？膚色會不會太白？太黑？擔心這些問題就表示非常重視身體。此外，也擔心白頭髮不好看，把頭髮染黑看起來比較年輕；擔心臉上有皺紋，要不要去拉皮？為了延緩老化，做健身操，吃營養品……，這些情況都表

示對身體非常重視。

那對於內心重視的程度如何呢？如果像重視身體那般重視，應當經常思索、觀察：我的內心現在在想什麼？我的內心有沒有產生貪戀之心？如果有，把貪戀之心滅掉的方法是什麼？我的內心現在有沒有憤怒？瞋恨之心有還是沒有？如果有，把瞋恨之心滅掉的方法是什麼？我的內心現在有沒有愚癡之心？如果有，把愚癡之心滅掉的方法又是什麼？我的內心有沒有產生傷害別人的想法？如果有，我用什麼方法把傷害之心去除呢？我的內心有沒有產生煩惱？煩惱有多少？這些煩惱要如何滅掉呢？一般人都沒有去想這些問題，那就表示對於內心重視的程度不如對身體的重視。

就一個眞正實修佛法的行者而言，應當要重視內心，就像前面講的重視身體那樣，而且比那個程度還要更加強烈地去重視內心，應當要時常去想上述這些問題，想著如何使內心更加提昇？如何改變調整內心？在這些方面好好地重視。如果能這樣，要把煩惱滅掉就不會那麼困難了，要離開輪迴投生在淨土也就沒那麼困難了。相反地，如果不特別去重視內心、改善內心，那麼，要滅掉煩惱、離開輪迴投生在淨土等等，所有問題都會變得很困難。

淨化卵生

就生起次第而言，投生在輪迴處所的方式有四種，這四種投生的情況裡有一種稱爲卵生。卵生投生而形成身體時，需經過兩個步驟，有兩次的出生。第一次先生出一個蛋，之後在蛋裡逐漸形成身

體，最後破殼而出，又出生一次。因此，若要清淨去除卵生的罪業、蓋障，生起次第就要分成兩項，也就是自子他生、他子自生的方式。

在密咒乘門之中，認為自己跟其他所有一切眾生都是佛的性質，自子他生的意思便是指自己擁有的如來藏實際上本質就是佛的性質，完整包括了佛的三身、五種本智的性質，這一點要了悟。正因為佛以及不清淨的眾生實際上本來都是佛，本來都清淨，因此即使是不清淨的眾生，他的實相仍然是清淨的，這就表示「我」要放置在他的處所，從他那邊來形成，所以在自子他生的生起次第方式中，「我」要放在他那個處所來形成，這個方式要經過五個步驟。

首先要觀修空性和悲心，如果沒有觀修空性也沒有觀修悲心，就直接觀修生起次第，這種生起次第是屬於外道的生起次第，屬於魔鬼的生起次第，不能算是內道佛教的生起次第。

觀修了空性和悲心之後，接著要觀想本尊，任一本尊。首先要觀想本尊的種子字，這是第一個段落。之後這個種子字，整體徹底地、完整地轉變成忿怒尊，一面二臂，身體是暗紫色，由忿怒尊佛父佛母放光迎請十方一切諸佛，融入佛母的密輪中，這個段落是第二個步驟。

之後要召迎一切眾生也融入佛母的密輪中，眾生融入佛母的密輪後，就要為這些眾生清淨罪障，這是第三個步驟。之後要證悟無二，我們通常認為輪迴是不清淨的，涅槃是清淨的，不過清淨和不清淨這兩邊的想法，實際上是由我們不清淨的心所形成的，不清淨的心就會執著有兩邊，有清淨和不清淨的想法，假設內心純淨了，

那輪迴也不能夠成立，涅槃也不能夠成立，一切唯是清淨浩瀚之自性。這一點要了悟，在這個了悟上堅定安住，產生強烈的慢心和堅固之心，這是第四個步驟。

之後從佛母的密輪之中放射出十方諸佛，因為前面是十方諸佛融入佛母的密輪，現在把在佛母密輪裡的十方諸佛放射出去，同時原來召迎進來佛母密輪的眾生，已經清淨罪障了，再把這些眾生放到外面去，這時外面有壇城，安置這些十方諸佛放在壇城寶座四面八方，自己是中間的主尊，這是自子他生方式的生起次第。

他子自生，前面有提到過，如果是一個蛋已經生出來了，在蛋之中，生命的身體形成了，之後還要再出生一次，所以要再做一次觀想。

前面自子他生的時候，所觀想的主尊佛父佛母，再度的融化變成光，化成光之後，光之中出現種子字，例如是吽字，這是第一個步驟。吽字徹底地轉變成忿怒尊佛父佛母，身體藍色，九個頭、十八隻手、十八隻腳，那是蘊、處、界形成了，這是第二個步驟。之後佛父內心的思維轉變成為文字形象，佛母放光，表示向佛父祈請應當生出兒子，這是第三個步驟。之後，因為這時觀想自己是主尊佛父佛母，所以一切諸佛菩薩及所有的眾生，全部融入主尊佛父的心坎中間，總之，要思維一切眾生都是主尊佛父佛母的性質，此外無他，純粹都是本尊的性質，產生堅固的慢心，這是第四個步驟。之後佛父佛母相合，在虛空中生出諸多兒子，在天空形成壇城，這是第五個步驟。

形成壇城時，如何形成呢？配合文武百尊來進行，觀想四十二

尊，因爲不清淨時，我們內心的妄念有四十二個文字，清淨的時候就轉變成四十二尊的形相，形成本尊的形相，這是第六個步驟。最後還要配合四個手印，這四個手印就是經常談到的「札吽邦霍」，這「札吽邦霍」代表四位天女，持鐵鈎的天女、持鐵鎖頭的天女、持絹索的天女、持金剛鈴的天女，由這些天女來進行，有的是迎請、有的是安排坐墊、有的是請安坐、有的是請求喜悅長久安住，這樣子來束縛、約束，這是第七個步驟。

　　約束之後是封印，觀想前面已觀想的安住在四面八方的所有天尊，身語意三門全都有嗡啊吽三金剛種子字，額頭嗡字、喉嚨啊字、心坎吽字，以嗡啊吽三個字來封印，而自己是主尊佛父佛母，跟所觀想的天尊全部都有身語意的性質，跟諸佛一樣。這是封印的步驟。

　　以上所談的是淨化卵生罪障、習氣的生起次第的詳細部分。如果按照簡略部分，要如何觀想呢？首先觀想自己是一尊本尊，前方虛空有壇城，還有這個本尊天，如此觀想的時候要唸誦七支分，唸完七支分之後，自己跟前方虛空所觀想出來的本尊天全部安住在無所緣取的空性之中，在空性之中安住片刻後，再度觀修生起次第，這時就按照自己所修的本尊法的儀軌，來觀修本尊的生起次第，這樣就可以了。

淨化胎生

　　在講解將胎生習氣淨化的這種生起次第之前，有一點應當要了

解的，就前面所提到的淨化卵生的生起次第而言，觀修自子他生、觀修他子自生，當然它主要的對治目標是淨化卵生的習氣，但也可以清淨其它三種投生的習氣，只是主要的目標放在卵生。同樣地，現在所要講的清淨胎生的生起次第，主要目標當然是放在淨化胎生的習氣，不過實際上也可以淨化其它三生的習氣。同理，溼生和化生的情況也都是如此，主要對治一個目標，但其它幾種投生的習氣也都同時可以淨化。所以，任何一個生起次第都可以淨化四種投生的習氣，只是有它各自主要對治的目標，這一點要充分了解。

　　淨化胎生的生起次第，經常提到的方法有四種現證菩提的生起次第、三金剛儀軌的生起次第、五種現證菩提的生起次第。

四種現證菩提的生起次第

　　佛陀所開示的《嘎波續》中，曾經講到四種現證菩提的生起次第，這種觀修方法是什麼呢？胎生當然是到媽媽的肚子裡去，可是在還沒進入媽媽肚子之前，前面是一個中陰的生命，也就是中陰身，經由中陰身這個階段之後才進入媽媽的肚子，所以首先要淨化掉中陰的心識、習氣。針對清淨中陰那個階段的心識、習氣，要先觀修空性，之後對一切眾生要觀修悲心，這是第一個步驟。

　　已經過了中陰階段後，就是入住母胎，這個是近取的心識，投生到下一輩子的心識，這個時候要入住母胎，若要使入住母胎這個段落淨化，就要觀想本尊的種子字，有嗡啊吽啥當等各種各類的種子字，這是第二個段落，是指入住母胎時的那個神識心識，那個時候，要把這個習氣罪障淨化掉，所以要觀想種子字。

　　接下來就入住母胎，到了媽媽的肚子裡之後，身體就逐漸地形成了。身體形成時，最初是從肚臍的脈開始形成，身體慢慢分化，色聲香味觸逐漸形成，順著這個方式，種子字就要轉變成為本尊的象徵物法器，有的是蓮花、有的是寶劍、有的是金剛杵、有的是普巴杵，各種各類，所以要觀想種子字變成本尊的代表物法器，這是第三個步驟。

　　之後，逐漸地，身體從臍輪慢慢形成，逐漸骨頭也出現了，身體慢慢變成一個形象，例如變成烏龜的形象或是魚的形象。要清淨這階段的罪障，方式就是觀想本尊的象徵物法器化成一個光團，充滿光亮的光點，這個光亮的光團轉變成為本尊天的形相，頭手腳衣服裝飾物都要完整形成，這是第四個階段。

三金剛儀軌的生起次第

　　三金剛儀軌的生起次第屬於父續瑪哈瑜伽的傳軌，在瑪哈瑜伽的傳軌之中，提到要淨化胎生罪障有這種方法。身體是手印，語言是種子字，內心是法器，三金剛儀軌生起次第就是這三個項目的觀修。首先觀想本尊天的象徵物，他的法器是什麼樣子？接著這個法器再轉變成為本尊的種子字，文字的形象，之後由這個文字的形象再轉變成為本尊身體的形相，身體的樣子完完整整的形成。

　　可是，現在大多數的法本儀軌裡所談到的生起次第，方式是先觀想本尊的種子字，這個種子字再轉變成為本尊的象徵物法器，之後再轉變為成為身體的手印，完整的身體的形相，這就有一點點出入了。這裡所提到的是先觀想本尊的象徵物法器，之後觀想本尊的

種子字，文字的形象，之後再轉變成爲身體的手印，身體完整的形
相，兩者有不同的順序。

五種現證菩提的生起次第

五種現證菩提的生起次第分爲兩種情況，把基階段的現證菩提
和果階段的現證菩提合在一起解釋，這是一個項目；另外一個項目
是道階段的現證菩提。

首先就菩薩投生在輪迴的情況而言，菩薩會投生在輪迴去利益
輪迴眾生，也有這種情形，順著這個情況來做一個解釋說明。如果
菩薩投生在輪迴裡，當然也是經由中陰的階段，之後去投生，在中
陰身投生時，會尋找選擇自己要投生的父母親是比較好的種姓、是
實修正法的人；尋找選擇自己要投生的身體是比較好的、種姓高貴
的身體，這個階段在五道之中屬於資糧道。

現在這是做一個解釋說明，不是說要觀想什麼情況、什麼形
相，只是做一個解釋說明。

已經尋找到一個種姓高貴的父母親之後，中陰神識就要入住母
胎。如果是不清淨的輪迴眾生，入住母胎時當然神識直接進入、投
生，但是菩薩入住母胎是觀想自己的心識變成吽字種子字，種子字
進入母胎之中，當這個種子字進入母胎時，在五道之中屬於加行
道。

已經到了媽媽的肚子裡，神識入住母胎之後，五個項目會結合
在一起，中陰的神識，從爸爸而來的白明點，從媽媽而來的紅明
點，還有心、氣這些全部混合在一起，在母親肚子裡結合形成，這

個段落是見道位與修道位。

　　之後就要出生，如果是一個凡夫，住在媽媽的肚子裡經過九個月出生，若八個月就出生，是早產，小孩就會有許多危險，也許手腳發育不完整，也許內心有一些缺陷。因此，菩薩的化現投生在媽媽的肚子時，通常懷胎十月而出生，十月代表十地，十地都是有學道，過了十地之後就是無學道，所以十個月就代表有學道的十地，若十個月之後出生就代表得到無學道。因此，菩薩入住母胎都經過十個月之後出生。以上是順著菩薩投生在輪迴裡利益眾生的情況說明。

　　當然這只是一般的情況，菩薩利益眾生投生在輪迴裡的情況是這個樣子，可是有不同的情況，例如釋迦牟尼佛導師薄伽梵，二十九歲之前都住在皇宮，有王妃，還生了小孩，所生的小孩在媽媽肚子裡待了六年之久才出生，所以眾生的業力不會一成不變，不可能眾生的業力都是同一種情況，而是有各種各樣的變化。

　　另一個項目是道的階段的現證菩提，它的道路是這樣的。

　　我們經常提到子音與母音，母音的本質轉變成為月輪，因此首先要觀想月輪。觀修月輪是要淨化什麼習氣呢？在胎生階段是淨化掉從父親而來的白明點習氣；濕生投生時一般要靠兩個成分，溫暖（熱度）和水氣（濕氣），觀修月輪在濕生裡是把濕氣這個成分的習氣淨化去除；卵生的話是把從爸爸而來的蓋障習氣淨化去除；化生的話要靠明與空這兩個成分才能夠投生，觀修月輪能夠淨化去除空的習氣。

　　以上是第一個步驟月輪的觀修；月輪的觀修在五方佛之中表示

大日如來。

　　第二個步驟是子音的性質，化成了日輪太陽，日輪在五方佛之中是寶生佛的性質。那麼觀修日輪可以淨化什麼習氣呢？以胎生來講，從媽媽而來的塵，塵代表紅明點紅分；濕生的話，前面說過有兩個成分，一個濕氣已經淨化了，再來是溫暖熱度，要淨化溫暖熱度需靠觀修日輪；卵生的話，能夠清淨去除從媽媽而來的蓋障習氣；化生的話，是明與空兩個成分，之前已經清淨去除空的成分，再來是明的成分，能清淨去除明的習氣。

　　第三個步驟，這是五方佛之中阿彌陀佛的性質，要化成一個種子字，也就是阿彌陀佛的種子字 啥字，之後轉變成法器佛缽。按照西藏的習慣，阿彌陀佛的象徵物是佛缽，佛缽有一個種子字 啥字做為它的裝飾物，所以觀修佛缽。

　　胎生的話，如果精跟塵聚在一起、兩者齊備之後，神識就會鑽到裡面去，這是入胎的習氣，所以第三個現證菩提的觀修是把入住母胎的習氣淨化去除，因此，胎生時中陰入住母胎的習氣、濕生時中陰入住母胎的習氣、卵生時中陰入住母胎的習氣、化生時中陰入住母胎的習氣，也就是中陰的神識要進入到媽媽肚子裡住胎的習氣，都要把它淨化去除，這是第三個現證菩提。

　　第四個步驟，因為前面已經觀想了三個步驟，觀想月輪、觀想日輪、觀想裝飾著種子字的法器，三者已經觀想完畢了，到第四個階段的時候，就要把前面三個項目完全混合在一起，逐漸融化，變成一個光團，如此來觀想。第四個現證菩提要淨化什麼呢？就胎生和卵生而言，要淨化掉精、塵、心三個混合在一起的習氣；就濕

生而言，要淨化掉溫暖之氣、還有心結合在一起的習氣；就化生而言，明空結合的時候，心會跟它們結合在一起，中陰會跟它們相結合在一起，要把這些習氣淨化去除，這是第四個現證菩提。

第五個現證菩提，在前面第四個階段時已經形成一個光團，這個光團慢慢轉變成忿怒尊嘿魯嘎佛父佛母的形相，觀想自己是這個樣子。這個觀想要淨化什麼習氣呢？四生裡無論是胎生、卵生、濕生、化生，最後總是五根（眼耳鼻舌身）會完整的形成、出現，這個五根完整形成的習氣要淨化去除；如果五根已經完整形成之後，眼睛就會執取對境色法，耳朵就會執取對境聲音，鼻子就會執取對境氣味，舌頭就會執取對境滋味，身體就會執取對境觸覺，這個執取對境的習氣也要淨化去除。

已經投生在輪迴，五根完整形成之後，這個壽命也許活七十歲、也許活八十歲，這些習氣要完全淨化去除；還有，我們經常提到十八界、五蘊、十二處、八識等，這些也都要淨化去除。所以，五蘊五大種是五方佛的佛父佛母的性質，手腳等的分支是屬於男女忿怒尊的性質，根門還有對境是男女菩薩的性質，八位菩薩與八位女菩薩的性質。總而言之，這一切的法都是本然清淨的性質，要有這種了悟。

五現證菩提的方式是配合證悟成佛、得到佛果的情形來做觀修。我們現在處在不清淨輪迴眾生的階段，把不清淨輪迴眾生階段時的心識，觀想成是原因階段的本尊忿怒尊佛父佛母，透過這個觀修把罪障淨化去除，之後內心的實相就會浮現出來。當內心的實相顯現出來時，把內心的實相顯現觀想成果位階段的本尊嘿魯嘎，

以這個方式把精、塵、氣，還有與氣陪伴在一起的心，包含習氣的心，一起全部淨化，這樣子的生起次第還能做爲後面圓滿次第階段一個推動的原因。換句話說，在圓滿次第時要了悟實相，需靠生起次第成爲使圓滿次第成熟、推動的一個原因，這就是生起次第。

　　總合來看，前面五現證菩提的生起次第經過五個階段，第一個階段是大日如來的性質，第二個階段是寶生佛的性質，第三個階段是阿彌陀佛的性質，第四個階段是不空成就佛的性質，第五個階段是不動佛的性質。這是五種現證菩提的生起次第。

淨化濕生

　　要淨化濕生的習氣，該用什麼生起次第呢？這是阿努瑜伽的傳統裡提到的生起次第。

　　濕生包括兩個成分，就是一點點溫暖的熱度加上一點點的水氣，兩者配合在一起，之後神識進入其中，才能夠形成一個身體，這種出生的方式稱爲濕生，由濕氣所生。如果是濕生，這個身體的形成時間不會很久。前面提到胎生或卵生，身體的形成需要一些時間，譬如卵生，產生一個生命的時間要很久，首先要形成一個蛋，蛋裡又逐漸形成一個身體，之後身體破殼而出；譬如胎生，身體的形成也要很久，在媽媽肚裡，寶寶身體經過一個個段落慢慢形成，要經過很長時間。但如果是濕生，靠著溫暖和水氣形成身體，時間很短，身體很快就形成了，因此，如果要淨化濕生的習氣，這種生起次第的步驟不會很繁複，時間也不需很長，通常是由本尊的法

器觀想本尊的形相，立刻形成了。看到本尊的身體時，本尊的頭手腳、衣服、裝飾物等全部都完整形成，這種觀想本尊現證觀想的方式是針對淨化濕生習氣時所進行的觀想。

淨化化生

淨化化生習氣所做的生起次第的觀修要用「刹那圓念」的方式，刹那圓念就是自己的念頭想到的那一刹那，本尊的身體立刻就完整地形成出現了。這種生起次第當然就非常地快。我們前面講解過淨化胎生和淨化卵生時觀修的生起次第，和前面兩種情況相比，淨化濕生所需的觀想次第非常快，可是如果以淨化化生和淨化濕生的生起次第來比較，淨化化生的生起次第更加地快，淨化濕生的生起次第還要靠本尊的名字、形相來觀想本尊，但淨化化生完全不需要，只要在心裡稍微憶念到，本尊立刻形成、立刻出現，非常地快速。

前面講解了四種生起次第的觀修，接著做個總結。

四種生起次第的觀修目的當然是要清淨四種投生的方式，為了淨化去除四種投生的習氣，所以觀修四種生起次第，但是就一個初機的實修者而言，這四種生起次第應當按照什麼順序實修呢？首先應當以淨化卵生習氣的生起次第「自子他生，他子自生」的方式為主，好好地做觀修。等到觀修堅固穩定了，再進一步觀修淨化胎生的生起次第「四現證菩提、三金剛儀軌、五現證菩提」的方式，把這個好好地觀修。已經能夠觀修明白堅固了，再進一步學習淨化濕

生習氣的生起次第。這個也觀想堅固明細了，之後才觀修淨化化生習氣的生起次第。一定要順著自己能力堅固的情況，按照順序逐漸地觀修生起次第。如果能這樣來做實修，那就是沒有錯誤的生起次第的實修方式，這個非常重要。

　　四種生起次第不管是哪一個階段，非常重要的是三種等持的觀修。首先是真如等持，一定要觀修空性，一切萬法自己的性相不能夠成立，遠離戲論，是空性的。這個部分要觀想，這是真如等持。

　　觀修空性之後，萬法的實相是空性，沒有自性存在，遠離戲論，但是很多眾生不了悟這點，因此會產生迷惑錯亂，而且在迷惑錯亂的景象之中產生了很多執著，之後造作種種業，由業投生輪迴，在輪迴之中飽受六道各種痛苦。這些眾生多麼地可憐，所以要普遍地對這些眾生產生悲心，這是第二個等持，稱為普顯等持，因為空性不是空空洞洞，什麼都沒有，而是在空性中周遍地、普遍地顯出悲心，這也作為空性的顯分部分，所以稱為普顯等持，又稱為如幻等持。第三個等持要觀修本尊天的種子字，稱為原因等持，因為由種子字而形成本尊天，所以種子字是本尊天的來源、原因，所以稱為原因等持。

　　如果能配合三種等持來觀修，才是密咒乘門殊勝的道路，也才是沒有錯誤的道路。

　　之後，按照生起次第已經觀想本尊出現了，無量宮也出現了，這時一定要把本尊和無量宮觀想成「顯而無自性」，顯現而無自性存在，本尊和無量宮雖然顯現出這個樣子，但是沒有自性存在，是空性；雖然是空性，但是也要顯現出這個樣子、這個形相，顯現出

本尊的形相和無量宮的形相，所以是顯而無自性，顯空雙運，一定
要這樣子來做觀修。

觀想出本尊的形相和無量宮的形相後，如果心裡想著它是一個
非常堅硬、堅固的實質體，不管魔鬼邪祟怎麼破壞都打不爛打不
壞，這樣就完全錯誤了。所觀想出來的本尊身體和無量宮的形相，
一定是顯空雙運結合在一起，如果沒有掌握住這個關鍵要點，既沒
有觀修空性也沒有觀修悲心，冒冒失失觀想本尊形成了，觀想無
量宮，這樣當然也會觀想出本尊和無量宮，但這種方式外道也有，
這不能算是內道佛教的生起次第，更不是密咒乘門的生起次第。而
且，如果沒有觀修空性也沒有觀修悲心就去觀想本尊和無量宮，死
亡之後往往會投生在魔鬼之中。

總而言之，我們學習佛法學習密咒乘門，一定有一個佛教傳統
的方式，自己所學的方式一定是順著佛教的方式，所以才稱為學習
佛法。如果我是實修密咒乘門的教法，也一定有一個密咒乘門的方
式，我一定是順著密咒乘門傳統的方式而做實修。如果方法不是順
著密咒乘門的方式，那算不算是學習密咒乘門的教法呢？不算；如
果說我學習佛法，但是學習方式不是順著佛法的方式，那算不算是
學習佛法呢？那也不算，這不能算是一個佛教徒，就算外表看起來
是佛教徒的樣子，穿著佛教徒的衣服，散發各種廣告單，說是一個
佛教的上師或是一個佛教的弟子，說在學習佛法的內容，可是所做
的方式、所講述的內容，都不是佛教的方式、不是佛法的內容，那
這個人就不能算是佛弟子了。

特別是現代人，貪戀之心都非常強烈，腦袋動很多念頭，嘴巴

說我學習密咒教法，為什麼呢？因為學習密咒教法之後，可以跟女人來往，可以有太太，可以喝酒，可以吃肉，以為這樣就是學習密咒乘教法，很多人有這種錯誤的想法，把這些當做是密咒乘的內容，不明白在密咒乘教法裡，這些行為的前提是在自己完全沒有貪戀之心的情況下，有太太、喝酒、吃肉變成一種行持，如果是在貪戀之心、煩惱之心的情況下，這些行為都不能算是密咒乘的行持。

　　如果要真正了解這些內容，就要自己多閱讀書籍，多聽聞教法，多學習相關內容，才能夠掌握關鍵要點。如果今天去請求灌頂，得到灌頂之後立刻到上師跟前說：「我要修觀世音做本尊，我要修金剛手做本尊。」之後就來做這個觀修，這樣不能算是很純正的生起次第，不能算是很純正的圓滿次第，因為密咒乘的典籍裡都會談到純正的生起次第和純正的圓滿次第是如何如何觀想，按照密咒乘典籍所說的純正方式來做觀修，才算是一個純正的實修。

　　現在按照這個純正方式來做實修的人少之又少，大多數人都是去請求灌頂，之後立刻去觀修本尊，但是有沒有按照密咒乘典籍裡所談到的生起次第和圓滿次第觀修的方式去做呢？沒有。如果沒有，那怎麼能夠算是密咒乘的實修呢？

　　所以，要聽聞教法，要透過閱讀典籍學習，才能夠了解如何觀修，觀修的要點是什麼，如此才能夠有正確的實修方式。

　　其次，道路晉昇的情形是什麼樣子？一般來講，在顯教乘門裡菩薩有一個證得見道位的段落，這在密咒乘門的傳統裡稱為「大手印」的成就。顯教乘門所提到的見道位，見道菩薩，跟密咒乘門所提到的大手印成就，兩者是同義詞，意思完全一樣，如果已經證得

見道位之後，顯教乘門、密咒乘門就沒有差別了。

密咒乘門所提到的大手印成就當然非常有名氣，如果我們自己要得到這個成就，應當怎麼做呢？前面就要好好地觀修生起次第，觀修生起次第時，所顯現的景象全部都是本尊的無量宮，一切所有的眾生都是本尊、如來佛父佛母、男女菩薩，所以一切唯是清淨浩瀚的性質。若能如此來做觀想，就能夠廣大累積福德資糧。

所顯現的器物世界一切景象都是壇城無量宮，一切眾生都是如來佛父佛母、男女菩薩，所有的這一切全部都是顯而無自性，雖然是顯現出這個樣子，但不是實質體，沒有自性存在，是遠離戲論的空性，若能如此來做觀想，這是累積智慧資糧。透過累積福德資糧及智慧資糧兩種資糧，就能夠成就佛果。無論是按照顯教乘門成就佛果還是按照密咒乘門成就佛果，都要靠圓滿兩種資糧。

既然都是靠圓滿兩種資糧成就佛果，顯教乘門和密咒乘門的差別在什麼地方呢？差別在於若按照密咒乘門累積兩種資糧而成就佛果，速度比較快，不需要很久時間。若按照顯教乘門累積兩種資糧使它圓滿，要經過非常久非常久的時間才能成就果位。

密咒乘門在很短暫的時間就圓滿了兩種資糧，成就了佛果，但是誰能夠這麼快速去圓滿兩種資糧而成就佛果呢？善根的弟子、銳利根器的弟子，這不是鈍根弟子所能夠做的實修，鈍根弟子沒有能力來實修密咒乘門的教法。

銳利根器的弟子實修密咒乘門的教法，之後迅速成就佛果，成就佛果時所經過的道路有資糧道、加行道、見道、修道，之後到無學道，成就佛果，這中間會產生四種持明的成就：異熟持明成就、

長壽持明成就、大手印持明成就、自成持明成就。這四種持明就好像樓房一樣，上樓要先走過一樓的樓梯，再走過二樓的樓梯，再走過三樓的樓梯，再走過四樓的樓梯，按照順序一個樓層一個樓層走上去。同樣的道理，實修這些教法時，五道階段也是按照順序逐漸向上做實修，這四種持明成就也是按照順序逐漸上去。如此按照密咒乘門的道路實修之後，就會得到具五決定的報身佛果的國土，得到五種五身五智性質的果位，要得到這個成就就非常快速了，一刹那之間，像變魔術一樣，很快速就得到了。

通常我們提到非常快速、一刹那就得到成就，很多人誤解成那就好像閉著眼睛兩三秒鐘之後就成就佛果，其實不是這個意思，譬如密勒日巴尊者，即生成佛，他是如何成佛的呢？他在山洞裡閉關經過三十年、四十年的時間，日夜不斷實修，精進努力，之後成就了佛果，這就算是非常快速的成就佛果。又如龍欽巴尊者一輩子都在山洞裡閉關做實修，經過三十年、四十年閉關實修，成就了佛果，這是一生成就佛果，這樣一生成就佛果就是非常快速，迅速無比，好像變魔術一刹那就成就佛果了。

為什麼稱之為一刹那呢？再舉例說明，假如我們要從台北前往印度，走路的話非常遙遠，不曉得要走多久才會到；如果開車前往，也是要非常久的時間；但是如果搭飛機，那跟走路、開車比起來，飛機實在是非常快速，但這所謂的非常快速是指飛機一分鐘、兩分鐘就到印度了嗎？不是，坐飛機也要經過六小時的時間，不過六小時跟走路、開車的時間比起來，那就實在是非常快速了。

和這個道理一樣，由密咒乘門來成就佛果，實在是快速得不得

了，但這個快速得不得了的意思是指要在深山山洞裡閉關三十年、四十年，日夜都沒有中斷，精進努力實修，這樣子才有可能一生就成就佛果，這就是非常快速成就佛果的真正意思。

能解脫的圓滿次第

就圓滿次第而言，一般分成三種類型，密咒乘門之中父續傳統、母續傳統，以及無二續傳統。

第一種是密咒乘門之中父續的傳統。父續傳統裡關於氣的理論，把氣分成許多種，但是一般因為我們談到的元素是地、水、火、風、空五大種五種元素，依於這五種元素之故，所以氣分成五種類型，運用這些氣來做實修，透過氣的實修使得氣都能夠進入中脈，那一切的氣全部都會淨化純淨，如果氣都淨化純淨了，在我們內心之中，明空雙運的本然智慧就會出現，這是父續的傳統。

如果根據密咒乘門之中母續的傳統，為了使我們內心產生本智之故，所以依於自己身體的方便而使勝慧本智產生，或者是依於其他者的身體作為方便法門而使本智產生，這是指佛父佛母相合，之後透過四喜的實修，使本然智慧產生，這種方式是母續的傳統。

第三種是無二續的傳統，在密咒乘門無二續傳統之中，並沒有運用氣來做實修，或者是佛父佛母相合產生四喜的這種實修方式，不需要用這種實修方式，而是針對離一、離多、無所緣取的大明點，也就是萬法實相來作為觀修。

也就是說，在父續的傳統及母續的傳統兩種類型裡，前者以氣

作為主要來進行實修，後者以明點作為主要來進行實修，但是在無二續裡，是顯空雙運來做實修。因此，前面兩種類型的實修，那種圓滿次第的實修是有形相，有緣取的，稱為有相圓滿次第；後面這一種顯空雙運的實修，這種圓滿次第是離開形相、沒有形相的，稱為無相圓滿次第。

有相圓滿次第

三種類型裡，第一種父續傳統的圓滿次第主要的實修依靠著氣，氣如何來來往往呢？因為身體裡有脈，就有氣跑來跑去、來來往往。在身體的脈裡來來往往的氣，什麼會依靠在上面呢？那就是菩提心。所謂的菩提心，就外相而言指的是明點，就內相而言指的是本智。

因此，我們身體裡最重要的就有這三個項目：氣、脈、明點。

我們現在還在不清淨凡夫的階段，把這三項稱為氣、脈、明點，但就性質而言，脈是化身、氣是報身、明點是法身。因此就氣、脈、明點三者而言，實際上本來都是清淨的，都是清淨佛身的性質。要有這種認識。

金剛身的實相

安住之脈

這個脈在我們身體裡是如何形成的呢？首先要追溯到最早的中

陰階段，中陰的神識會入住母胎，當中陰的神識進入媽媽肚子時，臍輪的脈和眼睛的脈串連在一起，同時形成，當它們一起形成後，慢慢發育，逐漸形成身體。當身體完整形成時，身體裡最為主要的脈有三個，這三個脈在我們身體中間，通常比喻成就好像房子的柱子一樣，非常端正、非常直。

這三個脈，就外在的形相而言，是我們凡夫的身、口、心三個項目；就內在的形相而言，是指貪、瞋、癡三毒；就秘密的形相而言，是佛身、佛語、佛意所依靠之處。

男性的血脈是佛身所依靠之處，精脈是佛語所依靠之處，中脈是佛意所依靠之處。不僅如此，而且三個脈也都有三個種子字安住在其中，血脈是佛身種子字 嗡字依靠之處，精脈是佛語種子字 啊字依靠之處，中脈則是佛意種子字 吽字依靠之處。

因此可以了解，我們以前教導過〈嗡啊吽〉三金剛字的實修法，那實在是非常非常的重要，因為嗡啊吽這三個種子字原來就已存在我們身體裡的三個脈之中，透過〈嗡啊吽〉實修法不僅能夠淨化投生六道的習氣、淨化六道的種子字，還能將我們凡夫身口心三門的罪障也淨化去除，在許多密咒乘門中，都有談到這種實修方式。

我們中心所進行的〈嗡啊吽〉三金剛字的實修法，目前只進行到第三階段，將繼續安排第四階段、第五階段的實修課程。（註：至 2011 年有部分弟子已圓滿完成第五階段實修）

中脈的上端通達到頂輪梵穴，就在我們頭頂這個位置有一個 杭字，以頭朝下顛倒的方式安住。

中脈的下端在什麼地方呢？一般講在肚臍以下密輪的位置，但

到底在什麼地方？以天法來看，天法的〈頗瓦法〉（遷識法）曾經談到在密輪的位置有水道、穀道、密道匯合之處（其它書通常只談到水道、穀道，不會談到密道）。所謂的水道、穀道是小便、大便出去的地方，好像有一個小洞一樣，但密道就不是一個小洞的形象，這個密道是肚臍以下密輪的位置，是明點出入的地方，明點出去之後會生出小孩，明點出入的這個地方就是密道密輪的位置，所以中脈的下端就是在這個密輪密道明點出入的地方，這裡有一個 ᢀ 阿字。

中脈左右兩邊是血脈與精脈。就男生而言，血脈在右邊，是紅色。精脈在左邊，是白色；就女生而言，精脈在右邊，血脈在左邊，男女生左右順序不同。中脈本身是淡藍色，位在中間，左右兩邊的血脈和精脈會在不同的位置繞著中脈打結，一個又一個結，總共繞著中脈打了 21 個結，形成 21 個脈結。大家可以想像這情況就好像用三股繩子打結一樣，打了 21 個結。

就因為有這 21 個脈結的緣故，所以我們才會在三界輪迴之中不斷流轉，無法脫離三界輪迴。不僅如此，我們內心的本然實相是佛身佛智，可是佛身佛智都沒有現前呈現出來，也是因為血脈與精脈繞著中脈打了 21 個脈結之故。所以在觀修圓滿次第時，就是要透過身體的關鍵要點，脈的關鍵要點、氣的關鍵要點，透過這些方式的實修把脈結鬆開。如果脈結能鬆開，在我們內心實相之中，本來就存在的佛身佛本智就能夠顯現出來。

身體裡很多脈聚集在一起的地方就是脈輪，到底脈輪的數目有多少呢？有的書說有三個，有的書說有四個，有的書說有五個，有

的書說有六個……，有各種不同的說法，所以脈輪到底有多少個，數目就不太一樣了。

如果說有三個脈輪，臍輪變化輪、心間法輪、喉嚨受用輪，這種說法就是把脈輪歸納成三種，原因是因為所要清淨的目標是貪瞋癡三毒，或凡夫俗子的身口心三門的蓋障，這是所要清淨的部分。淨化後會得到什麼果呢？會得到法報化三身。怎樣去清淨呢？能夠清淨的處所是什麼呢？就是緣取三輪（臍輪變化輪、心間法輪、喉嚨受用輪）來觀修，以這個方式來達到淨化的目的，而得到清淨的果。這是三個脈輪的理論。

如果是提到有四個脈輪，那就是臍輪變化輪第一個，心間法輪第二個，喉嚨受用輪第三個，還要加上頂輪大樂輪。如果是四個脈輪，所要清淨的是貪瞋癡三毒，再加上混合在一起的習氣，或者是身口心三門的蓋障混合在一起的習氣，就變成四項。其次淨化後的果，前面已經提到淨化後的果是三身，再加上自性身，就變成四個項目，或者說四個項目是佛的身、語、意，再加上事業，這也是淨化後的果。能淨者是什麼呢？能夠淨化的關鍵要點，處所就是四輪。緣取這四個處所來修法，達到淨化，就會得到清淨的果。這是四個脈輪的理論。

有的書說有五個脈輪，如果是五個脈輪，所要淨化的目標是五蘊的蓋障或者是五毒的煩惱。淨化後會得到什麼果、什麼成效呢？會得到佛的五身、五智這種成效。能夠淨化的關鍵要點，處所在什麼地方呢？就在五個輪：密輪護樂輪、臍輪變化輪、心間法輪、喉嚨受用輪、頂輪大樂輪，以這五輪來做實修，能夠淨化五毒或者是

五蘊，達到清淨的果。這是五個脈輪的理論。

如果是六個脈輪的理論，那就是前面提到的煩惱五毒之中再分出一個慳吝之心，變成六項，還有五蘊，加上把五蘊混合在一起的習氣算一項，變成六項，那就是六個脈輪的理論，這是所要淨化的部分。

能夠清淨之後所得到的果是什麼呢？淨化之後要得到什麼效果呢？前面提到五智，再加上天然本智就變成六智，還有五身之後再加上一個大樂身就變成六身。六智或者六身就是淨化後的果。

能夠清淨的處所，關鍵重點在什麼地方呢？就是這六個輪，密輪護樂輪、臍輪變化輪、心間法輪、喉嚨受用輪、頂輪大樂輪，再加上頂髻虛空輪。頂髻虛空輪就在頭頂上，佛菩薩不是有頂髻嗎？頂髻虛空輪非常微細，我們看不到。最後，能夠清淨的道路就是六度。

以上是主張三個脈輪、四個脈輪、五個脈輪、六個脈輪的理論，各有不同的說法。

同樣地，提到脈輪裡的脈瓣數也是這樣，三個輪的脈瓣，四個輪的脈瓣，五個或六個輪的脈瓣，不同的書說法也不同，主要都是因為配合所要清淨的目標放在什麼地方？所要達到清淨的效果是什麼？還有能夠淨化的道路、能夠淨化的關鍵處所是什麼？由於各個不同，因此所提到的脈瓣數和脈瓣位置也不一樣。

首先，臍輪變化輪有多少脈瓣（細脈）呢？有 64 個脈瓣，喉嚨受用輪有 16 個，心間法輪有 8 個，頂輪大樂輪有 32 個，密輪護樂輪有 72 個，頂髻虛空輪則沒有特別提到脈瓣有多少個。

前面提到三個脈輪、四個脈輪、五個脈輪、六個脈輪不同的理論，在這一切脈輪彼此之間，一共是十二層，就是氣要走過一層又一層，這樣通來通去會通過十二層，這十二層代表無明、行、識等十二緣起。這十二緣起就在我們脈輪跟脈輪中間串連，形成十二層。如果我們的白明點菩提心，還有不清淨的氣能夠逐漸地滅掉，從臍輪向上移動到心輪，再向上移動到喉輪，再向上移動到頂輪，之後再下來，順序從頂輪下到喉輪，再下到心輪，再下到臍輪，再下到密輪；或者是我們的氣從頂髻輪的地方降落，向下到達頂輪大樂輪，到達喉輪，到達心輪，到達臍輪，到達密輪，一共經過十二層，這是十二緣起，一個氣一個氣經過一層一層，就會一種氣滅掉，一種氣滅掉……，十二緣起就會一個滅掉，一個滅掉……。

在這時密咒乘門談到是十二地，每通過一層滅掉一處，就會出現一個地的證悟，逐漸地，氣再由下慢慢向上，從密輪向上到達臍輪、心輪、喉輪、頂輪，之後到達頂髻輪，在到達頂髻輪時，再逐漸一個氣一個氣滅掉，一個緣起一個緣起滅掉，最後通過十二層的氣，通過了十二緣起，十二地的證悟也產生了，這時氣到達頂髻輪之中，明點菩提心在頂髻虛空輪的地方混合在一起，當明點進入頂髻虛空輪，跟虛空輪結合在一起時，一切萬法就不存在，顏色的法不存在，形狀的法也不存在，譬如天空，天空能不能說是什麼材質或是什麼顏色、什麼形狀？不能，所以到這個時候就成就了佛果。

這個說法來自典籍《時輪金剛》，在《時輪金剛》教法裡談到脈輪有六個的情況，也有談到它的主要不同是因為清淨之基不同。

所要清淨的部分是放在六道的種子字，在我們〈嗡啊吽〉實修

第二階段裡有六道種子字的觀想，也是這個道理。所以要淨化去除的目標是放在六道種子字。能清淨者是什麼呢？能清淨者是六道能仁，六道能仁是指釋迦牟尼佛出現在我們這個世界利益眾生時，如果是針對人類開示教法，那就是釋迦牟尼佛；如果在畜牲道之中對畜牲道開示教法利益牠們，就化成畜牲道的能仁；在鬼道之中開示教法，佛又化現一個形相；在地獄道中開示教法教導地獄眾生，佛又化現一個形相；在天道利益眾生開示教法，佛也化現一個形相；同時佛也在阿修羅的世界，化現一個形相開示教法。所以，順著六道眾生的情況，佛化現成六種形相，以六道能仁的形相開示教法利益眾生。因此，要觀想六道能仁一個一個在六個脈輪之中，然後將六道種子字淨化去除掉，有這種實修方法。或是六個脈輪配合六度，用六度來達到淨化的方法，這種實修方法也有。

　　清淨的果是什麼呢？經常提到佛有五種本智，五種本智加上不可思議本智，就是六個本智，也有這樣的實修方式。

　　另外也有《幻化網》所提到的實修方式，在《幻化網》裡提到脈輪的實修方式，主要是配合文武百尊的觀修，文武百尊的教法由《幻化網》而來，教法裡提到兩個脈輪：心間寂靜尊脈輪和頂輪忿怒尊脈輪。

　　在心間寂靜尊脈輪裡分出 42 個細脈瓣，代表寂靜尊 42 尊；頂輪忿怒尊脈輪裡分出 58 個細脈瓣，代表忿怒尊 58 尊，加起來總共是一百尊，所以稱為「文武百尊」。這個教法完全是是配合本尊寂靜尊 42 尊和忿怒尊 58 尊的數目，以這個方式來進行實修觀想。

　　另外，還有上門下門的實修，上門是中脈的上端有一個 ཧཱུྂ 杭字，中脈下端有一個 ཨ 阿字，針對上端和下端兩個方面的方式來修圓滿次第，也有這種方式，這個是屬於《幻化網》的傳統。

能動之氣

　　前面是關於脈的理論，解釋完畢了，第二個部分是氣方面的理論。

　　氣是能動之氣，能夠搖動的力量就是氣，分成外在的氣、內在的氣，以及秘密的氣三類。外在的氣主要指四大種的氣，四大種的氣又分成大的氣和比較細微的氣，也就是能力大跟能力小的氣兩種類型。

　　首先，大的氣是比較粗糙的氣，在我們身體裡，一個白天一個晚上要來往兩萬一千六百次，這是比較大的氣；至於比較細微的氣，一般來講我們的內心煩惱有八萬四千種，因此順著八萬四千種煩惱一個白天一個晚上，這細微的氣在我們身體之中也就來來往往了八萬四千次，這個數目是順著煩惱的數目。

　　總而言之，要了解脈就好像一條馬路，如果在古代，馬路上當然就是馬來來往往，氣就好像是馬一樣，在我們身體脈裡來來往往。馬上面坐的是誰？是人，所以氣上面依附的是什麼？是明點，明點就好像是人，氣就好像是馬，脈就好像是馬路一樣。

　　這個主要的氣，外在的氣，可以歸納成五種。首先我們的命要有一個力量能不斷地持續下去，這種氣稱為「持命氣」；其次我們身體有溫度，有一個溫暖之氣，這溫暖讓體溫不要下降，始終維持

固定的溫暖，這是「暖住氣」；第三個，身體的力氣能夠平均散佈，這是要靠「遍行氣」的力量；還有身體裡有一種氣是往上移動的，這是「上行氣」；我們吃喝食物後會變成不乾淨的東西排出去，爲什麼能夠排出去呢？因爲有氣在推動它，這種往下推動的力量、往下走的氣，稱爲「下行氣」。

　　基本上主要的氣大致分成這五種，這五種氣有什麼作用力？到底存在我們身體的哪個地方呢？

　　持命氣，位置在我們心坎中間，當我們的「壽」還存在的時候，這個氣就會保護住我們的「命」，讓它不會死亡，這個是持命氣的作用，有保護命的作用。

　　暖住氣，是在我們的胃裡，能夠產生作用，使身體的溫暖能夠平均，不會消散，這是靠暖住氣的作用。

　　遍行氣的作用，主要周遍存在我們身體的每一個地方，這普遍來來往往的氣，使我們的身體不會衰損，能夠發育，不斷地強壯。

　　上行氣主要在我們身體上端，也幫助我們口鼻的氣能夠出入，有這個作用力；下行氣主要存在身體下端，大小便要出去時就靠下行氣推動的力量，這是它的作用力。

　　在上行氣和下行氣之中還陪伴著一個「黃門氣」，黃門氣既不屬於陽性也不屬於陰性，是跟著上行氣、下行氣陪伴在一起的。

　　以上是外在的氣的介紹，接下來要說明內在的氣。

　　由於內在的氣是五大種的氣，所以顏色也就是五大種的顏色，地大種的氣是黃色，水大種的氣是白色，火大種的氣是紅色，風大種的氣是綠色，虛空大種的氣是藍色。因爲大種分成五種，所以內

在氣也分成五種。

　　這五大種氣的作用力何在？我們現在經常提到身體十八界、十二處、五蘊，都是依靠在五大種的氣。不僅如此，在不清淨的階段，輪迴凡夫的時候，都有五毒煩惱，這五毒煩惱的依靠之氣也就是內在五大種的氣。而且到成就佛果時有五本智，這五本智依靠之處仍然是內在的五種氣。所以就內在的五種氣而言，因是煩惱，果是五種佛智。不過這裡稱為因與果，只是為了區分清淨與不清淨的階段而已，不能夠當作世俗經常提到的因果理論，為什麼呢？因為佛的功德得到之後就永遠不會再改變，如果說是世俗的因果理論，那就是會改變的，就是無常變化的。所以，不是世俗因與果的性質。

　　特別是密咒乘門中提到的圓滿次第的實修，如果按照密咒乘門圓滿次第的實修，以這種方法將內在五種氣都驅趕進入中脈的話，就會得到五大種的自由自主。這種自由自主就是我們經常提到的地遍處等持、水遍處等持、火遍處等持、風遍處等持、空遍處等持，得到這些禪定的力量。

　　以前有許多成就者，例如密勒日巴，都有這些事蹟，他的身體有時可以化成泥土，有時變成一堆水，有時變成一團熊熊烈火，有時變成一陣清風，有時變成虛空消失了，空空洞洞什麼也沒有。這些成就從何而來？就是因為內在的五種氣進入中脈後得到成就的徵兆。

　　第三種秘密的氣，是指佛的五智。我們前面談到外在的氣和內在的氣，這些氣都是屬於粗糙的，是粗分的事物，而所謂秘密的

氣，是佛的五種本智，是非常微細的部分，因為非常微細之故，所以與前面所講的外在的氣、內在的氣，在本質上完全不同。

　　以上是關於氣的理論，接著是明點，菩提心的理論。

莊嚴之菩提心

　　我們身體裡有三個脈，其中，血脈通達上面頂輪的位置，頂輪的杭字會流下白色甘露，這是月輪、月亮的甘露。精脈通達臍輪以下的位置，是屬於日輪、太陽的性質，會流出紅色的甘露。因為精脈屬於陽性的性質，血脈屬於陰性的性質，所以身體裡的脈之中，血脈會流出月亮性質的甘露白色明點，精脈會流出太陽性質的甘露紅色明點。不過因為血脈和精脈繞著中脈打了許多結，所以這些甘露就會被守護住，留存在裡面。

　　就我們的身體而言，就像前面談到的血脈與精脈流出明點一樣，男性的身體裡有紅白明點存在，女性的身體裡也有紅白明點存在，因為最早身體形成時，一定是父精母血的紅明點和白明點聚集在一起，所以身體裡一定有紅白明點存在。因此，密咒乘門教法談到，男性身體裡的紅明點稱為勇士，女性身體裡的白明點稱為女勇士，透過男女勇士的力量，使明點產生，因此引發樂空，以樂空來做為供養，這是在密咒乘門之中提到的實修方式。

　　最後，針對前面講的氣、脈、明點做個總結。

　　在古代，假設一個地方根本沒有水，要把水引過來的話怎麼辦呢？首先要把溝渠挖好，之後水才能引導進來。一樣的道理，我們身體的脈就好像縱橫交錯的溝渠，因此能把水引導進來。

　　再舉一個現代的比喻，脈就像是縱橫交錯的省道馬路，氣就像是司機開著車子在馬路上跑，明點是什麼呢？明點就像是坐在車子裡的老闆。

　　從密輪護樂輪一直到頂髻虛空輪，共有六個脈輪，脈裡有氣來來往往，氣上有明點陪伴著來來往往。因為中脈在中間，左右兩邊血脈與精脈從下端開始，依次往上，逐漸地繞著中脈打了21個結，透過依於六個脈輪來實修氣、脈、明點，從下方密輪護樂輪開始一直到頂髻虛空輪為止，會使得脈結一個一個慢慢鬆開。鬆開之後，身體的氣、脈、明點就會轉變成清淨。當氣、脈、明點都純淨時，從初地、二地、三地到十地的功德，會逐漸在我們內心呈現、產生。最後，到達頂髻虛空輪時，脈的能力發揮到極限，那個時候也就成就了佛果。

　　密咒乘門《幻化網》的傳統之中也提到，情器世界在我們的身體中已經齊備了，身體的五蘊就是五方佛，五根就是五位菩薩，我們身體就是文武百尊，所以身體是文武百尊的性質，是佛身的性質。

　　在我們身體之中現在有一個三時無記的如來藏存在，這如來藏是以前的嗎？不是；是現在的嗎？也不是；是未來的嗎？也不是。因為沒有三時的理論存在，所謂過去、現在、未來三時是去描述無常的法，剎那剎那在改變的法才有三時的理論，如果這不是一個無常的法，就不能說有三時存在，如來藏就是如此，如來藏是遠離三時，三時不能夠做解釋的，因為我們身體之中有如來藏之故，所以才能成就佛果。

賢劫千佛在我們這個世界上成佛的時候，是在印度菩提伽耶的金剛座，靠著這棵菩提樹，之後成就了佛果。同樣的道理，一切眾生要成就佛果是靠如來藏，就此而言，基如來藏就等於是菩提伽耶金剛座一樣。

　　其次，還有另外一項，我們現在身體的這個氣脈是粗糙的、粗分的，但是在我們心坎中間有一個很純淨、很細分的脈存在，這個細分的脈是八個脈，是非常純淨的八個脈，非常微細，其中有三個脈是佛身、佛語、佛意三金剛的依靠之處。三個脈裡，前面的脈是五智，形成五智依靠之處，後面的脈是佛的身功德形成之處，佛的身功德三十二相、八十種好，這些身體的功德就靠著後面的脈來形成，而且器物世界能夠轉變成淨土的基礎也是靠著後面這個脈。

　　在我們身體的三個脈之中，左邊的脈是不清淨的脈，左邊的脈裡又分成三個細分的脈，這三個比較微細的脈就是貪瞋癡的泉源、迷惑產生之處，而且欲界、色界、無色界也是因此而形成的。

　　現在我們都在迷惑之中，只不過迷惑的時間有長有短，無論如何都是在迷惑裡，就好像作夢的時候，做了甜美的夢非常快樂，做了惡夢非常痛苦，但不管這個夢境是苦是樂，都是迷惑。我們的一生也都是在迷惑裡，只不過跟夢境比較起來時間比較長而已，但還是迷惑錯亂。

　　而我們現在的迷惑錯亂，基礎依靠之處就是在左邊的脈，左邊的脈也有六道種子字，所以這是我們所要淨化的部分。那能夠淨化的力量是什麼呢？能夠淨化的方法就是佛的身語意三金剛種子字，透過佛的身語意三金剛種子字「嗡啊吽」的觀想實修，將迷惑的脈

淨化，使它純淨。

　　心間八脈，八脈正中間的一個脈是純白色，這純淨的脈非常微細，細小的程度就像馬尾巴的毛。一般來講，一根馬尾巴的毛已經非常微細，把這一根微細的毛再剖開分成十等分，十等分裡的一分，那就更加地微細了。心間八脈中間的脈，是血分、氣分、紅白明點聚集之處，就聚集在只有馬尾巴的毛十分之一這麼細的脈上面，這個脈自然地發出白色、紅色、黃色、藍色、綠色的五色祥光，微細的程度就算科學家用最高倍的顯微鏡來看也看不到。

　　這個細微白色的脈，是菩提心依靠之處，而且是五方佛的無量宮。我們身體裡，文武百尊、六道能仁、五方佛，原來就已經存在的，這些五方佛所居住的宮殿，也就是這個白色細分的脈。

　　在六道眾生之中，我們投生為人類，具有能夠做人類事情的能力，靠著人類的身體可以達到許多目標，有些人把目標放在財富，努力工作想變成世界首富，或排名第二第三；有些人把目標放在快樂，有些人重視身體的健康……，這都是普通人的目標。如果是一個學習佛法的人，應當重視自己的內心，去分析自己的內心、調整自己的內心，使內心沒有摻雜煩惱，非常純淨，把目標放在下輩子，希望下輩子不要墮入三惡道，不必墮入輪迴，更好的狀況是能夠成就佛果。

　　無論是以上哪一種目標，都要靠我們現在這個人類的身體，才有希望達成，所以我們要重視人類的身體。和六道其他眾生比較起來，人類身體是少之又少，我們現在已經得到人類的身體了，就要好好地計劃、好好地想一想，重視內心，經常分析自己的內心，讓

內心都沒有煩惱，甚至趁這個機會也想一想未來生生世世，好好地計劃，這是非常重要的。

前面我們提到氣、脈還有明點這三者，還提到心間法輪，脈輪裡面心間這地方的脈輪就是法輪。

原本我們凡夫根門識所看到的對境都是不清淨的顯現，但如果心、氣、明點三者能夠凝聚在心間法輪的位置，並清淨淨化的話，五根所接觸到的對境都會顯現為純粹清淨的形相，而且所顯現出來的清淨對境，其性質都是五種本智，都是五色祥光，都是法身空性。不僅如此，還能夠將有所緣取的福德資糧和無所緣取的智慧資糧都到達徹底究竟。

我們現在經常發願要到西方極樂世界，或是要到一個佛國淨土，譬如說五方佛的國土。不過，所謂的佛國淨土並不是說在別的地方、在遙遠的地方，當我們自己內心的罪業蓋障去除，完全純淨了的時候，就是佛國淨土。

佛陀有位弟子叫長髮梵志，他從天界到南瞻部洲來，到達印度菩提伽耶金剛座拜見了釋迦牟尼佛，因為他的罪業蓋障清淨之故，他所看到的釋迦牟尼佛的國土就跟西方極樂世界一樣，完全清淨。但是佛陀的弟子舍利子，因為內心罪業蓋障沒有淨化之故，所看到的釋迦牟尼佛的國土就不是西方極樂世界清淨的樣子，兩人起了爭論，最後去請教釋迦牟尼佛，佛陀開示說：「我的國土是完全清淨的性質，跟西方極樂世界是一樣的。」

同樣的道理，現在我們在台灣這個地方，每天報上所登載的都是各種紛爭的消息，除此之外還有很多紛爭沒報導出來，如果我們

能好好地觀想實修，把罪障清淨去除掉的話，那我們所看到的寶島台灣的形象，就會跟西方極樂世界一樣清淨，毫無差別。

我們現在把自己這個身體有時觀想為觀世音菩薩、金剛薩埵或尊德度母，實際上當我們的罪障清淨去除時，身體也就是本尊的身體。所以證得萬法實相了悟時，一切現象全部都是法身，全部都是本尊的身體，除此之外，並沒有我們所要觀修的本尊身。

我們在輪迴裡當然各種各類的人都有，有的非常富有、有的學問非常好、有的非常聰明、有的是大壞蛋……，無論如何，不管什麼類型，這一切眾生的內心之中都有一個基如來藏，不會因為這個眾生比較差，他的如來藏的功德就比較低；這個眾生比較殊勝，他實相如來藏的部分就比較高，沒有這種差別。實相基如來藏本身始終不會改變，既不會變得比較好，也不會變得比較壞。

在基實相如來藏之中，佛身、佛本智以自成的方式而存在，因此擁有佛身佛智自成的方式而存在的這個如來藏遍及一切眾生，全部眾生都有，這就好像芝麻擁有油一樣，有沒有不存在油的芝麻呢？沒有！如來藏遍及一切眾生，沒有如來藏的眾生，也是不存在的。

自身方便與他身方便

圓滿次第的實修分成「依於自己的身體作為方便來做實修」和「依於其他者的身體作為方便來做實修」兩種方式。如果是依於自己的身體來做實修，首先要了解金剛身的實相情況是什麼樣子？譬如說我們內心的實相是基如來藏，這如來藏是以絲毫不會變化的方式而存在。一樣的道理，我們身體裡也有氣、脈、明點，脈是化

身，氣是報身，明點是法身。本來在我們身體形成時或是內心形成時，三身的本質在我們之中就已經完全存在了，這一點要了解，了解之後來做實修，這就是以果為道，是密咒乘門的方式。

　　另外以原因為道，是經教乘門的方式。自己的身體和內心本來就已經包括了佛的身體、佛的本智在裡面了，但對這點不了解，之後實修佛法，不斷地、不斷地實修，之後才知道透過自己的身體可以得到佛身、佛的本智，這樣子來做實修的話，這是以因為道，是經教乘門的方式。

　　就密咒乘門道路的實修而言，包含猛烈母（拙火）的實修、幻化身（指自己的身體）的實修、睡夢的實修、光明的實修、中陰、頗瓦法的實修共六個項目，這種實修的方法是密咒乘門的道路。

　　所以密咒乘門的道路裡，如果是依於自身來做實修，那就是根據前面提到身體裡有三個脈輪、四個脈輪、五個脈輪等不同的理論，緣取這些脈輪之後來做觀想，有時觀想明點降落下來，有時將不清淨的氣凝聚進入中脈之中……，這些都是以自己的身體作為方便法門而實修。

　　其次，依於他身做為方便法門而實修，這是指自己已經能夠完全控制氣、脈、明點的實修了，自由自主，在這個基礎之下，才能夠依於他身方便來做實修，透過這個方法能夠得到殊勝的成就。

　　密咒乘實修者當然有男性也有女性，如果以男性為例，依於他身方便的意思就是指要依靠明妃佛母來做實修，但是明妃佛母分成三種類型：俱生、咒生和剎土所生。俱生佛母是指所依靠的明妃佛母已經完全證悟內心的實相，法身實相和法性實相的了悟都完全得

到了，這種是上等者俱生佛母。如果沒有達到這個標準就是咒語所生，指對密咒乘門的生起次第、圓滿次第實修得非常好，這是中等者。如果這個條件再達不到，再其次的就是剎土所生的明妃，剎土是指密咒乘門教法傳佈的地區，我們經常提到剎土二十四個聖地，投生在這些聖地的女性便合乎條件。

密咒乘門的實修者如果以女性為例，她所需要的丈夫就是指：上等者完全證悟內心的實相；中等者對於密咒乘門的生起次第、圓滿次地實修得非常好；末等者就是投生在密咒乘教法廣大流傳的區域，或投生在聖地的勇士，也要依靠這種對象來做實修。

總而言之，不管是自身方便或他身方便，作為成就佛果的道路而言，這兩種方式毫無差別，因為目標都是要成就佛果。

無相圓滿次第

前面提到在生起次第的階段要觀想本尊身，同時還要觀想器物世界都是清淨的壇城，之後緣取這些對境來做觀想，最後一切全部都要化成光，器物世界化成光融入無量宮，無量宮化成光融入主尊，主尊化成光融入主尊心坎中間的本智薩埵，本智薩埵化成光融入心坎中間的種子字。舉例而言，如果種子字是 ཧྃ 吽字，從底下的勾勾 ◟ 慢慢地向上面融入，勾勾 ◟ 融化了，小 ◌ 字融化，ཧ 字融化，融入上面的月牙，月牙融入上面的圓點，圓點慢慢地融化，融入虛空之中，安住在無所緣取的空性之中，絲毫沒有緣取。這個是無相的圓滿次第。

接著要講解之所以要實修生起次第與圓滿次第，必要性何在呢？

通常我們所看到的一切都是不清淨的所顯，所以我們會產生憤怒等各種煩惱，這些各種煩惱當然是要靠一個對境而產生，依於一個對境來引發，因此才會產生。譬如也許是眼睛看到色法引發的煩惱，也許是耳朵聽到聲音引發的煩惱，也許是鼻子聞到一些氣味引發的煩惱……，總而言之，出現一切這些不清淨的所顯，而當這些不清淨的所顯出現時，我們又會執著它們都是以實體而成立。那麼，如何才能將一切不淨所顯，還有誤為以實體成立的這種執著去除掉呢？那就必須要作生起次第和圓滿次第的觀修。所以就生起次第而言，主要觀修一切都是純淨的，都是本尊天的性質。

其次圓滿次第，有時候我們會認為一切萬法自性都不能夠成立，這是有的，或者觀想本尊的身體自性不能成立，這樣子的本尊身體是有的，這種執著為「有」的貪戀執著，就必須要用圓滿次第清淨斷除掉。

所以，就生起次第而言，是作為顯教乘門裡所提到的「人我執」的對治，靠著生起次第的實修斷除人我執，能夠證悟「人無我」。圓滿次第的實修是作為顯教乘門之中所提到的「法我執」的這種執著的對治法，能夠將法我執滅掉，可以證悟「法無我」。所以用生起次第、圓滿次第的方法能夠把煩惱障去除掉，逐漸把所知障去除掉。而且我們身體裡有氣、脈、明點這三個項目，明點是大樂的性質，氣是明晰的性質，脈則是無妄念的性質，我們身體因為具有氣、脈、明點之故，所以，樂明無妄念的本智才能夠在我們的

內心產生。也就是說，樂明無妄念的本智是由內心產生，不是靠著外在條件而產生的。

這些甚深廣大的法的部分是無上密咒乘門裡才提到的，也就是瑪哈瑜伽、阿努瑜伽與阿底瑜伽之中才提到的，除此之外，在外續部（事續、行續、瑜伽續）之中就沒有談到這種甚深的見地與甚深的實修方式。也因為無上密咒乘是甚深的實修方式，所以，實修者必須是非常清淨、非常精進、非常銳利的根器，才能夠實修無上密咒乘門之中的生起次第、圓滿次第。如果靠著這個方式努力實修，這一個身體在這一輩子裡就能夠得到究竟的佛果，所以，生起次第和圓滿次第可以說是非常快速的道路。

助伴誓言

所謂密咒乘門的道路，就是指我們去請求灌頂或者是去學習和實修密咒乘門的教法。一般而言，當我們請求灌頂要實修生起次第、實修圓滿次第時，誓言必定就相伴隨而產生，換句話說，幫助者、輔助的條件是誓言，如果沒有誓言，就沒有生起次第的實修，沒有圓滿次第的實修，即使灌頂也沒有灌頂的成就。因此，應當守護誓言使它不要衰損，以此情況下去學習密咒乘門的教法，才稱得上是純正的密咒乘門實修者。

在密咒乘門的方便法之中，經常提到不必把煩惱丟掉也能夠做實修，其它的乘門當然以把五毒滅掉的方式做實修，但密咒乘門之中不必把五毒丟掉仍然可以做實修，有這種方法存在，這是無上乘

門的方式，原因何在呢？通常都以孔雀作爲舉例說明，就有毒的樹
而言，一切眾生吃了一定會死掉，唯獨孔雀吃了劇烈的毒後，不僅
不會死亡，身體反而變得更加美麗、更加光彩燦爛，這也是密咒乘
門的功德能力所在。

密勒日巴在山洞閉關時，常常因爲沒食物可吃，忍飢挨餓，非
常辛苦勞累。他的妹妹來了，供養了酒，密勒日巴就享用了酒。一
般來講行者不能飲酒，要把酒斷除掉，可是密勒日巴喝了酒之後，
身體的能力更加發揮出來，因此能夠繼續閉關實修，證悟的功德比
以前更加增廣，有這麼一個事蹟存在。

密勒日巴也曾經提到，當他好幾個月都沒吃東西時，獵人來
了，供養了一點肉，他把肉吃了。一般來講實修者應當戒除吃肉，
可是當密勒日巴吃了獵人所供養的肉之後，身體的力氣加強了，因
此證悟功德的力量也加強、產生了，這就像密咒乘門教法所說「不
必把煩惱丟掉也能夠做爲實修的方式」的情況一樣。所以，在無上
密咒乘門裡有這樣的方法。

就我們的實修而言，不管在什麼時候，無論如何不能夠把它丟
掉，應當要守護它而來做實修的，這個便稱之爲誓言。

誓言與律儀的差別

我們經常提到誓言、律儀，一般而言，在顯教乘門裡稱爲律
儀，在密咒乘門裡稱爲誓言。經教乘門的律儀是指：這個部分是可
以做的，那個部分是不可以做的，分開成許多項目而守護，稱之爲

律儀，這種情況在密咒乘門裡則稱之爲誓言，名詞雖然不同，但意義相同，只是在密咒乘門之中，經常用誓言，但是有時候也會用律儀。因此，在密咒乘門之中說「守護誓言」，也可以說「守護律儀」。

如果根本就沒有求取密咒乘的律儀、根本就沒有得到密咒乘的灌頂，當然就不會產生所謂違背誓言的過失；還有就是精神異常的情況，就算他得到密咒乘門的灌頂，也得到密咒乘門的誓言或律儀，可是之後他發瘋了，精神異常了，那麼就算他違背了誓言也沒有所謂的過失存在；還有一種是在心思不穩定的情況下，譬如喝醉酒了，在心思不穩定、不正常的情況下違背誓言，這個時候也沒有過失存在，不過當然也不會得到密咒乘門的成就。

假如得到密咒乘門的灌頂，得到密咒乘門的律儀，同時他的心思是在正常的情況之下，如果這些條件都齊備了，違背誓言的話就會有大的過失存在。同樣的道理，如果沒有違背誓言，努力實修密咒乘門的教法，就會得到成就。

其中要特別注意菩提心這一項，菩提心是想要去幫助眾生，使眾生得到快樂的這種想法。如果內心認爲我沒有辦法使眾生得到快樂，沒有辦法去利益眾生，只要產生了這種想法，菩提心就丟掉了，消失了，不需要再靠其它支分。但只有菩提心是這種情況，其它的誓言如果要衰損的話，一定要靠支分。

此處的支分是指在煩惱強烈的情況下，自己主動想要去違背這個誓言，這是第一個條件；第二個條件是違背誓言了也不後悔；第三個條件是已經做了之後也沒有羞恥慚愧之心。在這三個條件齊備

的情況下，做了一些事情違背了誓言，就會喪失律儀形成一個墮罪；如果三個條件不齊備，缺少一個支分的話，就算做了一些事情違背了誓言，只能算是一個大的過失，不會形成喪失律儀的墮罪。

　　密咒乘的誓言分爲根本誓言和支分誓言，對這些誓言不能夠捨棄，要好好地去守護，內心要時時想著：「我要去守護這些根本誓言、支分誓言。」要產生這種守護的想法。守護的時候就要白天三次晚上三次，一共六次，每次在四小時的範圍之內，分析觀察一下，到底我有沒有產生根本墮罪，還有支分墮罪？如果已經產生了，就知道自己已經違背了密咒誓言，要產生後悔之心，之後立刻進行懺罪的方式。如果在四小時的範圍之內，都沒有違背根本誓言、支分誓言，就要感到非常高興，自己密咒乘的實修做得非常好，產生隨喜之心，把善根迴向給其他眾生。

　　無論如何，應當如此去分析自己，到底過失有產生還是沒產生？之後要立下誓言，未來即使死亡，遇到性命的危險，也不會去違背密咒乘的誓言。要產生這種約束自己的想法，如此堅定來守護戒律。

　　如果白天三次晚上三次都沒有分析，不去觀察，忘記了沒有做，而且違背了誓言的話，這就有很大的過失了。之後到了隔天才去分析到底有沒有過失產生，這樣就等於產生六倍過失了；如果絲毫沒有後悔，隔天也沒有去詳細觀察分析，又過了一天，到了第三天，就會變成十二倍過失。

　　一般如果違背根本誓言就是這種情況，支分誓言的部分也是如此。

十四根本墮

應當要守護的戒條是什麼呢？就無上密咒乘門而言，根本的墮罪有十四個項目。

第一個根本墮：忤逆上師

這裡所謂的上師是指傳授給我們密咒乘灌頂的上師，這是最重要的。其他上師就算沒有傳授給自己密咒乘門廣大甚深的教法，僅僅只是講解了一個偈頌，這樣的開示教法，也不能去忤逆他。

另外，傳授自己一些修法的口訣或者是開示直指心性指導的教法，這樣的上師都是跟自己結下密咒乘的法緣。凡是結下密咒乘法緣的上師，不管在什麼時候，對這些上師都應當非常恭敬，若是不尊敬，說傷害上師的話，都算是根本墮。犯了第一個根本墮的話，這輩子不可能得到密咒乘門的成就，下輩子也不可能得到密咒乘門的成就，不僅如此，這個行為本身還會成為自己下輩子墮入地獄的原因。

第二個根本墮：違背上師的教言

一般來講，外分別解脫律儀、內菩薩律儀、密咒乘律儀，佛陀都曾經講解過，說明這些應該做那些不應該做等等，這些全部屬於佛語，佛陀的開示當然不可以違背了。因此，自己的上師曾經做過的許多指示和教導，都要當作是佛陀的語言，不能夠去違背，如果違背的話也是誓言衰損。

第三個根本墮：輕視、傷害法友

　　這裡提到的法友特別是指同一個上師、同一個壇城得到灌頂的法友，這是最重要的。其次，一切眾生都有如來藏，而且眾生的如來藏都毫無差別，因此，一切眾生都稱之為法友。除此之外，所有內道佛教徒所學的都是同一尊佛陀所開示的教法，走的是同一尊佛陀所指示的道路，因此也是法友。

　　總而言之，就密咒乘門的弟子而言，應當斷除對一切眾生的傷害。

第四個根本墮：斷棄慈愛之心

　　自己的敵人遇到逆境、貧病交迫、內心痛苦時，自己感到非常高興，心想最好他越糟糕越好，因為他是我的敵人。或者是父母兄弟親友的敵人，發生這種情況，我也感到非常高興，如果有這種想法產生，這是嚴重的過失。

　　一般來講，我們有一個慈愛之心，慈愛之心是說希望一切眾生都得到快樂，多麼的好，這是慈愛之心。如果有前面的想法，與慈愛之心完全相違背，慈愛之心完全破壞無遺，完全丟掉了，這是根本墮。

　　或者是自己、父母、親友的敵人，他身體健康、長相美好、財富很多，自己心裡又產生一個想法，希望他這一切全部都喪失掉。如果產生這種想法，也是捨棄了慈愛之心，是嚴重的罪過。

第五個根本墮：捨棄菩提心

所謂的菩提心是指利益一切的眾生，這種想法稱之為菩提心。所以如果對自己的敵人或者是父母兄弟姊妹、親朋好友的敵人，我對他們產生一個想法：「不管什麼時候，我都絲毫不去利益他們。」如果有這種想法，便是捨棄掉了願菩提心，這是嚴重的罪過。除此之外，如果在沒有必要的情況下捨棄明點，也是類似捨棄菩提心的過失。

第六個根本墮：輕視、毀謗宗派義理

聲聞乘、獨覺乘、大乘，三種乘門都是佛陀的語言、教法，假設自己是聲聞乘、小乘乘門，就批評大乘，說大乘不是佛陀的教法，不是佛陀所說；或者自己是大乘、顯教乘門，就批評密咒乘門不是佛陀所說；或者隨意批評印度的南贍部洲二勝六莊嚴 ❶、西藏的大博士等，他們所寫的論點都不是正確的論點，沒有加持力，不是正確的道路⋯⋯，如此輕視毀謗，這都是嚴重的過失，算是根本墮。

這種情形在早期印度就發生過了，小乘毀謗大乘，說大乘不是佛陀的教法，大乘顯教乘門也毀謗密咒乘門，說密咒乘門不是佛陀

---

❶「二勝」指古印度精通佛教戒律學的兩大論師釋迦光菩薩和功德光菩薩；「六莊嚴」指古印度六位大佛學家，包括精通中觀學的龍樹和提婆（聖天），精通對法學的無著和世親，精通因明學的陳那和法稱。

的教法。在西藏也有這種情況，有一些新派密咒乘門的實修者，說舊派密咒乘門不是純正的教法，有人也批評大圓滿的教法不是佛陀的教法，大圓滿的教法是一個顛倒的見地。以上這些都是嚴重的過失。

在古代，世親剛開始是小乘、學習小乘教法，也毀謗大乘的佛法。他的大哥無著學習大乘的教法，世親和無著就佛法方面進行辯論，世親是當時大家都承認的最聰明的大博士，可是他和無著辯論竟然輸了，世親對這個結果完全不能相信，他心想：「我是最有名的大博士、最聰明的人，怎麼可能會輸給我的大哥呢？」因此跑去問大哥無著：「我是最有名的大博士，最聰明的人，為什麼不能勝過你呢？」無著回答：「我的聰明博學程度的確勝不過你啊，不過我是一邊問本尊，由本尊給我指示如何回答，所以我當然可以打敗你。」世親馬上就說：「那你的本尊不好，因為你的本尊有偏袒，他只回答你的問題，都沒回答我，沒來指示我，你的本尊有偏袒之心啊！」無著就說：「不是啦，因為你已經毀謗太多大乘佛法，所以沒有辦法見到本尊！」

世親想一想很有道理，因此產生了強烈的後悔心，立刻拿起一把刀，因為毀謗大乘佛法是用舌頭說話毀謗的，所以就想把舌頭割掉，這時，無著立刻抓住他的手說：「如果你這樣做，以前毀謗大乘佛法的罪業就無法清淨掉了，今後你應當要寫很多大乘教法的註解來弘揚大乘教法，那以前毀謗大乘佛法的過失、罪業才能夠完全清淨去除掉。」因此，世親才寫了很多大乘佛法的註解。他一生之中沒有見到本尊，但是在中陰的時候就見到本尊了。

　　一樣的情況，現在也是如此，有一些教派的上師也曾經毀謗寧瑪派的教法，說瑪哈瑜伽教法、阿努瑜伽教法、阿底瑜伽教法不是純正的佛法，不是佛陀的教法，所以那位上師在他沒有死亡之前，大地裂開，直接墮到地獄去，有這樣的事蹟記載；還有一位上師毀謗寧瑪派教法，也是在非常悽慘的情況下圓寂。所以，毀謗佛陀的教法是非常嚴重的大罪過。

第七個根本墮：宣洩密法

　　密咒乘門的灌頂分成四種類型，第一種是寶瓶灌頂，對於沒有得到寶瓶灌頂的人，不能夠教導他生起次第的教法，如果教導他的話，這是根本墮罪。沒有完整得到四種灌頂的人，不能教導他圓滿次第的教法，如果教導他的話也是根本墮。

　　其次，對於不是密咒乘門的器皿，例如小乘弟子，或者對於聽到「五肉五甘露不必捨棄掉，可以運用來做實修」的教法內容時，心裡就產生害怕，認為這不是清淨正法，對這樣的人也不能夠向他開示密咒乘門的教法。或者眼前當下不是以密咒乘教法來調伏對方的適當時機，這種情況也不能夠向對方講述密咒乘門的見地、觀修、行持。

　　前面講的這些都是比較特殊的狀況，除此之外，一般經常念誦的咒語，例如蓮師心咒、六字瑪尼咒，或是念誦佛號或是進行口傳等等，這些即使在沒有得到灌頂的情況下也可以進行。但是對於請求口傳者要先做一個分析，他對這個教法有沒有信心，有沒有清淨之心，如果有，就算他之前沒有得到灌頂也可以跟他做口傳，在這

種情況之下不算是宣洩密法，沒有過失。

第八個根本墮：輕視自己的五蘊身體

就五蘊而言，色蘊是大日如來，受蘊是阿彌陀佛，想蘊是寶生佛，行蘊是不空成就佛，識蘊是不動佛，五蘊的性質是屬於五方佛。同理，地、水、火、風、空五大種，性質是屬於五方佛母；眼、耳、鼻、舌、身五根是屬於五位菩薩；五種對境是屬於五位女菩薩。

小乘或顯教乘門之中，對五蘊、五大種、五根、五境是屬於本尊的性質這點不了解，因此把五蘊當做是苦諦，認為五蘊都是不清淨的，都是無常的，應當要丟掉。由於這些妄念想法，所以會輕視自己的身體，有些人就吃毒藥自殺了，有些人跳崖自殺了，有些人上吊自殺了，各種情況因而產生。或者是有一些人挨餓毀壞自己的身體，在西藏這種情況也發生過。或者是有一些人用繩子綁住手指頭，讓它血液不通暢，乾掉之後在上面塗上油，燃指供燈，各種情況都有。

仔細分析，以密咒乘的角度而言，這些都不能算是正確的，當然以自己的宗派而言，可能當做是正確的。譬如說中國佛教，在頭頂上和手臂上燃戒疤，如果從密咒乘門的見地來看，實在是不可以的，實修應當是以內在的見地為主，當然我們不是說行持不重要，只是實修時當然是以內在見地為主，行為外表上也就不必太過於計較。

又例如說台灣，還有許多國家，出現很多自殺的情況，我們仔細去追蹤原因何在呢？自殺現象比較普遍的國家，經濟變化都很快

速很巨大，因此大多數的人變得非常忙碌，在非常忙碌的情況下，內心憂慮很嚴重，競賽之心也非常嚴重，當大家都進步、發達時，若自己沒有發達就覺得不能活了，類似的想法很多，由於這些妄念，因此就出現自殺的現象。

實際上自殺是非常嚴重的罪業，因為我們不是只有自己一個，在我們的身體之中還有很多的小蟲生命，多得不可計算，這是從一般凡夫的角度而言。如果從密咒乘的角度而言，就更不僅僅是如此而已，我們的身體裡還有文武百尊、五方佛父、五方佛母、五位男菩薩、五位女菩薩，都存在於我們的身體之中，如果由於自己暫時不如意、內心不快樂而自殺的話，從世俗凡夫的角度來看，那就是把身體裡許許多多不可計算的小蟲全部殺死了；從清淨密咒乘門的角度來看，那就是殺死了本尊、消滅了本尊，這個過失非常嚴重。

或許有人會提出一個問題：「將來有一天我總是不可避免會死亡，死亡時身體這些小蟲還是死掉了，本尊也是消失不見了，那不是一樣有過失存在嗎？」

一般而言，死亡分成意外突然死亡以及自然的逐漸死亡兩種情況，如果說在意外之下突然死亡，死亡時，身體裡的小蟲當然也同時死亡，這不是自己所造成的，不是自己去把他們殺死的，因此也就沒有過失；假設說是自然逐漸死亡，當身體裡的五大種能力逐漸衰損時，小蟲自然就減少了，而且因為五大種衰損，本尊的依靠之處也就不存在，本尊的依靠之處、安住之處不存在的話，本尊自然就消散不見了，因此也就沒有過失存在。除了這種情況之外，自殺是一定有過失存在的。

就內道佛教徒而言，自殺的情況少之又少，特別是密咒乘門的實修者，尤其是純正實修密咒乘教法的人，自殺可以說幾乎是不可能的。

大概五、六年前，如意寶　達賴喇嘛到美國開示，最後大家提問題，有一個人問：「如果自己對自己非常憤怒，那怎麼辦？」聽了這個問題之後，　達賴喇嘛感到驚訝無比，實在是太驚訝了，所謂憤怒通常是指針對其他人，我對某一個人非常地憤怒，應當是這樣，爲什麼自己會對自己非常憤怒呢？

仔細分折一下，就普通世俗之人而言，自己對自己生氣是有可能的，爲什麼呢？自己對自己的成就不滿意，身體不健康，外貌不好看，或者說自己的內心不好，因此自己對自己非常生氣，就想把自己的身體破壞掉，也許有這種想法。

但是就一個密咒乘教法的實修者而言，自己對自己生氣是不可能的，爲什麼呢？首先，暇滿的人身寶實在非常難得，已經得到之後，能夠做出非常偉大的事情，這是從普通世俗的角度來看。如果從特別的層面來討論，身體是本尊天眾文武百尊所聚集之處，因此，自己不可能對自己生氣。

第九個根本墮：毀謗自性清淨的法

自性清淨，如果從顯教乘門來解釋，就是空性，萬法的實相都是空性，這是佛陀曾經開示過的，佛陀開示是因爲佛陀已經證悟了，因此了悟了萬法是空性。除此之外，一切眾生的內心之中，有佛身、佛本智，還有自然就已經形成、自然存在的這個如來藏，這

是了義的教法。對前面所講的這一切，認爲根本就沒有，或者是
密咒乘門提到五蘊是五方佛父，五大種是五大佛母，認爲這樣的教
理也是騙人的，根本就沒有，自己產生懷疑之外，也讓別人產生懷
疑，讓別人對這些自性清淨的教法產生懷疑，爲了使別人不進入密
咒乘門之故，製造許多毀謗，像這些情況都屬於第九個根本墮。

第十個根本墮：與迫害三寶的人爲友

對於那些傷害佛法僧三寶、傷害上師、傷害內道教言和證悟之
法、傷害內道佛教徒的迫害者，密咒乘門之中有許多威猛法的儀
軌，可以用這些威猛的力量把那些迫害者消滅掉。如果不把他們消
滅掉，對他們修忍耐而且還跟他們結交爲朋友的話，那就會產生根
本墮，這是第十個根本墮。

第十一個根本墮：以妄念思維去了解萬法實相

純正的萬法實相不能夠用名詞去稱呼，也沒有辦法用嘴巴去說
明解釋，而且這些純正的萬法實相，也不是我們內心所能夠認識的
對象，因爲它超越我們內心認識的能力。例如五蘊是空性，空性的
部分其實也超越我們內心認識的能力，不是我們內心認識的對境。
如果對萬法純正實相、空性等這些情況，宣稱自己已經了悟了，
我的了悟是正確的，我是證悟者，除了我之外，別人都沒有這種
證悟，類似這種情況，事實上是出於自己的妄念思維去了解萬法實
相，自以爲這些超越內心不可思議的萬法實相是如何如何的，這個
也是根本墮。

第十二個根本墮：對具足信心的調伏衆不開示教法

對方是一個密咒乘門的器皿，具足緣份的一位實修者、所調伏衆，同時具有樂求的信心、清澈的信心、相信的信心，對於實修佛法非常重視，熱切追求。像這樣的一位弟子來請法時，告訴他：「我沒有空！」就沒給他開示或故意指示他一個顛倒的方法，讓他走到錯誤的道路去，這樣做的話，這是根本墮。

第十三個根本墮：對密咒乘的誓言物執著二邊

對密咒乘的誓言物如五肉、五甘露等，應當要使用而不去使用、不去依靠；或者是認爲它們有些部分是屬於清淨的，可以享用，有些部分是屬於不清淨的，不可以享用，應當要丟掉，有這種錯誤的執著。不了解就密咒乘門而言，清淨以及不清淨兩者本身就不能夠成立，對這一點不了解，所以執著有清淨和不清淨，形成二邊，若產生這種執著的話，便算是根本墮。

這是針對一般世俗的情況而言，另有一些特別情況是指：如果我這樣做，世俗之人會認爲我是一個瘋子，會認爲我是一個壞人，雖然自己已經證悟了取捨無二無別，但是基於前面這些世俗之人的看法而考量，因而做出有取捨的樣子，那就另當別論，不算是根本墮。

第十四個根本墮：輕視女性

我們現在是五濁惡世末法的時候，瑜伽母也就是密咒乘的成就者，出世間的空行或者是瑪摩，爲了利益衆生之故化成女性的形象，廣大地利益衆生，這種情況也有。因此若對女性輕視，這是根

本墮。特別而言,五大種的性質就是五方佛母,就五方佛母而言仍然是佛,所以,輕視女性是不應當的,尤其是實修教法的女性、具德的女性、能夠得到智慧灌頂的女性。如果對具足這種緣份的女性輕視,也是根本墮。

支分八粗墮

接著是支分的部分,支分的部分是粗墮。前面是十四根本墮,根本墮的意思是指十四個之中任何一項產生的話,那心中的律儀就消失不見了,根本墮是這個意思。至於粗墮,即使違犯了粗墮,不至於造成自己的律儀消失不見,只是會有大的罪業,稱之為粗墮,這對自己要得到密咒乘的成就,會形成很大的阻礙。

粗墮有八項,第一項是沒有得到灌頂的人,不具足密咒乘門誓言的人,對這種世俗之人、普通的女性,如果是一位密咒乘的實修者,就不應當依靠這種女性。

第二項,在密咒乘門之中,就算是得到灌頂、得到誓言,但是不具足可以做實修的女性的這些條件者,也不應當來依靠她們。

第三項,對沒有得到灌頂的人以及對密咒乘教法沒有信心的人,不可以向他們展示本尊佛父佛母相合的雙身佛像,也不能夠向他們展示密咒乘門所使用的法器。

第四項,在密咒乘門薈供輪進行時,不念誦儀軌,隨便說話爭吵,這是粗墮。

第五項,對方是適當的器皿而且也具足緣份,在這種情況下提

出詢問密咒乘門的問題，自己卻不針對他的問題回答，故意談其它問題，這是粗墮。

第六項，跟隨到聲聞乘門之中，和聲聞乘門弟子共度七天。為什麼呢？因為自己對密咒乘的見地、行持，抱著懷疑不太相信的態度，因此就離開了，想要去學習聲聞乘門，因此跟聲聞乘門的弟子共度七天，這是粗墮。

第七項，沒有實修過密咒乘門的儀軌，也沒有閉關過，之後在毫無意義的情況下，就跟別人說我是上師，這個法我可以灌頂，這個火供我可以做，這個超度法我也可以做，這樣說的話都算是粗墮。

最後第八項，對方就算得到灌頂了，不過他對密咒乘的教法不相信，對這種人也不必再對他講述密咒乘門的教法，講了就是粗墮。

此外，勇者（巴窩）軌範師，還有勝敵（哲達里）軌範師也提出不同的內容。

首先是自己都沒有修完三根本本尊天眾的持咒閉關，卻對許多弟子進行灌頂、對佛像進行開光、做火供、聚集很多弟子講說教法，這是非常嚴重的罪業。其次，比丘沙彌應當過午不食，但如果是進行薈供時，由於情況特殊，這時就可以暫時先把律儀放下，享用薈供品，如果不享用，這是對密咒乘教法沒有信心，是不應該的。

除此之外，如果不是薈供的其它情況，無論如何都應當要守護自己的學處律儀，不能說在無意義的情況下，把律儀就丟掉了，這是不應當的。不守護律儀的話不僅僅是產生了過失，就算是自己已經得到的成就也會逐漸消散不見，成為律儀衰損的一個原因。所

以，要把這些情況好好地做一個分析，無論如何都應當守護誓言。

這些十四根本墮在密咒乘門的續部裡是什麼情況呢？就勇者軌範師所做的歸納，可以說是普遍共稱，大家都知道、都引用的。可是除了前面所講的十四根本墮之外，一般而言，在事續、行續、瑜伽續、無上瑜伽續之中，各自都有提到根本墮，內容都不太一樣，這種情況，在《時輪續部》與《總密續部》裡都有提到。

學習密咒乘門的教法時，如果是自己作實修，即使遇到死亡或性命攸關的危險，無論如何也要守護誓言，不能丟掉自己的誓言。密咒乘門的行者就像一條蛇進入到一個豎直的鐵管裡一樣，如果一條蛇跑進去，不努力往上爬，從上面跑出去，就會掉到最底下去，因為鐵管中間沒有任何空隙，不可能從中間跑出去。一樣的道理，學習密咒乘教法，如果好好守護誓言就會得到成就，如果不守護誓言、誓言衰損，就會墮入三惡道，沒有中間位置、沒有第三種情況，不是守護誓言得到解脫，就是墮入三惡道。因此，無論如何都要守護自己的學處，不要違背誓言。

但是如果違背誓言了，該怎麼辦呢？那就要趕快進行懺罪的方法予以補救。

誓言衰損的補救方法

十四根本墮之中，第一項是忤逆自己的上師，這個罪業特別嚴重，因此，如果第一項產生了，應當立刻稱讚上師，三輪清淨地獻上錢財物品等來作供養。三輪清淨的意思是指除了自己所穿的衣服

外，要將其它自己所擁有的錢財物品，大大小小所有一切，全部都供養給上師。在西藏也有這種情形，以三輪清淨的方式，一次來供養上師，二次來供養上師，三次來供養上師……，歷史上也都有許多這種記載。

馬爾巴有一位弟子，是位大博士，這個弟子有一次將自己的錢財物品、牛羊（西藏有許多遊牧民族，所以都以牛羊供養上師），全部供養給馬爾巴，只有一隻羊因為腳斷掉了，無法行走，留在家鄉。他拜見了馬爾巴上師後，說明自己以三輪清淨方式，將所有的錢財物品供養給上師，請求上師開示密咒乘門的口訣，只有家中一隻老羊腳斷了，不能走路，沒有帶來，沒有供養，除此之外，其它全部的錢財物品都供養了。上師回答：「這隻不能走路的羊，你也應該揹在背上來供養，這才是真正三輪清淨的供養啊，否則我不能夠講述密咒乘門的教法。」於是這個弟子千里迢迢跑回家鄉，把這隻羊揹在背上，又千里迢迢跑回來，供養給上師。

馬爾巴內心非常喜悅，之後講述了教法，並說：「並不是我對你的錢財物品有什麼貪戀之心，而是實修密咒乘門教法的弟子，他的行為就應該是這樣的，這才算是求法者的弟子，實際上我並不需要這些財物，等你把教法聽完、學會了，就把這些錢財物品全部帶回去。」在馬爾巴的傳記裡有這樣的記載。

所以，如果第一個根本墮產生了，應當將全部的錢財物品供養給上師，之後再度請求灌頂，再度請求密咒乘的誓言律儀。

假設律儀衰損時，上師不在跟前，譬如說上師在國外非常遙遠的地方，自己也不能前去拜見上師做懺罪，那就要觀想上師，從上

師的身語意三門放光射入自己，以此來進行求得灌頂。

　　總而言之，應當有懺悔之心來做懺罪。假設自己的上師已經圓寂了，在這種情況下，也應該去找其他具足密咒乘律儀的具德上師，以知慚知愧的羞愧之心去拜見這位上師，跟上師頂禮，表明自己的名字，說明自己是密咒乘門的實修者，違犯了哪個根本墮。

　　違犯根本墮不能保守秘密，要先做一個報告，如果保守秘密不宣揚出來，罪業不可能清淨去除。

　　這時上師會詢問：「你已經了解這個罪業、過失了嗎？」就要回答：「我了解了，我看到了。」上師又問：「那未來你要守護這個純正的戒律嗎？」自己就要回答：「要。」如此上師問三次，弟子要回答三次，已經三次詢問、三次回答後，上師就會說：「善哉！善哉！」這樣的話，墮罪就會清淨去除。

　　因此，密咒乘的墮罪如果產生的話，無論如何，一定要趕快懺悔，就會清淨去除。如果墮罪產生，沒有懺悔，放著不管，再過幾天，罪業自己本身會不斷膨脹不斷膨脹，越來越嚴重。如果不要讓這些罪業不斷膨脹，方法就是念誦〈百字明〉、修金剛薩埵，每天把〈百字明〉長咒念誦21遍或「嗡班雜薩埵吽」短咒念誦108遍，這樣，違背律儀的罪業也可以清淨。假設是一個嚴重的罪業，念誦〈百字明〉長咒短咒無法清淨、滅掉罪業，但至少也能讓罪業不再膨脹，有這麼一個好處。

經、幻、心三部的誓言

　　其次要講瑪哈瑜伽、阿努瑜伽、阿底瑜伽三個續部的誓言。經部瑪哈瑜伽、幻部阿努瑜伽、心部阿底瑜伽，個別都有自己的誓言。其中瑪哈瑜伽的誓言主要是二十八種，二十八種中主要要了解身誓言、語誓言、意誓言。身誓言是對於自己的上師不能毀謗，同時觀想上師的身體；語誓言是不管在什麼時候，應當經常念誦本尊的咒語，同時不要違背上師的教言；意誓言要觀想本尊，不要違背上師的心意，這些都是應當要守護的部分。

　　還有，應當將煩惱去除，這個主要是用密咒乘的方法。還有，五甘露、五淨肉等等，無論如何，應當了解都是五方佛父、五方佛母。所以，主要誓言是五方佛每一個都有五個項目，總共二十五項，再加上前面講身、語、意三門，加起來就是二十八項。

　　阿努瑜伽的部分，主要是《幻化網》裡所談到的誓言，五根本誓言，十支分誓言，一共是十五個項目。

　　五根本誓言，首先是不捨棄上師金剛軌範師，應當以恭敬之心經常承侍供養。第二個，應當經常持誦本尊的咒語，不應當中斷。第三個，蓮師吉祥日、空行母吉祥日，要持續進行薈供，不應當中斷。第四個，已經進入正道者，同一個壇城、同一個灌頂裡的金剛法友，彼此之間一定要和睦，互相關懷照顧，不能爭吵。第五個，密咒乘門的見地、觀修、行持，還有法器等，對於不相信密咒乘門的人，不必向他展示說明這些東西。

　　支分的誓言裡分成兩種類型，第一種是不能丟棄的，例如五毒

是不能丟掉的。五毒不能丟掉的原因是應當去了解五毒的性質，譬如猛烈的劇毒，一般生物吃了一定會死亡，但如果是孔雀吃了猛烈的劇毒，身體的羽毛反而會變得更加美麗燦爛。一樣的道理，就顯教乘門、小乘乘門來講，煩惱五毒如果產生，只會墮入三惡道，是墮入三惡道的原因。但如果就密咒乘門的實修者而言，只要了解煩惱五毒的性質，煩惱五毒便能幫助自己得到成就，所以不應當丟掉。

煩惱五毒的性質是什麼呢？愚癡是大日如來的性質，五智之中是屬於法界體性智；貪戀之心是阿彌陀佛的性質，五智之中是屬於妙觀察智；瞋恨之心是不動佛的性質，五智之中是屬於大圓鏡智；傲慢之心是寶生佛的性質，五智之中是屬於平等性智；嫉妒之心是不空成就佛的性質，五智之中是屬於成所作智。

前面不可丟掉的是煩惱五毒，這是第一種類型。其次第二種類型，是可以取得而享用的，就是五甘露。在密咒乘門之中享用五甘露，是以四種「成立」以及三種「是」來說明的。

四種「成立」，首先第一項，五甘露本來遠離一切戲論，是空性的性質，既然是空性的性質，當然可以享用，這已經成立了。第二項，五甘露是屬於五方佛的性質，既然是五方佛的性質，當然可以享用，這已經成立了。第三項，在實修密咒乘教法的時候，五甘露是可以達到成就的誓言之物，當然可以享用，這已經成立了。第四項，五甘露會令勇士、女勇士聚集，就它可以凝聚成就又能聚集勇士、女勇士而言，應當來享用這個五甘露。以上是四種成立的理由。

三種「是」，所以可以取用。第一項，五甘露是除病之藥，大便可以去除毒物之類的病，小便可以去除肚裡不乾淨之風的病，肉可以去除傷口、身體刀傷割傷等的病，血可以去除寒冷的病，明點可以去除炎熱的病。第二項，五甘露是得到成就之誓言物，大便是使威力增長增廣，小便是使語音柔和好聽，肉是使壽命延長，血是使容光煥發，外表看起來神采飛揚，明點是使腦袋靈光，得到不忘失陀羅尼。第三項，五甘露是五方佛的性質，其中，大便是大日如來的性質，法界體性智；小便是阿彌陀佛的性質，妙觀察智；肉是不動佛的性質，大圓鏡智；血是寶生佛的性質，平等性智；明點是不空成就佛的性質，成所作智。因為是屬於五方佛的性質，因此可以來享用。簡言之，第一項是除病之藥，第二項是成就之物，第三項是五方佛的性質。

　　但是當我們這樣解釋說明時，聽聞的人或許會覺得非常奇怪，為什麼大便小便是五方佛的性質？是五種佛智的性質？為什麼煩惱五毒是五方佛的性質也是五種佛智？難免會產生這種疑問，但是雖然會產生這種疑問，不應當就當成不是正法。會產生這種疑問的人是因為上輩子沒有遇到密咒乘門的教法，沒有學習、沒有實修、沒有得到灌頂，因此對密咒乘門的教法內心不容易產生相信，所以應當要發願：「這輩子可以得到密咒乘門的教法、能夠得到灌頂，這輩子要相信密咒乘門的教法、產生了悟。」或者：「下輩子能夠證悟密咒乘的教法，能生相信。」要這樣發願。

　　實際上前面所講的這些內容，不僅僅只是大便小便這些項目而已，我們身體其實就是佛的性質，舉例而言，我們到印度聖地菩提

伽耶，看到四處都髒亂不堪，完全沒有乾淨的部分，可是佛卻再三提到金剛座是純淨的，所以不是只有大便小便這些項目，我們身體也是佛的性質，外在的一切器物世界也都是天宮，都是無量宮的性質。所以有很多的內容，不是只有大便小便這些項目。

另外，誓言如果再細分可以分成兩百種類型，如果歸納一下，可以分成二十個項目，這是榮松大博士提出的一個說明。

在顯教乘門之中談到很多甚深不可思議的見地，譬如，在顯教乘門裡，講一杯水放在這裡，六道眾生去看，會各自看成六種不同的樣子（如果是密咒乘門的成就者來看，會看成佛母瑪瑪姬天女的性質），這個說法首先出自顯教之中，密咒乘門還沒有談到呢！顯教乘門裡既然談到這麼多甚深不可思議的部分，當然密咒乘門裡也會談到很多甚深不可思議的實相，甚深不可思議的見地。

因此，我們前面談到的情況，大便小便是屬於五方佛的性質五種佛智，煩惱五毒也是五方佛的性質五種佛智，實際上這些也是屬於密咒乘門甚深不可思議的見地，甚深不可思議的實相。不要說密咒乘門裡，就算顯教乘門也有，在《普賢行願品》裡不是有談到嗎？「一塵中有塵數剎，一一剎有難思佛」，就這麼一個小小的塵埃上面，就凝聚了等同我們地球泥沙數那麼多的佛國淨土，而且還有無量無邊的佛就在一個小塵埃上面，這能夠思維嗎？無法思維，是多麼不可思議啊，這是顯教裡的教法。

所以不能因為不可思議就說這不是正法，不能因為自己不了解就說對方是錯的。如果這樣認為，那其實是自己錯了。所以，首先要對於自己上輩子沒有學習佛法，對這些現象不能了解，產生一個

後悔之心，同時對我這輩子能接受甚深教法而隨喜高興，最後再迴向發願，希望我下輩子還能了解這些甚深不可思議的教法。

前面提到，對沒有受過灌頂者，不能顯示密咒乘的本尊、法器等，可是現在是一個五濁惡世的時代，也是密咒乘門教法公開宣傳的時代，以前時代是比較賢善的一個時代，密咒乘門的教法也不是如此公開宣傳。因此，現代眾生的需要性跟以前時代眾生的需要性有一些出入。在前面曾經提到過，即使是見到密咒乘的壇城也能夠清淨罪障，之後又提到如果實修密咒乘教法不是成就佛果就是墮入地獄，沒有中間的地方，在書裡確實是這樣談到的，可是對於書裡所講的內容，要有一些比較正確的了解，否則認為：「如果我不是這輩子成就佛果，那我就會掉到地獄去了。」這樣想的話就會內心緊繃。

一般而言，如果得到密咒乘的灌頂，就算這輩子不能做實修，七輩子之後也能不必辛苦勞累地就證悟密咒乘的實相而成就佛果。所以，雖然前面提到不是成就佛果就是墮到地獄，沒有中間的地帶，會讓人產生非常可怕、非常恐懼的想法，這倒是不必要的。

一般來講，像我們現在密咒乘門裡的金剛舞或是壇城，常常都對外公開展示，來看金剛舞的觀眾也不是全部都受過密咒乘的灌頂，但見到密咒乘門的本尊，見到密咒乘門的物品後，確實能夠清淨內心的罪障，有這些必要性存在。所以，我們提到誓言內容的時候，如果把內容範圍侷限得非常狹隘，當然就很容易內心恐懼緊繃，如果稍微做一個廣義的了解，心胸就會比較開闊。

接著要談心部大圓滿的傳統裡所提到的誓言，分成四個項目，

一個是無的項目，一個是唯一的項目，一個是放任的項目，一個是
自成的項目。

　　第一個是無的項目，就大圓滿的見地而言，根本就沒有所應斷
除的五煩惱，因為它的基不能夠成立之故。這一點應當要了悟。如
果了悟到所要斷除的五種煩惱的基不能成立，這個了悟本身就是一
個誓言，所以這五種煩惱基不能夠成立，是無。

　　第二個是唯一的，指內心的實相，就這一個項目上面已經包括
五身五智，所以所要實修的就只有這一個項目，這是唯一的誓言。

　　第三個是放任，是指就內心實相來做觀修的話，眼耳鼻舌身五
根也會去執取對境，如果去執取對境，不去做任何阻擋，也不做任
何規範，讓五根自然地去執取對境，這是放任。

　　第四個是自成，五身五智原來在內心實相之中，本來就自然形
成了，這是一個誓言。

　　不過一般來講，所謂大圓滿的誓言，並沒有說這個項目是我要
守護的，這個項目是如何、那個項目是如何，沒有這種守護的界線
存在。大圓滿的誓言也沒有說「我不小心，我的誓言就衰損了」，
也沒有所謂衰損的這種情形存在。原因何在呢？因為內心的實相本
來就是如此，只有這一個項目，只要在這一個項目上實修，就沒有
所謂衰損的誓言，因為誓言本來就不會衰損，本來就是這個樣子，
所以這一個是金剛王勝義傳軌的情況。金剛王就是內心的實相，這
是內心實相大圓滿的傳軌上面所談到的誓言。

　　已經進入密咒乘的道路後，為了使自己內心經常維持清淨之
故，如果誓言有一些衰損，應當立刻就要進行懺悔，使它清淨。密

咒乘的誓言，就衰損的部分而言比較容易清淨，比較容易恢復。這個情況就好像用黃金所做的器皿，由於黃金的性質比較柔軟，如果金器本身有些凹洞，手捏一捏也會恢復原狀，是比較容易的，這在書裡是這麼提到。

根本誓言與支分誓言

密咒乘的誓言當然各種各類非常的多，不過主要就是與自己上師的誓言，歸納起來就是身體的誓言三種、語言的誓言三種、心意的誓言三種，一共有九種。身體的誓言是屬於外誓言；語言的誓言是屬於內誓言；心意的誓言是屬於密誓言。

首先，在身誓言、外誓言方面，有三個不應該做的項目，就是不能殺生、不能行非梵行、不能偷盜。這個項目不僅僅是在密咒乘門裡，在顯教乘門裡、小乘乘門裡、大乘乘門裡也都有談到。同時對自己的父母兄弟姊妹不能夠有輕視之心；上師的影子不能夠用腳跨過去，對於上師尊身的影子不能夠壓到，不能夠踩住；跟佛母不能夠有非梵行；金剛師兄弟法友彼此之間不能夠吵架。這是屬於身誓言方面的三個項目。

語誓言就是不能夠做妄語、兩舌離間的語言、惡口（罵人的話），這些都是大乘和小乘共通要守護的內容。而且不能夠批評經常學習典籍教法者，不應當毀謗經常觀修閉關者，也不應當毀謗僅僅只是觀修內心實相這項的觀修者。對於上師的佛母、自己的法友所講述的一些教法內容、一些語言指示，都不應當有輕視之想、傷

害之心。

　　意的三個誓言是指我們的內心不能夠有貪戀之心、不能夠有傷害之心、不能夠有邪見。還有，行為不能夠顛倒錯亂、觀修不能夠顛倒錯亂、見地不能夠顛倒錯亂。而且對於上師和本尊天，在見地方面應當如何、觀修應當如何、行持應當如何，這些都應該正確地學習，並再三地思維、了解正確的方式。

　　其次，支分的誓言有二十五種，包括所行 —— 行持的十五誓言，所知 —— 見地的五誓言，所修 —— 應修的五誓言。

　　內容繁多，僅舉例而言，其中，如果是十惡不赦的對象，就應當消滅掉、使其解脫。如果是合乎條件的明妃，應當可以來做實修。其餘還包括妄語、偷盜和綺語等等項目的內容。

　　一般來講，佛陀所制定的戒律有允許和不允許的部分，這些要好好地做一個區分。譬如就殺生來講，一般狀況下不允許殺生，但如果是十惡不赦的罪大惡極者，殺了他是可以的；一般來講非梵行是不應當的，但如果在密咒乘實修裡，有一位具足德行的明妃，那又是可以的；一般而言，偷盜當然不可以做，但假設這個大財主有慳吝之心，從來不做布施，偷了他的東西後，不是自利而是布施給其他眾生，又變成可以；在一般情況下，妄語是不可以的，但是如果是為了利益眾生，保護他的性命之故，講說妄語又變成可以了；一般情況下，綺語是不行的，但如果為了使某些人不會造作罪業，為了利益他人之故，跟他胡說八道又變成可以了。所以戒律裡可以跟不可以，允許和不允許的部分，也要區分了解。

　　其次是貪、瞋、癡、慢、嫉妒這五種煩惱。這五種煩惱是不能

夠斷除的，為什麼呢？因為這五種煩惱的本質就是五種本智，如果我把五種煩惱斷除，想要證悟五種本智就沒有依靠之處了，所以五種煩惱不應當斷除。

其次是五種甘露。執著五種甘露裡有些清淨、有些不清淨，這種執著為兩種類型的念頭，應當要消除。不過，就算自己已經證悟了五甘露沒有清淨與不清淨的差別，完全平等，但在其他眾生面前，仍然要顯現出有取捨、好壞、清淨不清淨的差別，否則別人會想：「這個人連大便都吃，是一個瘋子啊！不能跟他在一起。」若讓別人產生這種想法也不好，所以外表示現出來的樣子，還是要有一些取捨的差別。

其次是五蘊的性質是五方佛，五大種的性質是五方佛母。在見地上要有這種了解，這些都是在智慧非常高超、證悟很高的情況之下來受用的。

五方佛的誓言

五方佛心意金剛部，功德寶生部，語言蓮花部，事業是屬於事業部，身體是屬於如來部，五方佛是所應當要成就的，但是如果要修成這五方佛，有儀軌、實修法，應當按照儀軌、實修法的內容，靠著等持的力量好好來做觀修。

這個部分，在密咒乘的誓言的書裡有提到，另外在《時輪金剛》裡也提到二十五種誓言，在密咒乘的書籍裡，以前寧瑪派所翻譯的密咒乘書籍，後來新派的翻譯師所翻譯的密咒乘書籍、教法，

在五方佛的戒律這個部分倒是相同的。

就五方佛的律儀，五方佛的誓言而言，大日如來的誓言是應當遵守願菩提心、行菩提心，還有，戒學、定學、慧學這三學都應當要學習。

不動佛的誓言是經常不要離開鈴跟杵，鈴跟杵不應當捨棄，特別是對於自己的上師應當經常恭敬地承侍供養。

寶生佛的誓言，教法方面的布施、錢財方面的布施、無畏救度的布施、慈心的布施（指對於一切眾生有關愛之心），這四種布施應當努力去做、經常去做。

阿彌陀佛的誓言是對於聲聞乘門教法、獨覺乘門教法、大乘教法，應當去學習而了解。

不空成就佛的誓言，自己應當在初十進行薈供，二十五號進行薈供，在這些日子來共修、供養。還有對於止息法事業、增廣法事業、懷攝法事業、威猛法事業，對四種事業自己也應當要有信心、有恭敬之心。

以上是共通的五方佛誓言，接著是無上續部不共的五方佛誓言，無上續部裡大圓滿所談到的五方佛律儀（誓言）這個部分，每一個都涉及到外、內、密三相而討論。

首先是金剛部的誓言，應當殺生，首先從外相解釋，對於傷害眾生的這種十惡不赦罪大惡極者，應當把他除掉。第二，從內相解釋，我們內在不清淨的氣應該清掉，收攝進入中脈之中。第三，從密相解釋，應當滅掉的是指妄念，應當把內心的分別妄念滅掉。

寶生部的誓言是偷盜的部分，從外相解釋，對一個慳吝之心很

強烈的富有者，應當把他的錢財偷過來而做布施；內相的解釋，具足德行等條件的明妃應當要偷盜，與她來做實修；密相的解釋，是指佛果應當要偷盜，這是指一定要努力得到佛果，一定要拿到究竟的果位。

蓮花部的誓言，密相的解釋是指具足條件，具足德行的明妃應當予以供養；內相的解釋是指應當實修空性的本質，這空性的本質指明妃；外相的解釋是指事業的手印、教法的手印、誓言的手印，應當要做到。事業手印是我們修法儀軌裡的手印，教法手印是指密咒乘的教法，誓言手印是指自己所允諾的誓言應當要守護。

事業部的誓言，應當妄語，這部分是指一切萬法沒有自性存在，如果沒有自性存在，我們說要對眾生產生慈心悲心，那就是妄語，因為六道眾生根本不能夠成立，所要產生悲心的對象，眾生也不能夠成立，這樣講的話就是一個妄語。

應當了解，如來部的誓言，五肉、五甘露、色聲香味觸等對境本來就不能夠成立，既然本來自性不能夠成立，就像如夢似幻一樣，所以在如夢似幻的情況下去享用它們。有時候保守秘密而不開示，隱藏起來，這種情形也是有的。

因此，首先是眾生還在輪迴裡，沒有得到解脫，我要幫助他們，我要使他們得到解脫。如果是已經脫離了輪迴得到解脫者，聲聞的羅漢、獨覺的羅漢，那就想要安置他們得到大乘的果位。如果是大乘登地以上的菩薩，那就想要安置他們成就佛果。這是在續部裡面曾經談到過的。

另外，對於任何一個可以實修教法的眾生，都不應當輕視。還

有密咒乘的手印、密咒乘的刀劍等器物，各種代表一些徵兆形相的器物，不能夠有輕視的想法。

還有在大乘顯教乘門裡佛像造型有很多種，同樣在密咒乘門之中，佛像的造型當然也有很多種，對這些佛像都不應當輕視不恭敬。

對於上師的座位，上師所騎的馬，上師所乘坐的車子，是屬於上師的座位，我們如果坐的話，就代表不恭敬。其次，對本尊手裡拿著的武器或者是本尊及上師的照片、唐卡等，都不應該有輕視的想法。還有腳不能跨過佛塔，佛塔的影子不能用腳跨過去，也不能夠踩在影子上面。對於本尊，用供品供養後，把供品拿下來又把這個供品再拿去供養，供品再三重覆做供養，這都不應該。

另外是開玩笑的情況，把要吃的食物做成本尊的法器刀劍，當作食物吃了，這也是不應當的。

還有，佛陀所說應當要做的、不應當要做的，要區分清楚；可以做的殺生、可以做的「不予取」（偷盜）；不可以做的殺生、不可以做的不予取，這些也都要區分清楚，否則殺生和不予取（偷盜）是墮入地獄的因。

應當要了解所謂可以做的殺生，意思是指對於十惡不赦、罪大惡極者，當然應當把他消滅掉，還有不清淨的氣當然也要斷除。

可以做的不予取（偷盜），意思是指這個佛果我一定要努力去得到；其次，就是慳吝不肯布施的大富翁，偷取他的錢財後布施給其他人，不是利益自己；還有，具德的明妃可以不予取。之外其它的情況如果不予取（偷盜）的話，是墮入地獄的因。

所以，可以做和不可以做的情況，一定要區分清楚。還有遮蓋密的誓言、隱藏密的誓言，遮蓋起來的部分、隱藏起來的部分，這些也都要了解。

誓言的產生、衰損和懺罪

接下來要談到密咒乘的律儀是如何產生的？如果誓言衰損，是什麼原因會導致衰損？誓言如果衰損，要如何懺罪？懺罪的方法是什麼？

首先密咒乘律儀的產生，一般來講，不管任何眾生誰都可以產生，即使每天殺死很多人，或是造作五無間罪（殺父、殺母、殺阿羅漢、破和合僧、惡心出佛身血）的罪大惡極者，只要對密咒乘的教法有信心，內心也能夠產生密咒乘的律儀。這主要是因為密咒乘門係屬於非常殊勝的教法，因此即使弟子罪大惡極，仍然可以調伏，只要他具足信心，也可產生密咒乘的律儀。正因如此，所以密咒乘的教法是一種殊勝的教法。

一般來講，誓言的項目很多，如果自己對於誓言的項目不了解，這是導致誓言衰損的原因。其次，對於自己的上師不恭敬、沒有信心，這一點也是導致衰損的原因。再其次，不管在什麼時候，行為都違背佛法，內心都是放逸的，隨便亂做，這種行為態度也是導致律儀衰損的原因。還有，不管在什麼時候，內心很容易產生五毒煩惱，五毒煩惱的力量很強大，這也是導致誓言衰損的原因。以上四個項目是比較共通的、眾所皆知的，另外還要加上自己經常

胡思亂想、妄念紛飛，這是第五項。內心的憶念思維不能夠非常明晰，這是第六項。

以上便是導致誓言衰損的六個原因，把這些原因好好地了解，小心謹慎地去防範，不要導致衰損了。譬如有一個人眼睛本來看得到，後來壞掉看不到了，經過醫生開刀治療，重見光明，他的內心是不是高興得很呢？實在是非常高興啊！之後他一定會非常謹慎地去保護自己的眼睛，不讓眼睛再壞掉。一樣的道理，對於密咒乘的誓言也應當如此，小心謹慎地去守護。

接下來是還淨的方式。密咒乘的律儀如果衰損捨棄了可以懺悔，懺悔就可以清淨，原因何在？這是第一項。之後要說明還淨的方法，使它恢復清淨的方法，這是第二項。

首先第一項，懺悔就可以清淨，原因何在呢？我們經常提到三律儀，小乘律儀、大乘律儀、密咒乘律儀，這三種情況中，就密咒乘的律儀而言，如果密咒乘的律儀衰損捨棄，我用懺悔的方式，就會再度清淨，可以使密咒乘的律儀恢復清淨，這個特色比起小乘而言就要更加地殊勝了。

譬如聲聞乘門，比丘三昧的律儀如果捨棄了，內心產生不想讓別人知道的想法，在這種想法之下，他一輩子都不能夠再求取聲聞的律儀了。相反地，如果律儀捨棄時，沒保密，有發露懺悔的想法，如果這樣，他能夠捨棄七次，七次之中再去請求也都可以得到，但是過了七次之後，就不能夠再得到律儀，也不能夠再懺悔了。所以聲聞乘的律儀就像陶土所製作的器皿一樣，萬一摔破裂開了，就是結束了，能不能給它捏一捏黏一黏，又恢復原來的樣子？

不能夠了。

　　其次是菩薩的律儀，如果菩薩的律儀失去了，可以衰損了再懺悔，衰損了又再懺悔，比七次還要更多。不過，菩薩律儀衰損時不是自己一個人就能夠懺悔，應當要依靠善知識才能使菩薩的律儀恢復清淨，也能夠再度得到。這樣的比喻就好像銅鐵所製作的器皿一樣，如果凹陷了，能不能自己敲敲打打恢復原狀呢？當然不能夠，必須拿到鐵匠銅匠那裡，用火去燒，用鐵鎚去敲搥之後，才能使它恢復成原來的樣子。

　　其次是密咒乘的律儀，它的比喻就好像是黃金做的器皿一樣，黃金做的器皿非常柔軟，如果稍微歪了、裂了，因為性質柔軟，自己用手捏一捏，也能夠恢復原來的樣子。所以密咒乘的律儀如果衰損，不需要依靠上師，可以自己觀想上師，就能使密咒乘的律儀恢復清淨，沒有過失存在。因此，密咒乘門的律儀是比較容易恢復的。

　　如果是身誓言衰損，忤逆上師、輕視法友的話，就要趕快跟他們道歉：「對不起，這是我的錯誤。」這樣也能夠懺除罪業，清淨罪業。如果是語誓言衰損，觀想金剛薩埵、持誦咒語、念誦〈百字明〉也可以懺罪。如果是意誓言衰損，自己好好地閉關，禁語不要說話，在閉關之中觀修實相的意義，這樣的話也能夠懺除罪業。

　　接著要講的是時間這方面，如果密咒乘的誓言衰損了，最好的情況是在誓言衰損時立刻進行懺罪，這樣罪業就比較容易清淨。譬如將一天劃分成白天三個段落、晚上三個段落，共六個段落，每個段落四小時，如果在一點時密咒乘的誓言衰損了，到二點、三點

時，還是屬於第一個段落，自己知道誓言衰損了，立刻進行懺悔，這個罪業就很容易清淨。如果過了四點，雖已過了第一個段落，但只要立刻進行懺悔，也是很容易清淨的。如果過了六個段落，過了一天、一週、一個月、一年、二年了，時間拖得越久，想要用懺罪的方式清淨，就非常非常地困難。所以我們才會在每個月初十蓮師日和二十五日空行日進行薈供，這種方式也是誓言衰損的一種懺罪，對於罪業的清淨非常有幫助。

另外有一種方式，在上師跟前，將自己所有的錢財物品全部都獻供養，之後來進行誓言衰損的懺罪，這也是可以的。或者是我們自己接受了密咒乘門灌頂，誓言衰損時我們可以修金剛薩埵，把「嗡班雜薩埵吽」短咒念誦108遍，或者是比較理想的情況就念誦〈百字明〉21遍，觀想金剛薩埵，在金剛薩埵尊前好好地懺悔，如此進行也可以懺罪。

另外一個方法，晚上睡覺之前觀想諸佛菩薩，將這一整天自己身口心三門所造作的罪業或密咒乘誓言衰損的部分，這一切全部進行懺罪，如此思維後做三頂禮，然後睡覺。早上起來也是三頂禮，如果睡眠當中有誓言衰損或造作不善業的情況，也是來進行懺悔。若經常如此做，誓言衰損的部分，在我們內心能夠逐漸去除，特別是可以達到使過失不會增長增廣的效果。

以前大佛尊阿底峽曾經說過：「在密咒乘裡得到灌頂之後，當然也產生了很多誓言衰損，但是我跟誓言衰損的過失沒有共同度過一天。」為什麼沒有共同度過一天呢？這是因為大佛尊阿底峽在誓言衰損產生時，如果是白天產生了，白天就進行懺罪，如果是晚上

產生了，早上起來時立刻進行懺罪，如此將衰損的罪業懺除清淨。

　　念誦〈百字明〉21遍或者是念誦短咒108遍，或者是晚上睡覺之前觀想諸佛菩薩進行懺罪三頂禮，早上起來時觀想諸佛菩薩進行懺罪三頂禮，這些都不是非常困難的事，可說是很容易很簡單，但對懺除罪業卻有很大的幫助，所以是非常有必要的，大家務必謹記在心。

　　另外，自己求得寶瓶灌頂、秘密灌頂、智慧灌頂、詞句灌頂，觀想自己的上師之後來求取灌頂，這也是清淨罪業蓋障的一種方法；或者觀修生起次第，使密咒乘誓言衰損的部分能夠清淨，以這個方式懺罪也是有的；或者是念誦〈百字明〉十萬遍，也可以懺除罪業；還有觀修圓滿次第，以圓滿次第的觀修來清淨罪業蓋障；或者進行火供，以進行火供的方式使密咒乘門誓言衰損的部分能夠恢復清淨；廣大地施放食子，以大食子多瑪來做布施，這也可以清除罪業蓋障；另一種方式是類似我們中心做〈嗡啊吽〉實修，一樣的方式，先觀想六道種子字，再觀想佛之身語意三門的種子字嗡啊吽，由嗡啊吽放射出本智之火、熊熊烈火，然後將六道種子字焚燒窮盡，消失不見。類似這種方式也可以清淨誓言衰損的過失，但是觀想上有一點點差異，就是這裡提到觀想腳底下有 ཨ 攘字，火大種的種子字，由攘字放出火，將六道種子字焚燒窮盡，這和我們實修〈嗡啊吽〉的意義相同，只是觀想的內容有一點點不同。

　　另外就是修摧破金剛或者穢跡金剛，以摧破金剛和穢跡金剛來進行灑淨，這也是清淨誓言衰損罪障的一種方法；或者在聖地，重要的身語意所依的經、像、塔尊前及在上師的尊前發露懺悔，說我

密咒乘的誓言有哪些哪些衰損了，直接發露懺悔，這也是一種方式；或者是以放生的方式來清淨罪障；或者是念誦懺罪的經典儀軌，也能懺除罪障。還有前面提到的〈百字明〉、獻曼達，都是懺罪的方式；還有念誦七支分配合頂禮來進行懺罪；在根本沒有經、像、塔的窮鄉僻壤，興建佛塔進行懺罪，這也都是懺罪的方法。

總而言之，我們都是凡夫，都是普通人，求取了外分別解脫律儀，可能有違背的情況發生；求取了內菩薩律儀，也可能有違背的情況發生；求取了密咒乘律儀，也可能有違背的情況發生。就算這輩子沒有發生這些過失，前輩子可能也發生過，而且前輩子發生這種過失時，自己也沒有進行懺悔，過失留存到現在，在我們的內心裡仍然存在，這也是有可能的。

如果過失發生後完全不能夠懺悔，也沒有懺悔的方法，那就比較糟糕。現在不是這種情況，懺罪的方法非常多，諸佛菩薩為了使所調伏眾罪業清淨，講述了很多法本儀軌，教導了很多方法，這些開示的教法、儀軌、懺罪的方法，現在都還存在，都還可以運用，所以大家絲毫不必擔心。因此，這些順緣都齊備的情況之下，務必要好好的進行懺罪，這非常重要，而且非常有必要。

佛陀曾經開示：「我有兩種最殊勝的弟子，一種是得到律儀後絲毫沒有過失發生，因此至為殊勝；另外一種是得到律儀之後，雖然發生了過失，可是能夠立刻懺罪，因此也至為殊勝。」我們大家都學習密咒乘的教法，得到了密咒乘的誓言，有一些人可能絲毫沒有衰損密咒乘的誓言，但有一些人可能衰損了一些些，無論如何，進行懺罪非常重要，就像佛陀薄伽梵曾經講過的話一樣，只要進行

懺罪，也是至爲殊勝的弟子。

誓言衰損的過失

　　如果發生了誓言衰損的情況，卻沒懺罪，會產生何種過失呢？如果不懺罪，這輩子的壽命、福報、地位、功德都會逐漸地衰損；不僅如此，下輩子還要墮入地獄之中。這種情況不僅僅只是密咒乘的律儀才有，一切的眾生，不管什麼情況，殺生都是罪業，都會墮入輪迴之中，即使是不學習佛法的人也是一樣，如果他以憤怒之心殺生會墮到地獄；如果他以貪戀之心殺生會墮入鬼道；如果他以愚癡之心殺生會墮入畜牲道。

　　學習佛法的人因爲誓言衰損之故墮入地獄道的話，這個是在暫時方面所發生的過失以及他的果報，雖然墮入惡道之中，但是因爲曾經學習過佛法，習氣仍然存在，所以只要他墮入地獄的這個業力窮盡了，以前學習佛法的順緣成熟了，將來他仍然會遇到佛法，仍然有好好學習佛法的機會，將來他還是會實修佛法，還會越來越進步。這種情況和完全不學習佛法的眾生，因殺生墮入惡道，兩者是有差別的。如果一個眾生未學習佛法，但是因爲殺生，造作罪業墮入惡道，將來還是不會遇到佛法。這是佛陀曾經開示過的。

　　怙主龍樹也曾經說過，眾生在貪瞋癡的想法之下，所做的一切事情都屬於不善業；若在沒有貪戀、沒有瞋恨、沒有愚癡的情況下，所做的大大小小任何事都是屬於善業。前面所提到的善業或者不善業這些情況，不學習佛法和學習佛法的人都可能發生。

　　另外就是有一些人表面上看起來是在傷害眾生，不過間接上是在利益眾生。譬如醫生為病人開刀，先打麻醉針，之後用刀在身體割來割去，血淋淋的；即使沒有開刀，看病有時也會使病人製造出很多痛苦，這都是表面看起來是直接傷害，不過在間接上對人是有利的。一樣的道理，密咒乘的實修裡，譬如忿怒本尊威猛的儀軌，表面上看起來好像是對眾生造成傷害，實際上卻能夠利益眾生。

　　有一些人說當他看到密宗的忿怒本尊時，覺得很奇怪，心裡感到害怕，事實上，忿怒本尊外表上看起來好像是要傷害眾生的樣子，不過間接上卻可以利益眾生，就像醫生的例子一樣。因此，凡是利益眾生的事在顯教乘門裡稱之為善，在密咒乘門裡也是屬於善業，就算他不學習佛法，只要去利益眾生，他也是造作了善業；凡是傷害眾生的事，在顯教乘門裡稱之為罪業、不善業，在密咒乘門裡也是屬於不善業。就算是一個不學習佛法的人做了這樣的行為，也是造作了不善業。

　　台灣有一些人對內道佛法絲毫沒有信心，就會發生一種情況，假設太太學習佛法，但是丈夫未學習佛法，如果太太生病了或者是事業發生阻礙了，先生就會罵她：「這就是因為你學習佛法之故，你看你學習佛法也沒有讓你事業非常順利，也沒有讓你不會生病，也沒有讓你的財富越來越多，都沒有達到這些效果。」

　　丈夫罵太太學習佛法對她絲毫沒有幫助，可是這種情況就算是不學習佛法的人，也是一樣會發生啊！譬如一個人不學習佛法，會不會因為不學習佛法，他的一切就會非常順利呢？不會。就算是一個不學習佛法的人，他也可能會生病，也可能事業會有阻礙，也可

能賺不到很多錢，同樣會遇到很多障礙。所以一個學習佛法的人會遇到的障礙，一個不學習佛法的人同樣也會遇到！

障礙的產生是因為上輩子自己造作了許多罪業，即使這輩子學習佛法，還是沒有辦法把以前的罪業清淨去除掉，因此當罪業成熟時就會感得障礙出現，這種情況是有可能的。但對於不相信佛法、有邪見的人，就會認為是因為學習佛法之故才產生這種障礙。但是就算他自己不相信佛教，也不相信基督教，任何宗教他都不相信，最後他還是會生病，事業不順利的情況也會發生，會不會因為不學習任何宗教，最後就不會死亡？他還是會死亡啊！

所以，一個人會生病、會事業不順利、會遇到障礙，跟他的宗教信仰大致上沒有關係，這些障礙的產生是因為上輩子的罪業，無論他信任何宗教，只要他上輩子的罪業沒有清淨去除，當罪業成熟時就會出現身體疾病、遇到各種不順的障礙。但是如果學習佛法，有可能使這個障礙清淨去除掉，或者讓障礙稍微減少，這是有可能的，也是有方法的。這是佛陀曾經開示過的。

如果說因為學習佛法之故，因而特別遇到很多阻礙，疾病、事業越來越糟，這是絕對不可能的。這種自己生病或事業不順利或遇到各種困難的情況，實際上是因為自己上輩子累積許多罪業沒有去除，現在罪業成熟了，因此會生病或者諸事不順，而在罪業成熟的這個時間裡恰好自己在學習佛法，導致有人產生錯覺，把兩者連在一起變成一個因果關係，認為是因為學習佛法導致不順利，其實兩者沒有任何關係，只是學習佛法的這個時間剛好遇到上輩子的罪業成熟，不順利的困境剛好出現罷了。

　　歸納而言，凡是傷害眾生的事情，學習佛法的人去做是造作罪業，沒有學習佛法的人去做也是造作罪業，就罪業而言毫無差別；凡是利益眾生的事，學習佛法的人去做是累積了善業，沒有學習佛法的人去做也是累積了善業，就善業而言毫無差別。這個認識非常重要。平常自己要好好想一想什麼是善業、什麼是罪業？分別清楚，行善去惡，非常重要。

守護誓言的功德利益

　　誓言如果沒有衰損，十六輩子之後不需要辛苦勞累就能夠比較容易地證悟密咒乘門的見地而成就佛果。這裡是提到十六輩子，不過以前我們曾提到過，如果誓言不衰損，即使這輩子不能夠廣大實修密咒乘門的教法，七輩子之後不必非常辛苦就能夠了悟密咒乘門的見地而成就佛果，這是因為有些教法裡是講七輩子之後，有些教法裡是講十六輩子之後。無論如何，假設誓言都沒有衰損，而且又付出心力、非常精進努力實修，那就有可能此世成就佛果；如果這輩子沒有成就佛果，也可能會在中陰時契入內心實相，證得佛果，得到究竟的果位，這都有可能。

　　在暫時方面的果位，八種自在、十種力量、四種持明、八種共通的成就，這些都屬於暫時的成就；究竟的成就是具有七支相合的究竟果位。所謂暫時的成就或共通的成就，譬如能在天空飛翔、飛天入地、降鬼抓妖，或是神足通一剎那就可以走到很遠的地方，或是得到龐大的財富受用，這些是實修密咒乘門共通的成就，方法有很多。

但實修密咒乘門教法，是不是一定能夠得到這些世間共通的成就呢？是不是一定能夠得到神通變化、降鬼抓妖的能力、或財富非常廣大呢？這倒是不一定的，這些成就主要看自己上輩子的業力，跟自己上輩子的業力因緣有很密切的關係。

　　以前寧瑪派有一位阿闍黎，法號叫達恰，達恰阿闍黎修普巴金剛，修本尊法修得非常好，修到普巴金剛童子親自現身，是這樣的一個大成就者。不過他一生生活非常辛苦困難，一輩子當別人的僕人。又譬如西藏的密勒日巴尊者，他是眞正的大圓滿密咒乘門見道了悟者，在上師尊前眞實證得了見道位，之後才回到家鄉山居閉關，一輩子生活非常辛苦勞累，這是他的事蹟。

　　因此，就實修內道佛法而言，得到成就是不是就能帶來龐大的財富、馬上擁有神通變化呢？倒不是這種情況的。實修密咒乘門得到成就的話，一定會產生神通變化，但是有沒有財富就不一定了。譬如釋迦牟尼佛時代，有一位聖阿羅漢，名爲古瓊，他經常得不到食物，無論如何化緣也得不到一點食物，最後只好用鍋子裡的灰倒些水變成好像稀飯一樣和來吃，他是一個證得羅漢果位的聖者，但是他的生活卻是艱困無比。

　　所以，在大乘教法或是在密咒乘教法中眞正實修時，上師都是這樣開示、教導弟子：「如果你要純正實修，不是爲了這輩子的利益也不是爲了共通的成就，不是爲了名聲也不是爲了財富，不是爲了地位也不是爲了神通變化。那麼爲什麼要修大乘的法、修密咒乘的法呢？是爲了要證悟內心的法性，爲了要調伏內心的煩惱，爲了把內心的煩惱全部清淨去除，之後得到證悟，成就佛果，目標應當

要放在這裡！」這是上師經常跟弟子開示的，弟子聽了之後確確實實記住上師的教誨，按照這個方式去實修。至於在實修過程中，他到底能不能得到名聲財富？到底能不能得到世俗共通的成就？這個就要看他上輩子的業力了。因此，這些共通的成就其實也不是非常有必要，並不需要太過重視。

頂果欽哲仁波切經常如此對弟子開示：「我們死亡後身體火化了，形成一顆一顆小小的舍利子，讓弟子帶過來帶過去，或蓋一個塔經常供養，這些根本就不重要。」

他的上師確吉羅卓也是經常告訴弟子：「死亡之後自己身體變得很小很小，好像非常珍貴一樣，或者身體消失不見變成虹光身，或者身體形成一顆顆小小的舍利子，讓弟子能夠供養膜拜，這些其實都不重要。重要的是，在死亡之前將經教乘門、密咒乘門教法的見地、觀修、行持等等，好好地寫下來，留下許多典籍書籍，讓未來的弟子能夠學習和實修，這就是對未來弟子產生最大的利益了，沒有比這個更加殊勝的了。」

上師經常如此告誡頂果欽哲法王，頂果欽哲法王也經常如此告誡弟子，所以頂果欽哲法王說：「有一天我圓寂後，將我的身體做成一個塔來頂禮膜拜，這既不重要也不必要，馬上放一把火燒掉，一乾二淨什麼都沒有，這樣就可以了。」頂果欽哲法王就顯教乘門、密咒乘門、大圓滿的教法，各種各類，已經寫成很多文字、做了很多開示，留下很多自己的心得、經驗、教法，他認為這樣一生已經足夠了，至於死亡之後有沒有蓋塔、有沒有舍利子給弟子供養都不重要。

因此，一個佛法的實修者主要目標並不是放在能夠得到神通，也不是放在能夠得到變化的能力，也不是得到名聲，也不是得到財富，也不是得到地位，主要的目標放在降伏自己內心的煩惱、斷掉自己內心的煩惱，之後成就佛果，這是最主要的目標。

　　前面所提到的共通成就，例如神通變化，或者非常廣大的名氣、非常多的財富，或者是智慧非常高超聰明，就算這些能力得到了，有時候也會變成一種障礙，變成沒有用處，而且還有可能阻礙了成就佛果，甚至可能因為這個緣故而墮入地獄之中，這種情況以前都出現過。

　　佛陀的堂弟提婆達多也擁有神通變化的能力，心裡就想：「我的神通，我的變化能力跟佛毫無差別。」因此他覺得自己也是佛，就聚集許多弟子，對弟子開示不同的道路，很多弟子信仰他，追隨著他的道路。但他開示的道路和佛陀所開示的不同，是一個顛倒的道路，最後提婆達多墮入地獄之中。

　　其次，佛的侍者善星比丘，他擔任佛的侍者 24 年，是一位非常大的大博士，他的智慧能力非常殊勝，對於佛陀所開示的教法都能完全了解、能記住全部內容，因此他就認為自己跟佛陀毫無差別，除了沒有佛陀從頭上頂髻所散發出來的、像手臂伸開那麼長的毫光外，佛陀所講的教法他完全了悟，也能夠把這些教法講給眾生聽，所以他離開了佛陀，最後墮入鬼道之中。

　　西藏分為前藏和後藏，後藏有一位喇嘛叫達拉，名氣響亮，威力非常強大。他的弟子眷屬非常多，任何人有親眷家屬死亡時馬上就想到他，然後把錢財物品廣大地供養他。為什麼他這麼有名

氣呢？因爲他做密咒乘門的實修，持誦非常多咒語，產生了威力之故。但他漸漸地就起了傲慢之心，人也懈怠了，如果有人家裡死了人，供養給他龐大財富之後，他也不太修法，只唸了幾聲「呸！呸！呸！」就不做了，但是大家都非常相信他，對他非常信賴。如果有人被魔鬼邪祟附身搗蛋，生病了，旁邊的人只要說：「你再搗蛋，達拉喇嘛馬上就來了！」魔鬼邪祟馬上就跑掉了，因爲達拉喇嘛的名氣實在太大了。但是他死亡後投生在一個很大的湖裡，變成一條非常大的魚，無數的小蟲小魚附在他身上吃他的肉，痛苦無比。

　　所以，就算是得到了共通的成就，實際上並沒有很大的用處，往往還因爲這些成就聚集很多弟子，因而產生了傲慢之心，導致心思渙散，之後就不能夠純正地繼續做實修，這是一個很大的危險。

　　因此，在佛教的傳統裡，從顯教乘門到密咒乘門大圓滿教法之間，對於共通的成就這部分都不強調要花很大的努力和心血去獲得，甚至佛陀自己都曾經說過：「運用神通變化的能力去除弟子的痛苦，我不做這種事；把我內心的功德證悟直接交給弟子，交給眾生，讓他們去除痛苦，得到證悟，這種事我也不做。」

　　那佛陀做什麼呢？佛陀開示：「我會告訴弟子善業是什麼？罪業是什麼？行善的方法是什麼？你要努力去做；去除罪業的方法是什麼？你要努力去斷除。」佛陀把每一項都做了仔細的說明，如果眾生自己按照這些方式去實踐，努力行善業，努力斷罪業，他所有的痛苦就會去除了。

　　在佛陀的時代，外道很多導師是運用神通變化的能力去利益眾生，不過佛陀的特色就在於不是用神通變化的能力去利益眾生，他

利益眾生的方法是開示善惡取捨，什麼是善業，什麼是罪業，行善的方法，去除罪業的方法等等，佛陀開示了許多教法，以這個教法廣大利益眾生。因為如果運用神通變化的力量去利益眾生，就算眾生得到了利益，也是暫時的，不是長久的；那種利益也是小的，不是大的。

舉例而言，一個人有了神通變化的能力，告訴另外一個人，說他一個月之後一定會生什麼病，過了一個月，那個人果然生病了，就會想到：「哇！這個上師實在非常有能力，我真的生病了。」生病是生病了，但是病好了嗎？沒有。

如果一個有神通變化能力的人告訴一個窮光蛋：「你沒有錢，好，我變出一萬塊給你。」錢給了，假設這個窮光蛋不會善加運用，可能一天就全部花光光了，明天還是一個窮光蛋！

所以這都不是利益眾生的好方法，佛陀不用這種方法去利益眾生，而是用開示教法的方式去利益眾生。

有一位印度的大博士曾說：「佛教跟基督教的導師有很大差別！」基督教的導師耶穌基督在歷史上有很多事蹟，例如讓盲者的眼睛重見光明，沒手沒腳的人給他手給他腳，讓他恢復健康，這類事蹟很多，甚至還能夠讓人死而復活，但是佛陀都沒有做這種事。

譬如在佛陀住世時代，有一個媽媽，她的小孩子死掉了，她傷心欲絕，認為兒子不可能死亡，不可能離開自己，於是帶著小孩的屍體去拜見佛陀，求佛陀無論如何都要使小孩活過來。當然佛陀具有讓小孩死而復活的能力，但是小孩的壽命已經到了終點，已經業力窮盡了，就算佛陀給他一點點利益，讓他活過來，頂多活個一年

兩年，只是讓媽媽高興一下而已，除此之外沒有其它好處。所以佛陀就告訴這個媽媽：「要讓你的小孩死而復活，非常容易，但是欠缺一個東西，你到城裡每一戶人家去找，問他們家裡有沒有人死掉了，沒有死過人的那戶人家，把他們家裡的泥沙帶過來，靠著這泥沙，我就讓你的小孩立刻活過來。」

老媽媽馬上跑到城裡挨家挨戶地問：「請問你們家裡有沒有死過人啊？」問遍了整座城，每戶人家都有過親人死亡，根本找不到從來沒家人死過的家庭。最後，媽媽突然間清醒明白了：「喔，原來每個人都會死亡！不只我的小孩死亡，每個家庭也都有過家人死亡，我的小孩就算活過來，他能活多久呢？了不起活到七十歲八十歲，最後也一定會死亡。」

老媽媽想到自己再過幾年也會死亡，每個人都一定會面臨死亡，問題是死亡之際不要痛苦害怕，死亡之後不要墮入三惡道，這還比較重要呢！於是誠懇地請求佛陀開示，然後努力實修，最後得到了羅漢的果位，不只對死去的小孩有利益，還能去利益其他眾生。

其次，守護誓言的功德利益是在內道佛教之中得到究竟的果位，是法、報、化三身，三身五智，五智是空性而且是明晰，這是七支相合的究竟果位，自己的利益也究竟了，利益眾生也究竟了，二利究竟的果位，所以要把這些情況好好做一個明辨，區分清楚。

佛教跟其它宗教有很大的不同，有特別的殊勝之處。許多其它宗教也許追求神通、追求變化、追求財富，就佛教而言，是追求徹底地脫離輪迴的痛苦，得到究竟的佛果，廣大地利益眾生，這種情況在其它宗教完全沒有，這是佛教不共的特色。

就佛法的實修者而言，有時候會出現許多徵兆，這些徵兆往往產生在身體的外面或裡面。就外在而言，身體感受到很多快樂或者產生一些威力能力，例如眼睛能看到各種各類特殊的情形，耳朵能聽到各種各類的聲音。但是不管能聽到什麼、看到什麼，相較起來，更重要的是內在的徵兆。

就內在而言，對上師與教法的信心越來越強烈，對眾生的悲心也越來越強烈，如果有這種情況，就實修者來講這些是善好的徵兆。不過，即使出現了善好的徵兆，無論如何，一個實修者對這些善好的徵兆也不能夠產生貪戀執著，尤其不能因為善好的徵兆而產生傲慢之心，這是非常重要的。

前面我們在經教乘門的部分以及密咒乘門的部分已詳細做了解釋，接下來要講解關於大圓滿的部分，將分為以下三大方面來闡釋說明：

「基」的抉擇，即第十一章「一切教法之頂——自性大圓滿」。

「道」的修持方式，即第十二章「自性大圓滿不共之道」。

「果」為大任運成就，即第十三章「究竟之果——佛身與佛智」。

11

一切聖教之頂——
自性大圓滿

輪涅的一般基礎

佛陀針對中等根器的弟子開示了中轉法輪的教法，在中轉法輪的教法裡談到本質空、因無相、果無願，三者合稱爲「三解脫門」，以三解脫門的角度、方法來開示中轉法輪的教法。談到空性就解釋了十六種空性、二十種空性、四種空性、二種空性，用各種方法來開示空性。做這麼多開示的必要性何在呢？爲了使一切眾生能了悟內心實相之故，所以佛陀開示了各種各類的教法。但無論是哪一種教法，都朝向一個相同的目標，有相同的意義，也就是對於內心實相的了悟。

針對上等根器者，佛陀開示了末轉法輪的教法，提到一切眾生內心之中有一個基如來藏的部分。所謂的基如來藏，是指佛階段的佛身、佛本智、佛功德，這一切不必依靠因、不必依靠緣，本來就已經自然存在，在眾生內心之中已經齊備，已經完整。這個時候所開示的教法就是大圓滿的教法。

不僅如此，佛陀在廣大的理論和甚深的理論等方面的教法也開示了非常多。

一般而言，佛陀所開示的教法八萬四千法門，這些各種各類的教法，如果做一個分類，主要可以分爲甚深與廣大兩種類型。所以佛陀開示的是無量無邊的教法，這一切教法全是針對眾生內心都有不清淨的污垢，爲了要使不清淨的污垢逐漸淨化而做了各種開示。

舉例而言，小孩生病了，醫生診斷給了藥後，告訴媽媽，小孩開始服藥後不能喝母奶，因爲母奶跟藥會衝突，藥性不能夠發揮。

但小孩一直想要喝母奶，怎麼辦呢？媽媽就告訴小孩：「現在你不可以喝母奶，因為母奶裡有毒，不可以喝！」但是小孩還是吵著要喝，媽媽就在母奶裡放一些苦的東西，小孩喝了非常苦，以為跟媽媽講的一樣裡面有毒，就不敢喝了。過了幾天，病好了些，醫生換了藥，母奶對這個藥不會再產生影響，醫生告訴媽媽現在小孩可以喝母奶了，但當媽媽要給小孩喝母奶，小孩無論如何都不肯喝，因為之前的經驗，小孩說母奶裡有毒，因此媽媽又告訴他：「之前是我在裡面加了苦的東西，因為若不加，你一直吵著要喝，但醫生說母奶跟藥會牴觸，就無法治療你的病，現在病好多了，醫生換了藥，母奶對這藥不會有影響啦，所以這個母奶裡我就沒有再加苦的成份，你可以喝了。」小孩這才喝了母奶，喝下後發現果然和媽媽說的一樣，不會苦了。

就像這種情況一樣，在中轉法輪時，因為那個時候的眾生並不是大圓滿所調伏的弟子之故，因此佛陀就對中轉法輪的弟子開示五蘊為空，十八界為空，一切都是空，一切都是空性。

當大家都能夠了悟一切都是空性之後，佛陀又對這些所調伏的弟子開示：前面我提到空性，其實是因為大家對內心之中佛身、佛智、佛功德自然形成的這個部分沒有辦法理解，所以我所開示的教法就只談到空性這個部分，等到大家把空性有了一個好好的了悟之後，現在才要再度說明不僅僅只有空性，不是沒有，不是只有空，如果只有空的話，就沒有辦法好好去利益眾生，自己的證悟功德也不能夠逐漸地進步，所以內心的實相是空性沒有錯，它的本質為空，但在本質為空之中，佛身、佛本智、佛功德這一切都已經自成

而齊備，已經存在的。

我們現在要講的就是這個部分。

一般常談到三律儀：外分別解脫戒、內菩薩律儀、密咒乘律儀。其中菩薩的道路是六度波羅蜜，密咒乘的道路是生起次第與圓滿次第，佛陀開示了很多這些內容。但是佛陀所開示的這一切教法，目標都是朝向證悟大圓滿的實相，作為證悟大圓滿實相的方法，所以這一切都不是究竟的見地，也不是所開示的教法之中究竟的教法。那為什麼還要開示這些呢？開示這些教法的目的是為了在了悟大圓滿的實相上先做一個準備，目標是朝向了悟大圓滿的實相，為了達到這個目標，所以佛陀開示了各種各類的教法。

總說基的存在方式

就我們現在而言，一切眾生內心之中有基如來藏，基如來藏是什麼情況呢？以輪迴和涅槃的法來看，輪迴的法就是我們現在所能夠接觸到的一切，身體等五蘊，或是外在器物世界的地、水、火、風等等，都是屬於輪迴的法。涅槃的法，例如佛身、佛本智，這些是屬於涅槃的法。但是輪迴的法以及涅槃的法，這一切都不離開我們的內心實相，並不是在內心實相之外而存在的。但是就「不離內心實相、非其他者」這點而言，跟基如來藏是不是完全一樣、是不是同一呢？本質上也不是一個。

就內心實相本身來討論的話，輪迴法也會出現，涅槃法也會出現，但實際上內心實相本身，既不是輪迴法，也不是涅槃法。

那內心實相是什麼呢？我們經常提到：內心實相本質爲空，是法身的性質；自性明晰，是報身的性質；大悲周遍，是化身的性質。既然如此，內心實相不就是三身的性質嗎？三身的性質不就是涅槃法嗎？三身性質雖然說是涅槃法，但不是與輪迴法相對的這個涅槃法，不是的，這兩者都不是的，內心實相既不是輪迴法也不是涅槃法，爲什麼呢？因爲輪迴法與涅槃法兩者相互依賴，例如長和短要互相依賴，長要靠著短，短要靠著長，如果沒有短就不會有長，如果沒有長就不會有短；好跟壞也是互相依賴，由好而知道什麼是壞，由壞而知道什麼是好，如果沒有壞就不會有好，如果沒有好就不會有壞，這種情況稱爲「互相依賴的法」。

輪迴法與涅槃法兩者也是屬於互相依賴的法，只要是互相依賴的法，就不會是實相了。如果內心實相是純淨的話，那就是佛；內心實相有污垢蓋障遮蓋的話，那就是輪迴。所以輪迴與涅槃的情況，舉一個譬喻來說明，就好像我們睡著時的夢境，有時候夢境裡所做的好夢突然間又變成惡夢，當夢境是美夢時，這個美夢的夢境本身跟做夢那時的心既不是一個也不是不同的兩個；同樣地，當在做惡夢時，這個惡夢的夢境本身跟做夢那時的心既不是一個也不是不同的兩個。

譬如我們是睡在自己房間裡做了一個美夢，這時夢境裡面的一切，是不是突然間從外面跑到我的房間裡來呢？不是。當我夢醒了，美夢也消失不見了，是不是夢境裡的東西就跑到房子外面去，不見了呢？也不是。當從夢境醒過來時已經清醒了，好夢也沒有了，惡夢也沒有了，在未來我們成佛的時候，一切輪迴的景象完全

沒有了，跟輪迴的法相對立的那個涅槃的法也沒有了，也不能夠成立。因此輪迴與涅槃這兩者跟我們的心，既不是一個也不是分開。

　　輪迴法與涅槃法這兩者，為什麼跟我們的內心既不是一個也不是分開呢？因為本來就沒有，一個本來就沒有的法，如何去討論它跟我們的內心是一個還是不同呢？譬如說當我們在房子裡睡覺，夢醒過來的時候，好夢也不見了，惡夢也不見了，這個時候我們要不要去討論我剛剛所做的那個夢境跟我夢境的心到底是一個還是分開的呢？去做這種分析實在是沒有必要，因為當從夢中醒過來時，好夢也沒有了，惡夢也沒有了，連做夢都沒有了。

別說各宗派基的主張

　　在一切眾生的內心之中，輪迴的景象也能夠呈現出來，涅槃的景象也能夠呈現出來，總之，各種各類壞的景象和好的景象都能夠顯現出來。那依於何基礎而能顯現出來呢？這個基礎就是基如來藏。基如來藏的本質又是什麼呢？對這個解釋有各種不同的宗義主張。

　　有些宗義這樣解釋：內心實相只有空，僅僅只是空，除此之外其它都沒有，這是第一種主張。有些派系主張內心實相裡擁有一切的功德，這些功德都已經自然形成，所以不是空，這是第二種主張。有些人主張我們的內心實相是不一定的，有時候是涅槃，有時候是輪迴，有時候是空的，有時候是功德，變來變去，完全不一定，這是第三種主張。有一些人主張我們的內心實相是確定的，是

恆常的，是非常堅決的，根本不會改變，這是第四種主張。有一些人的想法是，我們的內心實相可以任意改變，意思是說如果遇到善緣，內心的實相就變成好，如果遇到惡緣、逆緣，內心的實相就又變壞了，這是第五種主張。另外有一些人主張，內心實相本身不能夠成立，所以任何主張都可以，主張壞也對，主張好也對，任何主張都可以，這是第六種主張。也有人主張內心的實相是各種各類都存在的，為什麼呢？因為輪迴的法各種各類，因為涅槃的法各種各類，所以內心實相也就各種各類都可以，這是第七種主張。

針對這幾種不同類型的主張，在寧瑪派本派的傳統裡，所持有的看法是如何呢？

針對前述種種主張而言，認為內心實相是空的，這當然講對了，不過這是內心實相一個部分的功德，並沒有看到完整的功德。其次，認為內心實相是一切功德自然形成，這個也說對了，但是這只看到一部分的特性而已，並不是看到完整的部分。

前面所講的各種各類的說法，都是以自己妄念分別心所作的認定，不是經由自己本身產生證悟所講出來的宗義。

總而言之，內心實相是什麼？大圓滿實相，能夠純正了解大圓滿實相的這種器皿，如果不是這種適當的器皿的話，不管怎麼跟他做解釋，他都完全不能夠了解。

舉例而言，古代有一位國王，找來七位生盲者（一出生就瞎眼的人），讓他們去摸大象，然後問他們大象的身體像什麼？第一個摸到大象的鼻子，跟國王報告說，大象就像鐵勾一樣；另一個摸到大象圓滾滾的眼睛，說大象就是我們喝茶的碗；另一個摸到大象的

耳朵，說大象就是我們吃的大餅；另一個摸到大象的屁股，說大象就是椅子的坐墊；還有一個摸到大象的尾巴，說大象就是跟繩子一樣……。

生盲者因為一生下來眼睛就看不到了，從來沒有看過大象，不管怎麼摸，對這一隻大象還是不能夠整體了解，這就是「瞎子摸象」的比喻。

再舉一個例子，同樣也是一個生盲者，問明眼人：「酥油是什麼顏色呢？」明眼人告訴他：「酥油的顏色就像雪山的白色一樣，下雪的那個雪山。」生盲者趕快去摸雪，摸到的雪冰冰冷冷的，他心想：「哦！原來酥油的顏色就是冰冰冷冷的。」生盲者又問：「那雪的顏色又像什麼呢？」「雪的顏色啊，就像天鵝的翅膀，天鵝是白色，所以就像是天鵝的翅膀一樣。」生盲者又用手去摸天鵝，天鵝一被摸到就振翅飛走了，翅膀揮動時發出嗚嚕嚕的聲音，生盲者又想：「哦，雪的顏色原來就是嗚嚕嚕的聲音。」所以，要怎麼樣讓一個生盲者了解酥油的顏色呢？這是沒有辦法講解清楚的，因為他從來沒有看過。

因此，如果不是大圓滿的適當器皿，佛陀就沒有必要先跟他做這個解釋了，因為就算跟他解釋，無論如何解釋他也不能夠了解，因為他不是一個適當的器皿啊！所以，佛陀僅僅只在臨將涅槃時，對少數一些適當器皿的弟子做解釋，此外沒有講述過大圓滿的教法，沒有廣大的公開傳授過。

廣說自宗無過失之基

　　舊派寧瑪派本身所解釋的內心實相是什麼呢？就內心實相基如來藏而言，本質是本然清淨，是空性的性質，但在自性之中，佛身、佛智、佛功德仍然是以本然自成的方式而存在的。本然自成而存在是指不必依靠因，不必依靠緣，自然而形成，所以是本然清淨的空性。但是明分的功德仍然完全存在，明和空是一個嗎？也不是；是分開嗎？也不是。既不是一也不是異，所以是離開我們內心所能夠了解的情況，不是內心所能思維的對境。

　　就此而言，內心實相本身是什麼形狀？是什麼顏色？已經沒有這些形相方面的戲論了，已經完全超越了，所以內心實相是空性。雖然內心實相是空性，不過在它的本質之中，佛身、佛智、佛功德是以自成的方式而存在的，這仍然屬於內心的實相，所以內心的實相是唯一，但是它既是空性也是功德自然形成的，擁有這兩方面，這並不互相違背，仍然是可以的。

　　舉一個比喻說明，當我們睡著時，如果睡得非常沉，這時候根本就沒有夢境，比這個沉睡稍微清醒一點點的話，這時候我們身體裡的脈會發生一點點改變，因此就形成夢境。也就是說，當我們在睡覺的時候，沒有夢境和有夢境的階段都會出現，兩者是不同的情況，但是就算是不同的情況，仍然一樣是在我們的睡眠之中，不是離開我們的睡眠，只是在睡眠裡分為有夢境的段落與沒有夢境的段落，分成了兩個段落。

　　內心實相也是如此，內心實相是空的，但是佛身、佛智、佛功

德仍然以自然形成的方式而存在，並沒有互相違背。所以內心實相的本然清淨的部分是空性，但是內心的實相裡佛身、佛智、佛功德自然而形成，仍然可以存在。因此在未來，如果我們自己的罪障能夠完全清淨去除，由於我們本來就具有自然形成而存在的佛身、佛智、佛功德這部分，無論我們居住在哪裡，例如住在台灣，我們所看到的這個台灣就會與西方極樂世界毫無差別，而且身體裡的佛身、佛智、佛功德等本來就已經擁有之故，五方佛的本尊天眾也可以在我們的身體之中顯現出來。

　　舉一個例子來證明，例如四川康區寧瑪派的大成就者 阿秋堪布（註：2011年涅槃），很多弟子看到堪布時，都看到他頭頂出現阿彌陀佛，頭右邊是觀自在菩薩，頭左邊是大力金剛手；他的照片則是在鼻子上出現一個藏文種子字 ཨ 阿字。另外，在南印度的寧瑪派教主 貝諾法王，他的照片也是在鼻子上面顯現出一個藏文的種子字 ཨ 阿字。

　　這都證明了，我們現在的這一個身體，在未來當內心的罪障完全去除掉之後，身體就可以出現種子字，也可以出現本尊天眾。這並非離開這個身體，到另外一個地方去尋找本尊，並不是重新找來重新得到，而是當內心的罪障淨化清淨後顯現出來的。為什麼呢？因為內心的實相之中本來就已經完整齊備了，假設內心的實相裡本來並不存在這些，就算把罪障完全清淨去除了，它也不會顯現出來啊！

　　雖然在我們內心實相裡，佛身、佛智、佛功德這一切以自成的方式而存在，但是當我們內心的罪障還沒有完全淨化前，佛身、佛

智、佛功德是不能夠呈現出來的。

　　再以一個譬喻說明，譬如琉璃本身是光彩燦爛的，會放光，但是僅僅只是把琉璃放著，會不會射出光彩燦爛呢？還是不會的，要使它光彩燦爛必須要用熱光去照射，當太陽光照射在琉璃上，琉璃就射出五色祥光了。所以琉璃要放出五色祥光也要靠一些助緣。一樣的道理，我們內心的實相裡，佛身、佛智、佛功德以自然形成的方式而存在，但也是要靠一些助緣才會顯現，如果罪障的部分沒有清淨去除，這一切的功德都不能夠呈現出來。

　　內心實相就其本質而言，本質為空性，本質雖然為空性，但是佛的佛身、佛的本智、佛的功德，這一切都以自然的方式而存在。這個部分我們再用一個譬喻來說明，譬如一個陶罐，如果點了一盞酥油燈放在陶罐裡，從外面看過去，除了看到這個陶罐之外，裡面的油燈看不到，油燈的亮光也不會照到外面去。

　　陶罐裡的油燈可以用來譬喻我們內心的實相，外面這個厚實的陶罐可以比喻成煩惱障與所知障，由於我們內心的實相被煩惱障與所知障遮蓋住，所以內心實相的功德無法顯露出來，這就好像陶罐裡油燈的亮光不能照射到外面一樣。幸而我們有很多方法可以運用，例如積聚資糧、調治罪障、觀修無我等等，靠著種種實修的方法，將罪障淨化去除後，內心的功德就會顯現出來，這就好像要讓陶罐裡酥油燈的光亮照射到外面的話，拿一把鐵槌把陶罐打破就可以了，油燈的光亮就會照射到外面去。

　　一樣的道理，內心也是如此，內心的實相本質為空，但是佛的身、智、功德這部分不管什麼時候都存在，絲毫不會消滅，所以三

身的景象是在內心的實相之中本然而存在的，離開內心的實相之外，沒有所謂佛的三身存在。但是內心的實相本身，形狀也不能夠成立，顏色也不能夠成立，所以就內心的實相而言，既不是屬於輪迴的法，也不是屬於涅槃的法，不是我們的內心所能夠思維的對境，完全超越了我們內心的思維能力。

就內心的實相，本質空、自性明這兩個部分來討論的話，內心實相本質空這個部分也不是佛，為什麼呢？本質空就是空，因此功德的部分並不能夠存在，功德的部分是屬於明分的部分，如果就本質空來討論，它就是空，但是就佛的功德明分這部分來討論，那就不是空，所以內心的實相在空的這個部分也沒有佛，空的意思就是無，所以佛的功德也不會存在。

就內心的實相而言，就本質來講，眾生也不能成立，因為內心的本質既然是空，眾生是屬於不清淨的五蘊，不清淨的五蘊在這裡也沒有了，所以就內心的實相而言，也沒有眾生。

就前面講過的，內心的實相包括本質空、自性明兩者，那這兩者的本質是同一個嗎？不是；本質是不同的嗎？也不是。內心的實相說僅僅只是空這一個項目的話也不對，說僅僅只有功德這一個項目的話也不對，內心的實相既不是實有法也不是非實有法，內心的實相本身不生的這個部分，法身的功德、報身的功德、化身的功德，三身的功德跟我們內心的實相不即不離，既不是一起也不是分開，具有不分之本質。

總說基顯的出現方式

　　其次要講述到基顯（由基出現）的情況。在內心的實相狀況之中，由於清淨的五種氣的作用力之故，內心的實相就顯出所顯。

　　譬如前面舉例的陶罐，陶罐裡放了一盞酥油燈，如果用鐵槌把陶罐打破，當然酥油燈的光亮就照到了外面。那這個照到外面的光是新產生的光嗎？當然不是，在陶罐裡這個光本來就已存在，只是被厚實的陶罐遮擋住了，並不是說本來沒有這個光，當我把陶罐打破後生出了一個新的光，並不是這種情況。

　　又例如天空之中有太陽存在，放射出強烈光芒，當天空出現厚重雲朵把太陽遮住時，陽光再怎麼強烈也照射不到我們，直到雲朵消失時，太陽光才又再度照射到我們。當太陽光再度照射到我們時，我們可不可以說因為雲朵消失而新產生了太陽光？當然不是，太陽光本來就存在，從來沒有消失，只是被雲朵遮住，才照射不到我們，現在雲朵消失，太陽光當然就能照射到我們了，僅僅只是如此而已。

　　相同的道理，現在就我們的內心而言，煩惱很多，蓋障也很多，因為煩惱很多、蓋障很多，所以內心實相的功德不會顯現出來，但我們可以透過積聚資糧、調治罪障的種種方式，不斷地累積資糧，將罪障去除掉，一旦完全淨化後，內心實相的功德就顯露出來了。這些顯露出來的功德是不是新形成的呢？當然不是，原來之前早就已經存在了，只是沒有顯露出來，現在透過積聚資糧、調治罪障的方式讓它顯現出來了。就像天空的太陽光早就存在，只是被

雲朵遮蓋住，雲朵消失之後，太陽光自然就照射下來了，並不是新產生了太陽光。

　　天空的雲朵從何而來？無法了解，因為天空的雲朵沒有一個來的處所，沒有一個工廠能製造出雲朵來。而天空的雲朵消失到什麼地方去呢？也沒有消失的處所，不能說台灣的雲朵消失後全部都往印度跑，印度是台灣雲朵消失的地方。同樣地，台灣天空出現很多雲朵時，也不能說這個雲朵是從某個國家而來，某個國家製造出雲朵跑到台灣來。

　　跟這個道理一樣，內心的蓋障從何而來呢？沒有來的處所，當我們積聚資糧、調治罪障，完全淨化之後，內心的蓋障跑到哪裡去了呢？也沒有消失的處所，能不能說我內心的罪業蓋障被我的父親拿走了？被我的母親拿走了？或是說我經常修上師供養法，所以上師把我的罪障給拿掉了？都不是的。或者說當我內心的蓋障出現時，心想：「哦，是我最痛恨的敵人把這些蓋障推給了我，種到我的內心裡。」這當然也不可能嘛！

　　總而言之，在內心實相中，蓋障顯現出來時，無法明確指出從什麼地方來。透過積聚資糧、調治罪障的實修後，內心的蓋障突然間消失不見了，也不能說它跑到什麼地方去了，它就是自然地出現，又自然地消失了，就像天空的雲朵偶而出現偶而消失一樣，出現的時候沒有來源之處，消失的時候也沒有消失的去處。

別說八自成門的出現方式

其次，自成所顯出現的情況。就我們的內心實相而言，大悲的性質明分這個部分，是本智，但雖然內心的實相是本智，不過在不清淨的凡夫階段，會出現成為心識的樣子，當本智轉變成為心識出現，心識是無明愚癡的性質，它的譬喻就好像是雲朵，內心的實相就好像是天空一樣，當天空被雲朵遮蓋住時，我們不能夠看到天空；當雲朵消失不見時，我們才可以看到清澈湛藍的天空。同理，現在內心實相被愚癡無明的心識所蓋住，當然看不到，當然內心實相就不會出現。

如果內心的實相呈現出來了，會是以什麼樣子顯現出來的呢？有八種情況，嚴格地說，八種情況裡其實只有六種情況，但是配合兩種方式，所以合起來有八種，一般稱為「自成八門」（或稱任運八相）。

第一種，當內心實相出現時，是出現為自成的樣子。自成的意思是指內心的實相裡絲毫沒有煩惱，佛身、佛智、佛功德這些部分不需要辛苦勞累、不必努力去成就，自然就已經形成了。因為早已經自然而形成了，所以當內心實相出現時，會以自成的方式而呈現，這是第一種。

第二種，會以大悲的方式而出現。成就佛果的時候，佛對於輪迴的一切眾生，內心會產生無量的大悲心，所以內心實相出現時，會以大悲的方式出現。

第三種，以本智的方式而出現。就佛本身而言，絲毫沒有任何

不清淨的部分，一切都是本然清淨，不僅不清淨的眾生不會存在，不清淨的器物世界也不會存在，一切都是本智所現，一切都是清淨的，所以會以本智的方式而出現。

第四種，以身的方式而出現。佛擁有三身，擁有五身，不僅僅是如此，佛陀為了利益眾生，可以變成獵人的模樣，可以變成青樓女子的模樣，可以變成船，可以變成橋……，身體的形相可以變化成無量無邊，各種各類，所以以身的方式而出現。

第五種，以無二的方式而出現。佛的內心實相，一的本質也不會存在，多的本質也不會存在，所以，內心實相不是凡夫內心所能夠了解，是超越了凡夫內心所能夠理解的範圍。

第六種，以「邊解脫」旁邊解脫的方式而出現。就內心實相而言，早就脫離了煩惱，早就從煩惱解脫了，因為煩惱本身根本就不存在，煩惱是不能夠成立的，這是第六種方式。

還有二門，就內心實相而言，它有一個門，就是佛身、佛智、佛功德這一切都能夠成立，這一個部分是存在的。一樣的道理，就內心實相而言，不清淨的輪迴眾生、悲心所及的對象六道眾生，都能夠呈現出來的這個門也存在。

六種情況跟這二個門，加起來是八種，所以稱為「自成八門」。

總而言之，就內心的實相而言，是輪迴與涅槃兩者出現的基礎。唯一把內心實相做一個純正開示的，只有在一切聖教之頂自性大圓滿的教法之中，而針對這部分的口訣做明白解釋及傳授的人，在雪域西藏之中只有遍智龍欽巴尊者，此外沒有任何其他人了，只

有尊者一人，將內心實相口訣的部分做了一個正確的開示。

普賢如來解脫的方式

就內心實相而言，普賢如來解脫的情況是如何呢？可分成法身解脫的情形、報身解脫的情形、化身利益眾生而解脫的情形。

法身解脫的情形

普賢如來常常被稱之為本初佛。在未來我們的罪障都完全淨化去除之後，我們解脫的方式也是這個樣子，以六大特色而成就佛果。

這六大特色，第一個特色是以本智而出現，當我們證悟內心實相時，就稱為本初佛或普賢如來。本初佛也好，普賢如來也好，其實在過去也有的，譬如釋迦牟尼佛，可以說他是本初佛，也可以說他是普賢如來，當我們未來成佛時，我們也是本初佛，也是普賢如來，為什麼呢？因為就我們內心的實相而言，絲毫沒有沾染到輪迴的部分，內心的實相本身就不入輪迴裡，所以就內心的實相而言，當然就是本初佛，所以這六大特色的第一個是以本智而出現，以本智而解脫。

第二個特色是以佛身而出現，解脫時，佛身、佛本智這一切所顯全部是針對已成佛者而顯現出來，不是針對凡夫俗子像我們所看到的樣子而顯現出來。其次，比起基而言更加殊勝，比起基而言是

指輪迴的基，輪迴的基是阿賴耶識，阿賴耶識是不清淨的，比起不清淨的阿賴耶識（輪迴的基礎）而言，當然果還要更加地殊勝。如果解脫的時候沒有更加殊勝，那不是跟輪迴沒有差別嗎？所以解脫的時候比輪迴的基還要更加殊勝。

第三個特色，剎那能夠做區別。輪迴以及涅槃，清淨以及不清淨，煩惱以及本智，剎那之間都能夠區分得清清楚楚。

第四個特色，內心的實相解脫了煩惱，因為解脫了煩惱（由得到而解脫），所以，身的形相也能夠得到了，本智的形相也能夠得到了。

第五個特色，佛身、佛本智不是由其它因緣而形成，不是要依靠其它外緣而形成，佛身、佛本智不是如此。

第六個特色，如果佛身、佛本智不是靠其它因緣配合所形成，那是怎麼來的呢？本來就已經形成了，在內心實相之中本來就已經存在了。

以上是法身解脫的六大特色，當了悟內心實相時，即使是十地的功德在一剎那之間非常短的時間裡也可以得到，並不需要經歷經年累月長久的時間，所以在一輩子裡一個身體裡就有可能得到佛果。

報身解脫的情形

前面講的是在法身界之中解脫的情形，具有六個特色。在法身界的本質之中解脫之後，就會出現報身國土莊嚴的景象，出現報身

佛的功德，報身佛的形相就是五方佛的形相、五方佛的功德、五方佛的國土，這些在法身性質絲毫不動搖之下就會呈現出來。不過所出現的這些報身國土的莊嚴景象，只有針對清淨的菩薩顯現出來，至於不清淨的眾生是不能夠看到的，而且報身國土、報身佛窮盡輪迴不空之際，歷經無量劫的時間，仍然經常存在，為了利益清淨的菩薩而恆常存在。

化身利生而解脫的情形

就法身而言，只有佛和佛彼此之間能夠見到，除此之外，沒有任何的所調伏眾能夠看到。但就報身的調伏眾而言，只要是業力清淨、登地以上的菩薩就能夠看到報身，除此之外，業力不清淨的所調伏眾，或者不是登地以上，就不能夠見到報身。

化身的情況是如何呢？業力清淨者也能夠見到化身，業力不清淨者也能夠見到化身。例如當釋迦牟尼佛在印度住世時，觀世音菩薩、文殊菩薩都來拜見釋迦牟尼佛，聽聞開示教法，觀世音菩薩和文殊菩薩是屬於業力清淨的所調伏眾，而其他業力不清淨的輪迴眾生同樣也都能看到釋迦牟尼佛。當佛涅槃時，業力不清淨的外道眾生也能看到釋迦牟尼佛，所以化身是順著不清淨的所調伏眾，順著他的情況而示現以利益眾生。

因此，順著地獄的情況也能夠去利益他，順著鬼道的情況、畜牲道的情況、人道的情況、天道的情況、阿修羅的情況，佛陀都能夠順著個別眾生不同的情況，示現各種不同的化現，以進行利益眾

生的事業。

　　所以，窮盡三有輪迴未空之際，化身利益眾生的事業絲毫不會窮盡，會不斷地示現，廣大利益眾生。當這個無漏的本質，也就是內心實相，我們自己能夠證悟這點時，靠著證悟的善根，對於業力清淨或者不清淨，輪迴或者涅槃一切的法，我們就能夠自由自在了，當自由自在的時候，諸佛的淨土或是佛的事業就會遍及法界。

　　因此，所謂的化身當然也就是佛自己所示現的形相而已，並不是離開佛之外。雖然如此，佛所示現化身的形相在調伏弟子時，化身是能調伏者，是有境本身，弟子是所調伏的對境，當化身去利益眾生的時候，有沒有「我是屬於有境，他是屬於對境；我是能調伏者，他是所調伏者」這種想法存在呢？有沒有「能調伏的法，所調伏的法」這種想法存在呢？都沒有，化身本身沒有這些妄念分別心存在。

　　如果說化身本身沒有這種妄念分別的想法存在，那如何來進行講說教法呢？例如對於小乘根器的弟子就開示小乘的教法，對於大乘之中經教乘門的弟子就開示大乘經教乘門的教法，對於大乘之中密咒乘門的弟子就開示密咒乘門的教法，對於大乘之中大圓滿的弟子就開示大圓滿的教法，這種情況是如何進行的呢？假設化身本身沒有妄念分別心存在的話，如何針對不同的弟子開示不同的教法呢？

　　這主要是隨順弟子本身的業力清淨或不清淨，業力完全清淨者，順著他的情況化身就講授大圓滿的教法；比這個稍微有一點不清淨者，化身就對他講授密咒乘的教法；比這種情況更加不清淨一

點者，化身就對他講述顯教乘門的教法；再更加不清淨者，化身就對他講述小乘的教法；如果業力完全不清淨，化身就沒有對他開示任何教法。化身利益眾生是以這樣的方式來進行的。

為什麼化身沒有妄念之心，不會去分別這個弟子如何如何，但仍然能夠進行講說教法利益眾生呢？舉一個比喻說明，譬如如意寶珠，對如意寶珠祈請的時候，國王也好，大臣也好，王妃也好，百姓也好，販夫走卒也好，各種各類的人向如意寶珠祈請時，順著不同人等的心願祈請，各自的心願就實現了。如意寶樹也是如此，如意寶樹在天界，如意寶樹不是眾生，當然沒有心思沒有妄念分別心，天界的天神天女誠懇請求如意寶樹時，各自的心願也都會實現。化身利益眾生的情況就像這種樣子，因此不需要靠著許許多多的因緣條件聚集在一起，辛辛苦苦努力而去利益眾生，化身僅僅只是很寧靜的安住著，而利益眾生的事業順著眾生業力清淨或者是不清淨，順著眾生自己的情況，各別就得到自己所能夠接受的教法。

不淨有情錯亂的情形

雖然眾生的內心實相是佛的性質，但是我們在輪迴之中飄流持續很久，已經把它攪亂得一塌糊塗了。那麼，眾生在輪迴之中是如何把它攪亂的呢？攪亂得一塌糊塗的因是什麼？緣是什麼？是如何產生的呢？接下來要說明這些問題。

錯亂的因緣

　　首先說明三界六道一切眾生無明的形成。我們的內心實相，基如來藏這個部分本來沒有任何迷惑錯亂，在沒有迷惑錯亂的情況之下，靠著基如來藏就會顯現出許多景象，這個基如來藏呈現出來的景象是基所顯，基所顯是由基本身所顯現出來的，因此它是自顯，由基所形成的自顯是本智。

　　但是當本智作為自顯的景象而出現時，眾生對本智自顯這一點不了解，不知道本智是自顯，產生了一個錯誤的認識，把這個所顯當做是其它者，這種錯誤執著的心形成了；當這種執著形成時，就會形成有境與對境的差別；當形成有境與對境的差別時，迷惑錯亂就形成了。

　　三界有情眾生從無始到現在，迷惑錯亂早就已經形成了，這個迷惑錯亂形成之後，就形成輪迴，形成輪迴之後就導致許多的痛苦產生。所以，眾生一切痛苦形成的因和緣就是從這裡而來。

　　這個迷惑錯亂之所以形成，可以用三種方式來解釋，也就是三種無明。首先是「**因體性同一無明**」，原因是體性同一的無明，由基之中出現基顯時，對基顯是自顯而不知道，不知道就是無明，這個無明稱之為「因體性同一無明」。

　　當這個無明慢慢地加強加強，逐漸地變粗糙之後，對於許許多多的萬法是自顯，就是自己，這一點也不知道，這種情況就稱為「**俱生無明**」。

　　俱生無明繼續強化強化，慢慢變成粗糙，之後就會把瓶子、柱

子等萬事萬物，沒有我執著有我，不是他執著爲他，對於一切萬法就有這個妄念分別心，之後進行各種執著，進行各種施設，這就稱之爲「**遍計無明**」。由於這三種無明形成之故，慢慢地，迷惑錯亂逐漸加強。

迷惑錯亂形成的三個主要的因，是前面所提到的因體性同一無明、俱生無明和遍計無明。之後還有次要的助緣的部分，其中有四個項目。

首先第一個項目是基如來藏本身，基如來藏本身是佛身，是佛本智，是光的性質，所以是迷惑形成的主要助緣，這稱之爲「**因緣**」。其次，基如來藏是本智，是光的性質，對這一點不了解，把它執著成有境與對境，各別各別分開獨立變成兩項，這稱爲「**增上緣**」。把它各別各別分開來之後，就會認爲這個是比較好的，那個是比較差的，比較好的部分我要得到，比較不好的部分我要排斥、我要丟掉，這種情況稱爲「**所緣緣**」。靠著因緣、增上緣和所緣緣三者聚集在一起之後，就會形成「**無間緣**」。無間就是立刻（不間斷）的意思，當因緣、增上緣、所緣緣聚集在一起的那一刹那，貪瞋癡慢疑等煩惱就會強化，煩惱強化後力量變得很強大，結果會形成什麼呢？瞋恨之心非常強烈的話就形成地獄，慳吝之心非常強烈的話就形成鬼道，愚癡之心非常強烈的話就形成畜牲道，嫉妒之心非常強烈的話就形成修羅道，懷疑、傲慢之心非常強烈的話就形成天道，貪戀之心強烈的話就形成人道，因此六道就逐漸形成了。

六道形成後，我們就會投生到六道裡。投生六道時是透過什麼過程、什麼步驟投生的呢？透過十二緣起，透過十二個步驟投生在

六道裡，因為始終都是經由十二緣起投生在六道，輪來輪去，輪來輪去，所以輪迴的頭在什麼地方？尾在什麼地方？就沒有辦法辨認清楚了，這種情形就像不斷滾動的輪子一樣，不能夠說明輪子的頭在什麼地方？輪子的尾在什麼地方？同樣地，三界輪迴的開始在什麼地方？結尾在什麼地方？也都沒有辦法說明解釋，因為輪迴是持續不斷地在進行，永不休止。

當我們在不清淨的輪迴裡時，會看到所顯現出來的各種各類的形相非常多。我們投生在六道時，或者是透過卵生、透過胎生、透過濕生、透過化生，透過四生的方式而投生，這些不清淨的所有一切景象，本是自性不能夠成立，可是當我們投生後，所看到輪迴的景象，各種不淨所顯都是以自性成立的方式而顯現出來，對這種以自性成立而顯現出來的萬法，如果仔細冷靜來分析，可以發現它們本來不能夠成立，是空的，沒有所謂的自性成立，就像一個幻影一樣。

錯亂的顯現形式

對這些所顯現的景象，首先我們有六識形成，六識是眼識、耳識、鼻識、舌識、身識、意識。當六識形成去接觸這個自性無法成立、像幻影一般的對境時，就會產生許許多多的妄念，在妄念的作用力之下，雖然沒有「我」，卻會執著有我存在；沒有自己，卻執著有自己存在；不是其他的，但是執著認為是其他的……，經由這許許多多的執著，眾生不斷地沉沒在三有輪迴之中，受到三有輪迴

的束縛，在輪迴裡不斷地持續飄泊。由於這些執著、束縛，煩惱就越來越強化，雖然我們的內心實相就好像無雲晴空一樣，本來是清淨的，但是前面所提到的這些煩惱形成之後會蓋住內心的實相，本來清淨的內心實相會被這些煩惱遮蓋住，所以我們投生在輪迴裡，持續不斷地流轉，不知道起始在哪裡？結束在哪裡？只是持續不斷地流轉，不斷地飄泊。

　　輪迴之中的景象，舉例而言，早上太陽出來時，人和許多動物靠著太陽的亮光終於能看清四周的景物，在黑暗之中看不到的景物現在都可以看到了，為什麼呢？因為太陽光之故。相反地，有些動物本來可以看到四周景物，現在變成看不到了，例如貓頭鷹，本來黑暗中的四周景物牠都可以看得清清楚楚，太陽一出來，陽光一照射，反而就看不到了，牠就暈頭轉向，是睡覺的時候了。為什麼會有這種差別呢？太陽光出來時，人和動物對四周的景物由看不到變成看得到，但貓頭鷹對四周的景物由看得到變成看不到，為什麼呢？主要由於上輩子的業力習氣，形成了各種各類的差別。

　　因此，同一個對境，譬如說水，天神去看的話是甘露，人類去看的話是解渴可以喝的水，水生動物去看的話是自己的房子、自己的家，鬼道則看成膿、看成血，地獄眾生去看的話是鐵熔化形成的熱湯，是火、炎熱、痛苦的性質。如果對境本身有固定不變的自性，以這個自性而成立的話，不管任何一個眾生去看，應當都是同一個樣子，不會像前面所舉的例子顯現出不同的形相，所以這就表示沒有一成不變的對境，這就證明對境本身自性不能夠成立，是對境自性不能夠成立的一個理由、一個徵兆。

再舉例而言，一個女性，她是屬於什麼身份？要看她四周的情況來決定，兒子去看的話她是媽媽，丈夫去看的話她是太太，媽媽去看的話她是女兒，敵人去看的話她就變成仇敵，那這個女性到底是什麼性質呢？根本沒有自性存在。相同的道理，任何一個人本身當各種不同的人去看時，各種不同的人感受也都不一樣。

　　不同的有境去看一個對境時，所顯景象個個不相同，由這點來推理，各種各類的景象在不同眾生的內心所出現的景象也各別各別不同，這個就可以證明對境本身基不能夠成立，對境的自性不能夠成立，只能這樣來做解釋。例如這個女性我去看時，她是我媽媽，假如她是以自性固定不變的狀態而存在，所有眾生去看她時，她也應該都是媽媽的狀態不會改變，但事實上這個女性在眾生去看她時，會隨著看者本身的身份不同，所呈現出來的景象也不相同，就像前面提到的，兒子去看是媽媽，丈夫去看是太太，母親去看是女兒，仇敵去看是敵人……，各自看時，對境所呈現出來的所顯形相完全不相同，這就證明對境本身自性不能夠成立。

　　無論如何，我們每一個人所遇到的所顯景象各別不相同，同樣的對境出現時，有人會覺得非常地醜陋，有人會覺得非常地美麗；有人會覺得非常地痛苦，有人會覺得非常地快樂，每個人各自所遇到所顯現出來的景象都不相同，這都是由於各人上輩子業力與習氣的不同所致。

　　譬如有一些人在不斷造作不善業的情況之下，他的財富還不斷地增長增廣；有些人純正地在修法，不斷地修臟巴拉，每天念誦臟巴拉財神咒語，他仍然沒有錢財，為什麼呢？因為上輩子的業力與

習氣之故，上輩子的業力與習氣非常強烈，力量非常強大，因此形成現在各種各類所顯現出來的景象。

當一個人在詐騙行不善業時，為什麼財富還會不斷地增廣增長呢？這兩者之間沒有因果關係，不是因為他詐騙因而得到財富，他現在進行詐騙的果報在這輩子還沒有成熟，未來才會成熟，那他現在財富增長增廣的因是什麼呢？因為上輩子的善業。上輩子所累積的善業在這輩子因緣成熟了，所以他的財富不斷地增長增廣，至於他眼前所造作的不善業的果報，要在下輩子以後才會成熟，不是現在成熟。

又譬如某一個人純正的修法，每天不斷地念誦臧巴拉的咒語，可是他的財富不但沒增加，還不斷破財，一塌糊塗，為什麼呢？這兩者之間也沒有因果關係，他之所以財富不斷虧損的原因，是因為上輩子所累積的惡業的業力在這輩子成熟了，果報出現，所以財富不斷地虧損。而他這輩子修臧巴拉，念誦財神咒語，純正實修的善業，力量沒有那麼強大，在這輩子還沒有成熟，雖然這輩子還沒有成熟，不過到了下輩子或下下輩子某個時候，一定會成熟的。

總而言之，如果做善業，這輩子果報沒有成熟，下輩子也會成熟，下輩子沒有成熟，將來某一世，在某個時候，果報也一定會成熟，一定會得到快樂的果報。如果不斷造作不善業，這輩子果報沒有成熟，下輩子也會成熟，下輩子沒有成熟，將來在某個輩子也會成熟。無論造作善業或者造作惡業，將來果報不成熟是絲毫不可能的，也許這輩子，也許下輩子，也許以後某一個輩子，在某一個時間裡，善業感得快樂的果報、惡業感得痛苦的果報，一定會出現的。

所顯與心的區別

接著要說明所顯現出來的對境和能夠執取、能夠認識的內心，兩者之間的區別。

我們現在會遇到各種各類的痛苦、快樂，各種各類所顯現出來的景象，這一切雖然說是內心所顯現出來的法，不過是不是真的是內心呢？不是內心。有些宗義認為所顯現的法也是內心，例如大乘裡的唯識宗，唯識宗的宗派義理主張有境是心識，對境仍然是屬於內心；有境是執取對境者，是內心，所執取的對境也是內心，這種主張是不合道理的。因為有境本身是認識者，去執取對境，就內心所認識的對境而言，應當不會是心識的，不會是內心的。假設一切都是內心，都是心識，那會得出一個結論，泥土、石頭、高山、房子等所有對境也會成就佛果，會變成這種主張。

這個主張不合道理，理由何在呢？舉例而言，譬如鏡子裡出現我的臉，這是因為我的臉這個條件，還要加上鏡子這個條件，當這兩個條件聚在一起時，鏡子裡我的臉的影像就呈現出來了。那麼這個臉的影像與鏡子本身是一個嗎？不是。如果說臉的影像跟鏡子本身是屬於一個的話，若是把鏡子打破，臉的影像應該會消失不見，因為臉的影像已經破壞掉沒有了；不過如果真的把鏡子打破了，當我換到別的鏡子去照時，臉的影像仍然會在鏡裡出現，這就表示臉沒有被破壞掉，如果說臉的影像跟鏡子是一個，那原先那面鏡子破掉了，臉的影像也就壞掉了，換到別的地方去照鏡子，臉的影像應該不會出現才對。

　　現在不是這種情況，因此對境不是內心，對境本身自性也不能夠成立。不過雖然自性不能夠成立，是無，但是卻又能夠顯現出來。或許有人會問：「如果對境本身自性不能夠成立，是無的話，為什麼又能夠顯現呢？」主要是因為迷惑錯亂的心。

　　迷惑錯亂的心，情況是什麼樣子呢？舉例而言，一條五彩斑斕的繩子捲在一起時，如果眼睛模模糊糊不太注意看的話，乍看之下會看成是一條蛇，這個時候因為眼睛看到的以為是一條蛇，內心感到害怕，不敢走過去，但是蛇到底存在不存在呢？當然不存在，只是一堆五色斑斕的彩繩而已，根本就沒有蛇。那蛇從何而來呢？蛇是自己內心的妄念心施設❶所形成的，因為內心妄念心施設形成之故，因此感到害怕，就不敢走過去。如果把自己所看到的蛇仔細做個分析的話，會發現原來是一條繩子，這個時候，蛇跑到哪裡去了呢？蛇消失不見了。為什麼蛇會消失不見呢？因為牠本來就不存在，牠是由我們自己內心施設所形成的，一堆彩色斑斕的繩子乍看成一條蛇，當我們分析認清原來只是一條繩子後，蛇就不見了，自己也就不再感到害怕，因為本來蛇就不存在嘛！

　　跟這個道理完全相同，現在我們身體內內外外都沒有我存在，但是我卻執著有一個我存在，這種執著就是迷惑錯亂。因為這種迷惑錯亂，執著有一個我存在之故，所以如果我們身體很強壯的時

---

❶有人譯為安立，但譯為施設比較能說明活動的過程。其意為虛擬，根據一些材料虛擬出某個事物，就稱為施設；所根據的材料稱為施設基；虛擬出來的事物稱為施設法。例如：彩繩就是施設基，蛇就是施設法，某人根據彩繩虛擬出蛇的這個活動過程就是施設。

候，自己就覺得非常驕傲高興，但是如果身體衰損慢慢老化生病的時候，自己就覺得非常痛苦不快樂。實際上身體之中的這個我並不存在，這是我們內心妄念心所形成、所虛擬出來的。

當我們努力學習佛陀所開示的許多教法，不僅學習、聽聞，還自己經常做一些觀修，慢慢地就會發現原來我們所執著的這個我，對於在身體內內外外所執著的這個我，竟然不存在，就得到了這種證悟。

如果證悟了這個我不存在的時候，自己的身體健康強壯時，內心不會覺得特別地高興，自己的身體衰弱生病時，內心也不會覺得有什麼痛苦，為什麼呢？因為身體不能夠成立，我不能夠成立，就像這個五彩的繩子捲在一起，看成一條蛇一樣，身體就好像是一條蛇，我也好像是這條蛇，只不過是內心把它形成而已。

假設對境是我們的心識，那應當這樣解釋，泥土、石頭、高山等等形成時，我的心同時也形成了，會導致有這個過失存在。當土石高山破壞掉的時候，我的心識也破壞掉了，會產生這種過失存在。所以對境不是我們的心識，對境雖然不是心識，不過卻是在內心所顯現出來的。對境雖然是在內心所顯現，不過對境本身不能夠成立。對境本身不能夠成立，為無，但是又能夠顯現出來，為什麼呢？因為自己迷惑錯亂的心識所形成的。所以，針對這一切所顯的景象，如果能了解是由於我自己內心的迷惑錯亂，如果對這點有所認識及證悟，內心的所有煩惱、所有迷惑錯亂，就會在內心實相上逐漸地消散不見了。

這種情況就好像天空一樣，天空有時是一朵朵白雲，有時是一

朵朵烏雲，當烏雲白雲很多迷漫在天空時，就遮住了天空，逐漸逐漸地，白雲消散不見了，烏雲消散不見了，剩下湛藍無雲的萬里晴空，那烏雲跑到哪裡去了？白雲跑到哪裡去了？難道雲朵融入地底下不見了嗎？難道雲朵跑到我的房子裡不見了嗎？難道雲朵聚集在某一個地方隱藏起來了嗎？都不是，雲朵就在天空之中自行消散不見了。

這種情況也好像海浪一樣，海面上捲起大浪也好，捲起小浪也好，當大浪捲起來後，最後會逐漸消散不見，小浪捲起來後，最後也會逐漸消失不見，但是大浪或小浪消失在什麼地方呢？不是這些浪花跑到某一個地方被銷毀了，或被隱藏起來了，都不是，海浪本身無論是大浪或小浪，本身在海面上形成，最終也會在海面上消失不見。

迷惑錯亂也是這個樣子，如果對於內心實相有一個真確純正的了悟，迷惑錯亂就會消失不見了。這迷惑錯亂不知道從什麼地方而來，也不知道要去什麼地方，但是迷惑錯亂就是消失不見了。只要對內心實相有一個純正的認知了悟，所有一切的迷惑錯亂就會自己消散不見。

12

自性大圓滿不共之道

前面第十一章內容主要解釋眾生內心的實相，接下來第十二章講述的是大圓滿的道路，如何實踐大圓滿的道路？實踐的方式是什麼？分成兩個階段：簡略說明與詳細解釋。

首先簡略說明。如果要實踐大圓滿道路，先要了解能夠得到佛果的道路的情況是什麼？

在大乘之中經教乘門能夠得到佛果的道路是指六度波羅蜜，在六度波羅蜜這個道路裡，假如沒有用勝慧波羅蜜（或稱般若波羅蜜）來攝持布施、持戒、安忍、精進、靜慮這五度的話，五度本身僅靠著自己的力量是不能夠成就佛果的。這就好像流經窮鄉僻壤或者是流經高山的一些小河，如果一條小河不靠著大河，小河本身自己能不能流到大海呢？不太可能；小河為什麼能流到大海？因為小河的水慢慢流之後，流入一條大河，流入大河後靠著這條大河，小河也跟著流到了大海。

一樣的道理，布施、持戒、安忍、精進及靜慮等五度，如果不靠著勝慧波羅蜜的幫助，沒有勝慧去攝持，僅僅只靠五度自己是無法成就佛果的。不僅五度本身不會成就佛果，而且這五個項目都不能稱之為度、不能稱之為波羅蜜。所以，一定要靠著勝慧波羅蜜的幫忙，要在勝慧波羅蜜的攝持、包括之下來行五度。

如果在勝慧的攝持之下來行五度，這五度就不會成為投入輪迴的因，也不會成為證得聲聞羅漢或獨覺羅漢的因，也不會證得止息涅槃的果位。那麼，會得到什麼果呢？會得到佛果。在勝慧的攝持之下來行五度的話，這五度將是成就佛果的一個原因。

成就佛果時，圓滿的佛陀究竟的證悟是什麼呢？是空性。空性

本身是什麼形狀呢？沒有；是什麼顏色呢？沒有；是有嗎？不是；
是無嗎？也不是，遠離二邊；如果不是有，也不是無，那是不是在
中間呢？也不是。總而言之，空性的本質不能夠成立，本質不能夠
成立的這種空性就是大圓滿的實相，大圓滿的實相裡包括空分與明
分，空分指的就是本質不能夠成立的空性，這個空性就是大圓滿的
實相。

　　以下要詳細解釋，首先要對道路做個區別，其次才正式說明道
路本身。

道路的區別

　　道路可分成三個部分來做區別，首先要提到推理者，推理者是
指將自己的妄念想法執著為真實存在的人，稱為推理者。不過即使
是把自己的妄念想法當做是真實存在，仍可再細分成三種不同的情
況，理路的推理者、宗義的推理者、界限的推理者。

理路的推理者

　　理路的推理者，最典型的就是科學家，科學家有自己一套邏輯
推理的方式，根據自己的邏輯推理方式，尤其是使用自己的物品進
行實驗等方式，最後得出一個結論，這個結論他才承認，除此以
外，其它的任何說法都不承認，這就是科學家。這種情況也發生在
佛教裡。

宗義的推理者

宗義的推理情況，就內道佛教而言，運用自己的宗派義理主張來進行推理分析，之後所得出來的結論，我才承認主張，除此之外我不承認不主張。由於是根據自己的宗派義理分析所得出來的結論，所以就會認為我的宗派見地是最究竟的見地，我的宗派義理是最純正的義理，別的宗派義理比較差勁，別的宗派的見地都是錯誤的。這個結論如何導致的呢？主要便是因為由我自己的宗義來做邏輯推理所得出來的結論，我才承認，其他的主張我都不承認。

像這種以各自宗義來作為邏輯推理的方式，會導致爭論不斷地增加，為什麼呢？因為自己所進行的分析不是由現量（認識能力不需透過媒介，直接認識對鏡）所得到的認識，而是根據比量（邏輯推理）所得到的了解，之後追隨這個了解來進行主張或承認，以這種方式不能夠真正去了解及證悟勝義諦的實相。實際上，勝義諦的實相不是靠著內心來進行推理分析所能夠認識的，勝義諦的實相是超越了妄心認識的範圍之外，只有靠覺性本智本身才能夠認識。

這種情況正如我們所知道的，例如學習經教乘門者就反對密咒乘門，認為密咒乘門不是佛的教法，這種情況在古代印度早就發生過了，現代也有發生。還有，小乘認為大乘不是佛陀的教法，認為龍樹菩薩是魔鬼的化身，反對大乘、金剛乘。所以，依於自己內心由宗派義理引發的妄心，就會導致貪戀和瞋恨的產生，因此而反對與自己宗派義理不同的其他宗派主張，這種情況就是宗義的推理者。

界限的推理者

　　界限的推理者以界限來做劃分，假設證得初地以上，妄心不存在，也不必進行邏輯推理，因為由本智直接去認識勝義諦實相，所以沒有妄心的推理。可是在初地以下，資糧道與加行道階段，都是純粹出於內心的妄念思維，因此，以界限來區分，這是界限的推理情況。

　　就佛的本智而言，不是我們妄念心所能夠認識的對境，佛的本智是指對實相完全了悟，佛的本智是就自己原來已經解脫沒有任何煩惱束縛的這個實相有一個正確的了悟，這個了悟就是佛的本智，也就是大圓滿的實相。因此，這個內心的本質是空性。未來我們證悟空性的實相時，內心的本質是空性，但是裡面功德的這個部分自性明晰本來就存在，也就是說，內心的實相基如來藏這個部分的本質是空性，不過佛身、佛本智、佛的功德這個部分也存在，兩者不管在什麼時候都不能夠分開，這種不能夠分開的情況就好像太陽跟太陽的光芒一樣，兩者無法區分，不會各別分開。

大圓滿三部的區別

　　就大圓滿實相的本質而言，雖然不是有好幾個相異的本質，但是因為大圓滿的實修者本身根器有所不同，了悟的情況也有所不同。一般來講，大圓滿的實修者是屬於銳利根器的上根者，但即使是上根者也又分成上根的上根、上根的中根、上根的末根這三種情

況。三種根器去了悟時，情況就各個不同，因此也就區分成心部、界部及口訣部三種情況。

大圓滿三部的情況，首先，大圓滿的心部，一切所顯都是覺性的力道所呈現出來的，因此一切所顯出現之基是覺性的本質，實際上好像是一個幻影，本身不能夠成立。這些所顯出現的基礎何在？是覺性本身，以覺性的力道而出現。

第二，界部，一切所顯不能夠成立，出現之基爲空性，所以，覺得一切所顯之所以能夠出現的基礎是空性，這是界部。

第三，口訣部，一切所顯不是依於覺性而出現，也不是依於空性而出現，所顯本身就不能夠成立，是以不能夠成立而出現。

接著要正式說明道路，共分成三個大綱，包括解脫方式的要點、十種區別、修持的關鍵要點，分開各別詳加解釋。

解脫方式的要點

解脫方式的要點何在呢？要分成總說與別說兩項，首先總說無解脫基，其次別說各種解脫的情況。

總說無解脫基是要說明解脫之基根本不存在，解脫之基是什麼樣子呢？煩惱本來就不能夠成立，因此解脫之基也不能夠成立，佛不是新產生的，就像煩惱不是本然形成的，因此解脫的基不能夠成立，基或者是根本原來就不存在，內心的實相本身的本質是光亮的，所以就沒有這個所謂的解脫存在。

其次，要說明一下各種解脫的情形有什麼不同？別說各種解脫

的情況裡要分成五種來說明。

本解脫

第一種本解脫，本來就解脫，本解脫的意思是指內心實相不必靠因緣條件而形成。內心實相是不是靠許多因和緣聚集在一起後製造出來的呢？是不是由各種因緣和合而生出來的呢？都不是，內心實相本身不是新製造出來的，本身也沒有沾染到任何蓋障，所以就此而言本來就已經解脫了。譬如太陽被烏雲遮蓋了，可是太陽本身沒有烏雲，太陽本身即烏雲這點不能夠成立。內心實相也是如此，內心實相是會被煩惱蓋住，不過內心實相自己本身沒有煩惱，煩惱不能夠成立，就自己本身沒有煩惱而言，本來就已經解脫了，所以是本解脫。

自解脫

第二種自解脫，自己就解脫，意思是靠著自己來解脫。例如一個人久病纏身，已經生病很久了，全身無力，只靠自己的力量不能夠走動，在這種情況下，他必須靠一個護士來攙扶，或者靠一根拐杖才能夠走路，這是一種必須靠他者的情況。至於我們的內心實相，本身本來即是佛的情況，需不需要靠其他人才能夠成佛？或者說要靠其他的佛才能夠成佛？不需要的。因為內心實相本身自己就是佛，所以不必再靠其它因緣條件，僅僅只是靠自己就得到解脫，靠著內心實相自己就能成佛了，所以稱為自解脫。

原解脫

　　第三種原解脫，原來解脫，意思是實相所顯的一切本來就是如此，因此原來就是解脫的。依於煩惱所顯現出來的景象有各種各類，不過所顯現出來的這一切煩惱，都是當我們妄念出現時，煩惱跟著出現，當妄念出現、煩惱出現時，我們仔細去分析一下這個妄念，分析一下這個煩惱，好好看著它，煩惱自己就逐漸逐漸地消散不見了，原來就是解脫的。妄念心也是一樣，在妄念心之中所顯現出來的一切，如果我們仔細去分析，所顯的一切也逐漸逐漸地消散不見了。因此，煩惱或者是妄念心消散需不需要靠其它的因緣？不需要，自己就會消散掉，自己的性質就是這個樣子，自己出現了，又會自己消散不見，自己原來就會解脫的，這是第三種。

唯一解脫

　　第四種唯一解脫，譬如實有法，存在的事物實有的法，如果有一的話，我們就說有二、三、四，如果沒有一的話，有沒有二、三、四呢？沒有，所以內心的實相不是一，如果內心的實相不是一，那內心的實相就沒有二，也沒有三，也沒有四，所以說唯一解脫。

邊解脫

　　第五個邊解脫，旁邊的解脫，意思是解脫任何一個邊、不墮入任何一邊，內心的實相本身不是有，所以不是「有邊」，內心的實相本身也不是無，所以也不是「無邊」，內心的實相既不是有也不

是無，不墮入任何一邊。譬如：有，好像是這個實有法，我們看到一個具體的物質，但內心的實相不是這個樣子，不墮入有邊。但是也不墮入無邊，我們一般提到無，空空洞洞的什麼都沒有，這是無邊、斷邊，但內心的實相也不是這個樣子。所以既不是有邊也不是無邊，不墮入任何一邊，解脫了任何一邊，因此稱爲邊解脫。

十種區別

一、心與內心實相的區別

我們經常會說這個人心很好、這個人心很壞，或者說我有信心、我有悲心、我有菩提心，或者會經常反省自己有沒有信心、悲心、菩提心，這些時候經常會提到心，那心跟內心實相又有什麼區別呢？

內心實相指的是超越了內心，超越了內心本質的這個部分，就稱爲內心實相。因爲超越了內心，所以大圓滿裡的佛身、佛本智才能夠成立，才會形成，這個部分稱爲內心實相。

假設已經證悟了內心實相，就不會繼續墮入輪迴，因爲迷惑錯亂完全消失不見，了悟了內心的實相，依於這個了悟就會得到解脫。假設沒有證悟內心實相，就會形成有境與對境的區別，沒有我執著有我，沒有他執著有他，就會墮入輪迴，而且輪迴持續不斷地進行。

內心實相本身是清澈的，舉個譬喻而言，內心實相就好像池塘

裡清澈的水，而內心就好像水面所浮現出來的水泡，水泡不能說它是離開池塘的水自己單獨存在，因為水泡是從池塘的水裡浮現出來，溶入也溶化在池塘的水裡，當然不能說它是另外分開獨立的。一樣的道理，內心是由內心實相而來，最後也消散在內心實相之中。

就我們的內心而言，又可以分為有妄念的心與無妄念的心，但內心實相則純粹只是無妄念。

也許有人會說這兩個不是非常類似嗎？雖然是類似，但還是有差別，因為內心實相不管在什麼時候都清澈明晰，而內心無論有沒有妄念，本身都是屬於愚癡，屬於無明。其次，內心實相不管在任何時候都是沒有阻礙的，但是內心不管在什麼時候都是有阻礙的；內心實相就好像廣大的大海，內心就好像小河在一個低窪的地方繞來繞去，不能夠流到外面去，而且因為只有在低窪處的漩渦轉呀轉，所以充滿泥濘不乾淨。

總而言之，內心本身屬於無明、有阻礙，如同被布遮住了，或被牆壁擋住了，因為有阻礙，對面那邊是什麼就完全看不到了，就像這個譬喻一樣。

再用一個譬喻來說明，內心實相就好像三十號的月亮，內心本身則像十五的月亮，三十號的月亮，它的光不會照射到外面去，但不能說月亮自己沒有光，十五號的月亮自己也發光，光也會照到外面去，因此內心執取各種各類的對境，就好像是十五號的月亮一樣。

就內心實相而言，本質是自性非常明晰、非常清澈，不執取任

何的對境。但是內心本身就有對境存在，所謂的內心，不管在什麼時候，始終都是以有境與對境兩種形相存在的，一定都是在有境與對境這種情況下而存在，這種情況才稱之為內心。至於內心實相，則沒有絲毫的對境。

二、安住與本質的區別

前面第一項講解了內心與內心實相的區別，接著是第二項，就內心的本質而言，還有平常觀修安止時內心專一安住沒有渙散的情形，這兩者（本質與安住）之間有什麼差別？

內心實相不需要依靠任何的因與緣，自己本然就是如此，不管在什麼時候，絲毫沒有渙散，本來就是如此安住存在，這個是安止的本質，屬於安止；在安止的同時，還有與安止不分開的勝慧也同時存在，這是內心實相。所以就內心實相而言，它是止觀雙運的一個情況，這是不需要靠任何因緣條件，本來而安住存在的。

除此之外，我們在道上的階段進行實修時，心也可以安住，也有勝觀，這兩種情況都有，通常是如此：緣取一個對境，或者依靠某一個對境，例如佛像，緣取佛身來修安止、緣取佛語來修安止、緣取佛意來修安止，這些方式都有。或者是依於外在的化身而修安止，依於內在的報身而修安止，依於秘密的法身而修安止，這些也都是禪修的方式。凡夫俗子修安止時，是以各種不同的方式來進行，在這個時候，內心安住不渙散的情況是靠因緣所形成；依於因緣的條件才形成了內心不渙散的情況。這是在道路上修安止時，緣

取對境後，靠著對境使自己的內心不渙散的情況。

還有，例如我們聽聞教法，一開始講說，傳出這個法音，如果聽聞的弟子對這個法音一心專注，心思絲毫沒有渙散，這種是靠著語言、聲音來修安止的方式。

又例如，到了佛堂，到了中心，看到裡面所擺設的佛像，拜見佛像時內心產生強烈的信心，在信心強烈的情況下，緣取佛像作為對境，如果心能專一安住而不渙散，這是依靠佛身來形成安止，也是靠因緣條件和合所形成，依於因緣，依於對境，因此形成了安止。

以上這些都是由因緣形成等持的情況。

另外勝觀的情況是如此的：廣大聽聞各種典籍，抉擇萬法是無我的空性，這是空性的見地。或者是在大圓滿的教法中，談到所謂的佛不是在外面尋找，就內心實相本身，佛身、佛本智非一非二，無法分離，本來就存在，這樣的一個見地。

這兩者都是在道上實修有相關聯，一個項目是緣取對境，心思不渙散而安住在上面，這是安止；一個是一切萬法沒有自性存在，是無我，這是勝觀。

或者即使是大圓滿時，內心實相本來是佛身、佛本智，本來就已經存在，這是不靠因緣的方式，而是本來就已經形成，這也是勝觀。

三、妄念放射與力道的區別

我們經常提到妄念紛飛，妄念浮現出來，妄念放射出去，這是

什麼情況呢？這個是指內心去執取對境時，也執著內心本身和對境兩者是分開的，是兩邊的，產生這種執著，這種情況稱為「放射」。而「力道」是什麼呢？內心顯現出對境。

　　兩者之間有什麼差別呢？

　　力道是覺性自己的本質，就力道是覺性的本質而言，當覺性之中出現對境的時候，對境不會造成任何影響，不會去執著「這個是對境，那個是有境，兩邊是分開」等，不會發生這種執著，因為沒有這種執著，即使內心顯現出對境時，也絲毫不會受到妨礙，不會發生任何影響。

　　舉例而言就像水銀，水銀掉落到地面上時，由於本身特質之故，絲毫不會沾染灰塵，因為水銀本身的特質就是這個樣子。一樣的道理，就力道而言，對境在內心顯現出來時，不會因為這個緣故而累積許多惡業、不善業。

　　但是妄念就不一樣了，當妄念放射的時候是內心顯現出對境，不僅僅是如此，同時執著內心跟對境兩者是分開的兩邊，這種情況稱為妄念。妄念形成後，接下來就會繼續累積許多不善業，因為累積了很多不善業，投生在六道輪迴裡的不善業也慢慢地形成了。

四、解脫方式要點的區別

　　一般而言，內道佛教的道路有小乘的道路、大乘菩薩的道路和密咒乘門總體的道路，還有大圓滿實修的道路；大圓滿實修的道路裡又分成心部、界部以及口訣部，有各種各類的道路。

在這麼多的實修道路裡，是如何把煩惱斷除掉的呢？這些不同的道路裡，滅掉煩惱的方式，彼此之間又有什麼差別？關鍵要點在什麼地方？這是第四個項目所要討論的內容。

我們的內心實相是遍及內心的，但是內心有沒有遍及內心實相呢？沒有。舉例而言，譬如釋迦牟尼佛成就佛果的時候，佛有沒有內心實相呢？有；但是佛有沒有內心呢？沒有。佛只有剩下內心實相，內心並不存在。

而我們現在是在不清淨的輪迴凡夫的階段，內心也存在，內心實相也存在。內心實相遍及在內心之中，但是內心就不遍及內心實相；而且內心實相不會捨棄內心，但是內心能不能包括在內心的實相裡？不能。

由於外境，還有執取外境的識是同質之故，所以煩惱彼此之間有影響。如果我們已經斷掉一個煩惱之後，要逐漸地斷掉別的煩惱就很容易了；如果連一個煩惱都沒有斷掉，要斷掉其它的煩惱就非常困難。所以，煩惱是逐漸逐漸解脫的，是逐漸逐漸滅掉的。我們可以說煩惱就像是一個監獄，消滅掉煩惱就好像脫離了監獄得到解脫一樣，就像這個情況。所以，解脫或者脫離煩惱，這是大圓滿的口訣部跟其它的法比起來非常殊勝的特色。

就脫離煩惱堆聚、離開煩惱的方式而言，聲聞和獨覺的方法是把煩惱當作不共戴天的仇敵，無論如何要把它消滅掉。但是菩薩乘門裡，按照中觀的方式，對付煩惱是用空性，因為空性是對治的力量，將空性當作是煩惱的一種對治力量，以這個方式調伏煩惱。

密咒乘門一般的方法是控制煩惱，能夠自主的控制煩惱之後，

把煩惱轉變成爲實修上的幫助，轉變爲道用，是以這個方式把煩惱除去。

特別是在大圓滿的心部裡，認爲煩惱就是自己的內心，但是自己的內心本然就不能夠成立，能夠了悟這一點，煩惱也就沒有了。

如果就界部來講，認爲煩惱是空性，煩惱既然是空性，也不能夠成立，所以對於空性的實修了悟之下，煩惱會消失，也就解脫了煩惱。

就口訣部而言，對自己的煩惱，既不去討厭也不去追求，所以不迎不拒。認爲煩惱是內心實相的本質，如果能夠了悟內心實相，煩惱也就消失不見了，也就可以止息掉了。

所以，從下乘門提升到上乘門，上乘門在脫離煩惱的方式上就有殊勝之處。

五、阿賴耶識與法身的區別

我們前面講了好幾個項目，心與內心覺性的區別、放射與力道的區別等等，第五項要談到阿賴耶識與法身的區別。

這些所講的內容都跟實修有密切相關，如果一個人曾經有過一些實修經驗，現在所講的這些內容就很容易契入他的內心之中；如果以前沒有做過實修，在實修上沒有累積經驗，現在所講述的這些內容，只能當做是一些理論內容來了解，不能夠發揮很大的成效。

當有些人在實修時，不能夠去認明清楚覺性的本質，又因爲自己以前沒有廣大聽聞，所以這時就會把這種沒有認識清楚的情況當

作是法身，但其實不是法身，這個時候是阿賴耶識。

前面所提到的譬如妄念的放射與力道，或者安住與本質實相，有的時候內心沒有絲毫的妄念放射出來、都沒有浮現出來，這時會把它當成是內心實相，或者當自己的心思都不渙散時，以為這是內心實相，其實不是，這是一個錯誤的了解。因此，我們現在所講的這些內容，對實修者就會有很大的幫助，因為這涉及實修的內容，如果沒有實修過，對這些情況可能就不太能了解。但是即使沒有實修經驗，現在先多一些聽聞，多一些思維，再慢慢地去做實修，這些內容也還是可以逐漸了解的。

我們的身體之中有法身，也有阿賴耶識，但就兩者而言，本質不能夠成立，都是空性，這個部分完全一模一樣。當我們在做實修時，有時候進入到不能夠用言語做詮釋的一個境界，在不能夠言詮的情況下，但是覺性明分的力量並不存在，像這種雖然不能夠言詮，但又不是非常明晰的情況，就是阿賴耶識。若是進入到不能言詮的情況下，同時覺性明分的力量又非常強大，那就是法身。所以這兩者是不相同的。

如果舉一個比喻來講，法身就好像是海洋，阿賴耶識就好像是把海洋蓋住的力量，把海洋蓋住的力量例如船，船所在的位置，那個部分的海面被遮蓋住了，就不能夠倒映出四周風景，不能夠呈現出倒影。

就像這個比喻，內心的實相是法身，是本然存在，沒有沾染到任何的煩惱，非常廣大，非常清淨，遍及不清淨的眾生，也遍及清淨的佛，內心實相就像是海洋一樣。阿賴耶識是指法身不能夠呈

現，法身本質存在遍及了，但不能夠呈現出來，沒有呈現出來被蓋住的情況就稱爲阿賴耶識，阿賴耶識就好像被船所壓住的那個海面。

在蓋住海面的船上就有水手、有船長、有旅客等等，這些就是神識了，就是眼識、耳識、鼻識、舌識、身識、意識等等，還有第七識，這些都是像水手或者是客人一樣。阿賴耶識是遍及輪迴和涅槃，之後靠著阿賴耶識逐漸地就形成了意識、形成了煩惱識、形成了眼識等各種的神識，靠阿賴耶識也形成了輪迴和涅槃。

聲聞與獨覺羅漢安住在阿賴耶識之中，也沒有把阿賴耶識斷掉，在沒有成就佛果之前都不可能斷掉阿賴耶識，所以阿賴耶識是遍及輪迴和涅槃兩者。法身也遍及輪迴和涅槃兩者，兩個都是遍及輪迴和涅槃，不過情況不相同，法身遍及輪迴和涅槃，這裡所提到的涅槃是指佛果，佛果是一切蓋障全部都消滅掉了；阿賴耶識也遍及輪迴和涅槃，但這裡所提到的涅槃是指片面的、某一部分的涅槃，只有把煩惱蓋障滅掉的涅槃，這是聲聞與獨覺羅漢的涅槃。

六、迷惑錯亂之基與解脫的區別

如果對於基如來藏的狀況不了解，就形成迷惑錯亂，有迷惑錯亂的話就形成了眾生。如果了解基如來藏的狀況，就解脫成就佛果。換句話說，眾生是迷惑錯亂的，佛陀是解脫的，這一切的基礎都是法性的狀態，都是由對法性的迷惑錯亂而形成，或者是由解脫而形成。所以，對基如來藏的狀況，眾生是迷惑錯亂的，而佛陀是

由此而解脫的。

　　這個情況就好像某一個人，他晚上睡覺的時候是一個階段，而早晨清醒過來，白天活動的時候又是一個階段，同樣是這一個人，只是分成睡覺的階段與白天活動的階段，分成兩個階段。一樣的道理，基如來藏就這一個項目，不清淨的眾生對它產生迷惑錯亂，但是清淨者了解的話，又成就了佛果。

　　就迷惑錯亂者而言，譬如當我們清醒時，眼耳鼻舌身識都能夠活動，等到晚上要睡覺時，這些根門就慢慢地收攝到阿賴耶識裡，剩下阿賴耶識時，就慢慢地導致許多夢境，有時候做美夢，有時候做惡夢。六道眾生不斷在輪迴裡的情況就好像是睡覺做夢的段落，有時候做了非常嚴重的惡夢，例如像投生在地獄道，比這個惡夢程度稍微輕一點的是鬼道，再稍微輕一點的是畜牲道。如果做的是美夢，像投生在人道、天道或阿修羅道，就好像是一場美夢而已。當從夢境裡清醒過來的時候，美夢也沒有了，惡夢也沒有了，夢境不能夠成立，所以到成就佛果的時候，三惡道也不存在，三善道也不能夠成立，成就佛果時就好像前面講的這個人在白天醒過來了一樣，醒過來就是成就佛果時，一個人醒著的時候他就可以進行很多活動，他有很多方法可以運用。

　　一個人如果在睡夢之中，吵雜的聲音對他不會發生影響，如果這時發生火災，他也沒辦法去把火滅掉。當然有些特殊的情況，在夢境裡能夠察覺一切、了解一切，這種人也有，但很少。

七、基與果功德自成的區別

　　內心的實相是基如來藏的本質，這是一個項目。當我們在道路上進行實修，對於基如來藏的本質有一些證悟，也得到見地，這時候兩者之間有什麼差別呢？

　　就兩者都是真實性的本質這點而言是相同的，不過就基如來藏而言，由於基如來藏之故，形成了迷惑錯亂的眾生，所以，基如來藏是一切眾生迷惑錯亂的基礎；在道上做實修時，對如來藏也有一些證悟，這時候所證悟的如來藏不是迷惑錯亂的基礎，所以這兩者的差別就在於是否作為迷惑的基礎，是或不是，這兩者有所差別。

八、道階段與果階段本然清淨的區別

　　就基如來藏的本質而言，是本然沒有沾染到任何煩惱，也就是說，在基如來藏的時候，煩惱這個部分是完全純淨的，擁有這樣的一個本質。可是我們如果在修道上做實修時，實修之後也可以把煩惱滅掉，煩惱也很純淨，也有煩惱淨化去除掉的這麼一個段落。那麼這兩者到底又有什麼差別呢？

　　就輪迴與涅槃方面來討論的話，其實沒有什麼差別，兩者大小的程度也一樣，就不入輪迴不入涅槃而言也是一樣的。

　　當我們在道上實修時，雖然逐漸把煩惱淨化掉，去除掉了，但其實跟不清淨的心還是摻雜在一起，與有汙垢、有過失的心王、心所仍然都陪伴在一起；還有很多不清淨的心續、外緣、根門等也仍

然都陪伴在一起。而就內心的實相而言，則不陪伴，它是清淨的，是不著煩惱的，跟不清淨的心沒有混雜在一起，本質上本來就沒有摻雜在一起。

　　不過我們的內心實相只有當我們在實修道路上的時候，一剎那很短暫的時間裡偶然出現而已，不會長久出現，這是在初業實修的段落裡，如果慢慢做實修，內心實相出現的時間就會越來越久。

九、中陰段落與實修段落本尊的區別

　　在我們身體裡本來就有文武百尊的存在，有寂靜尊四十二尊、忿怒尊五十八尊存在我們身體裡，將來有一天當我們死亡的時候，住在我們身體裡的本尊的形相就會出現，自己就能夠看到，好像在外面一樣，看到了六道能仁、看到了五方佛。這個在中陰時候所出現的本尊，和我們實修生起次第，實修圓滿次第，靠著觀修力量看到本尊形相出現，兩者一樣都是本尊，這兩者有什麼差別嗎？

　　就本尊身而言，頭、手、腳的情況都是屬於清淨的本尊身，這一點並沒有差別，可是如果是在中陰的段落，本尊的形相出現了，看到本尊的形相之後，自己靠著本尊就可以投生在淨土，而且當本尊的形相出現時，若能契入它的本質，認識它的本質，自己就能夠得到解脫。

　　但如果我們在道上實修生起次第、圓滿次第時，本尊的形相出現了，能不能夠靠著看到本尊的形相，自己就可以投生在淨土？看到本尊出現時，自己就能證悟內心的實相？這是沒有辦法的，沒有

這個能力。

　　中陰段落出現的本尊和實修生起次第、圓滿次第段落出現的本尊，兩者在這個上面是有區別的。

十、顯教與大圓滿證果方式的區別

　　一般來講，靠著顯教乘門的道路到達佛國淨土成就佛果，還有靠著大圓滿的道路來成就佛果，兩者在實修道路上的快慢是有差別的。

　　如果一個人誓言沒有衰損，努力做實修，在證得佛果上而言，如果是靠著經教乘門的道路做實修，要經過初地、二地、三地，進入到四地、五地，地道功德逐漸地提升進步，中間還要經過很長久的時間之後才能得到解脫，證得果位。假設是非常上等銳利根器，資糧道和加行道要經過一個無數大劫，不清淨的七個地又要經過一個無數大劫，清淨的三個地還要經過一個無數大劫，總共要經過三個無數大劫才能夠成就佛果。

　　但是如果是靠著密咒乘門大圓滿道路做實修，就不需要經過這麼長久的時間，就能夠拜見佛陀的報身，佛的三十二相、八十種好具足這些形相莊嚴的報身，能夠迅速見到，之後證得果位。就好像鏡子裡的臉一樣，只要把我們的臉靠近鏡子，鏡子裡臉的影像自然很輕易地立刻出現。或者是在自性化身的國土之中得到解脫，在化身的國土裡，還有五方佛的國土裡，在自己一輩子裡一個身體之中很短的時間就能夠得到果位。

這種情況除了大圓滿的教法之外，其它的道路都不可能達成，其它的道路都不可能在一個身體一輩子之中的時間裡快速地到達佛國淨土，成就佛果。

修持的關鍵要點

接著要說明在道上實修時，修持的關鍵要點，分成兩大類：覺性自顯之類的有情之修持與對境所顯之類的有情之修持。覺性自顯之類的有情之修持分成「元淨❶堅斷的實修」和「自成頓超的實修」兩項，對境所顯之類的有情之修持分成「等置階段止觀的修持方式」和「轉妄念爲道用的修持方式」，以下分別說明。

元淨堅斷的實修

元淨堅斷的實修項目裡，再細分爲見地、觀修、行持和果位四個段落的實修來討論。

見地

第一項，見地的階段是以「中斷大城」來做介紹。

---

❶ 藏文原文為 ཀ་དག，舊譯「本淨」，易與另一字 ཡེ་དག（本淨）混淆，故新譯為「元淨」，以作區別。本淨係從性質討論，元淨係從時間討論，此處譯「元淨」較合原意。

在大圓滿元淨堅斷的實修裡，見地是什麼樣子呢？前面我們已經討論過很多內容，大圓滿的教法跟其它教法都不相同，大圓滿的教法是一輩子一個身體就能夠成就佛果，是金剛乘殊勝的道路，可以說是密咒乘門裡非常殊勝特別的法，所實修的方法，見地又是什麼樣子呢？這裡要做一個介紹。

　　見地就是內心實相，即是基如來藏。就基如來藏的本質而言，完全解脫了煩惱，煩惱本來就不存在，所以就基如來藏內心實相而言，本然清淨，本來就沒有煩惱，而且本質是空的。就內心的實相基如來藏而言，它的本質說有也不是，說無也不是，說既有既無也不是，說不是有不是無也不是，這些都不是，超越了我們內心所能夠思維的範圍，不是我們內心能夠思維的對象，所以說本質為空，這是三解脫門之中的第一項「本質空」。

　　第二項「因無相」。雖然是本質空，但是它的形狀到底是什麼？顏色到底是什麼？大小程度到底是什麼？本質為空是好還是壞？這些性質全部都不能夠成立，它是我們的內心不能夠詮釋、沒有辦法說明的，這是三解脫門的第二項「因無相」，沒有形相。

　　第三項「果無願」，果是沒有願求之心，這個願求之心跟我們講的十種不善業裡的貪戀之心那部分非常類似。十種不善業裡的貪戀之心是指自己沒有錢財物品，看到別人有，心裡就想：「哎呀！我如果得到了多麼地好，我得到他的這個東西、他的那個東西，多麼地好！」對世間許多事物，別人擁有了，自己沒有，產生我要得到，得到了有多麼地好的這種想法，這個是願求之心。

　　在大圓滿裡就沒有這種情況了，為什麼是對果沒有願求之心

呢？因為在我們的內心實相之中，佛的一切所有功德本然就已經存在，已經完全都齊備了，既然已經完全得到了就沒有願求之心，就不會再產生「我得到多麼地好，我想要去得到」的這種想法，所以對於果沒有願求之心，沒有願求之心的原因就是因為在基如來藏之中，一切功德都已經完整齊備而存在之故。

而且我們的覺性如來藏也沒有對境，如果說有對境，擁有對境者是有境，那就又有有境了；如果有對境又有有境，那就是二邊的法又存在了；如果是有二邊的法，沒有對境時，有境就消失不見。所以，基如來藏是沒有對境的，就算是沒有對境，基如來藏本身仍然存在，只是既沒有對境也沒有我執存在，也沒有「這是我的東西，這是我的房子」這種我所的執著存在，這個是見地的段落。

所以，見地的階段是「中斷大城」。

「大城」是一個比喻，譬如妄念紛飛，各種各類的妄念浮現出來，就好像是一個大城市一樣。一般如果是住在荒郊野外寂靜的深山，身體要走到什麼地方去，實在也沒有什麼地方可以去；內心要產生各種妄念紛飛、各種胡思亂想，好像也沒什麼好想的；要跟人聊天，好像也沒人可以跟你說話。但是如果是住在像台北一樣的大城市，可以出去活動的地方實在太多了；想要跟別人聊天，可以講話的人也實在太多了；內心可以胡思亂想的事事物物也實在太多了，導致妄念紛飛，因此用大城市做比喻，妄念紛飛就好像一個很大的城市一樣。

所以，「中斷大城」就是指用見地的方式把妄念滅掉，把大城市滅掉。如果妄念都已經去除掉了，那當然非常好，就好像把城市

斷除滅掉一樣；如果把妄念都去除掉了，這個人就不會暈頭轉向，不會糊裡糊塗，也不會迷惑。

以上是從三解脫門來做解釋，從「本質空、原因沒有形相、對果沒有願求之心」這三解脫門來解釋見地，見地是「中斷大城市」。

觀修

觀修的方式是「無執自解脫」，這是觀修的情況。

能觀修者自己的內心和所觀修部分的見地這兩者不能夠分開，沒有把內心和見地分開的情況，也就是指對我們的內心不做任何調整改變，沒有任何的執著，只是讓內心自自然然繼續地維持下去。在不調整改變自己內心、不做任何人工造作的改變、僅僅讓內心自然放著的時候，就會赤裸裸地看到內心的實相。當完整赤裸裸地看到內心實相的原貌時，在這個情況之下，心就安住在這個地方，絲毫沒有渙散，沒有離開。僅僅只是這樣子安住的話，就不會受到無明和煩惱的牽引而墮入三界輪迴之中，自然地就會得到解脫，所以稱為「無執自解脫」。這是觀修的方式。

行持

行持是調伏所顯的景象。我們現在這個階段裡，外在的對境色聲香味觸出現各種各類，沒有我執著有我，沒有他執著有他，有「我」和「他」兩邊的執著，還有「有境」和「對境」兩邊的執著。在這種執著的情況之下就會產生各種痛苦，遇到各種逆境。

　　如何做調伏呢？這一切都是由我的內心所出現，要有這種了解，如果有這種了解，就能夠調伏一切。

　　舉例而言，譬如做夢，如果晚上睡覺的時候做了一個凶險的惡夢，在惡夢裡當然驚恐萬分，非常害怕。不過如果在害怕的那個時候知道這只是一個夢境，就能夠去調伏惡夢裡出現的各種恐怖景象，不會再害怕了，因為知道那只是一個夢境，所以就不會害怕了。

　　跟這個道理完全相同，當我們沒有睡著，清醒的時候，這時有我與他、有境與對境，各種各類的景象也都出現了。如果了解到所看到的這一切景象都是由我的內心所出現，都是由我的內心所造成，內心的本質不能夠成立，如果能這樣了解，就能夠調伏一切所顯的景象，不會受到這些所顯景象的影響，這個時候，所顯景象也不會對我們自己的身體、語言和行為造成各種妨礙傷害，因為這一切都是由內心所形成，內心的本質又不能夠成立。所以行持就是調伏所顯。

果位

　　果不需要辛苦勞累就能圓滿成就。

　　前面所提到的見地、觀修、行持這三種，離開這三種之外，還要不要去追求什麼證悟呢？不需要了。現在我們在世俗的情況之中，我們要讀佛經，背很多佛典，要做禪修，還要去聽聞思維《大藏經》，還有論典等很多教法，這些都是用我們的內心、虛妄心來進行的活動，當什麼時候內心和虛妄心止息掉了，所有世俗的法也就止息消失不見了，這種「內心、虛妄心完全止息，世俗的法都消

失不見」的情況，就稱為佛果。

可見佛果並不是說我自己本來沒有，但是別人那邊有，所以我從他那邊拿了過來，他給了我，是我新得到的，並不是這樣，根本就不需要有這種願求渴求之心，因為佛果這一切都是自己本來就已經擁有的。就自己本來就已經擁有而言，就不需要花費各種勞累辛苦，而且連「我要趕快去追求，我希望去得到它」這種願求之心也不需要。

自成頓超的實修

其次，說明自成頓超的殊勝道路，此殊勝法分成兩個項目。

就堅斷與頓超兩種實修的道路相比，頓超的道路更加地殊勝，原因何在呢？頓超實修時，因為透過四燈的實修：遠索水燈 ❷、明點空燈、法界清淨明燈、勝慧天然明燈，透過這四燈實修時，有坐姿和看姿等等關鍵要點，以這方式，眼睛前面逐漸出現彩虹，一直到最後出現佛身，之間這些景象直接就可出現，因為是現實直接可以看到，所以中間的誤解、歧途很少。而堅斷的道路就會出現一些些誤解和歧途，因此，前面才要講十種區別的內容，那個非常重要。

實修頓超的時候，外在的地、水、火、風等大種元素，能夠完全消散掉，不清淨的四大種的部分都能夠完全消散掉，所以是本然

---

❷舊譯遠境水燈，遺漏「索」之含意，索指脈道（脈的道路）。現依藏文直譯。

光明的殊勝道路，這是頓超。

頓超的實修還能夠對所調伏的弟子示現成彩虹身體的形相，進一步的可以做到這樣。譬如，法王赤松德贊拜見蓮花生大士，想要握住蓮花生大士身體時，抓不到他的身體，為什麼抓不到身體呢？因為身體色蘊的這個部分完全融化消失了。

如果說身體色蘊這個部分完全融化消失，為什麼法王赤松德贊又可以看到呢？因為身體色蘊物質的這個部分完全消散掉之後，還能夠轉成彩虹光亮的方式出現，所以弟子還能夠看得到，這是頓超的實修方式。

如果是堅斷的道路就不是這種情況了，如果是堅斷的道路，將身體色蘊物質的這個部分逐漸轉化成為細塵，非常微細，所以身體也許變得非常小，甚至到最後身體也許完全消失不見。但是除了這種情況之外，身體能不能轉變成為彩虹的方式出現呢？不能夠。

所以，堅斷的實修和頓超的實修在這方面是有差別的。如果透過頓超實修，證得大遷轉身，譬如蓮花生大士，除了使身體這個細微的物質部分完全消散不見之外，還能夠轉變成為光亮的身體，這個光亮的身體不管在什麼時候永遠存在，窮盡輪迴不空，永遠存在，有緣份的弟子都能夠拜見到。

堅斷的道路就不能夠這個樣子了，堅斷道路的實修雖然能夠使身體消散掉、消失不見，但是不能夠轉變成為彩虹光亮的身體，不能對弟子示現顯現出來。

其次開示必須了解殊勝的法，這個是指我們內道佛教裡實修的道路，有小乘的道路，有大乘道路裡菩薩乘門的道路，還有大乘道

路裡密咒乘門的道路；大乘密咒乘門的道路裡又分成外密咒乘門的
道路與內密咒乘門的道路；內密咒乘門的道路又分成瑪哈瑜伽、阿
努瑜伽、阿底瑜伽的道路；阿底瑜伽實修的道路裡又分為心部、界
部和口訣部實修的道路。所以，實修的道路非常多。這些道路各自
都有其區別和特色，應該把這些個別的道路的情況是什麼，好好地
了解之後，才去實修阿底口訣部的教法。

等置階段止觀的修持方式

在等置階段，如何進行安止與勝觀？實修方式是如何？

前面提到頓超的實修道路能夠直接現實地看到本智，不過我們
現在處於我執強烈的階段，執著的力量非常強大，當然就導致很多
阻礙，逆緣就會很多。

所以，在我們還沒有達到「煩惱全部都沉沒在法界之中」這個
程度之前，阻礙、迷惑和讓我們暈頭轉向的妄念非常的多，其中這
個我執的力量更是強大。我執是三有輪迴之主，會阻擋我們這樣的
實修者，因此應當小心謹慎實修。

那麼如何實修呢？譬如把安止與勝觀結合在一起，本質一個來
做實修，這種方法也有。或是把安止與勝觀個別分開實修，這種方
法也有。

首先，安止與勝觀結合在一起，本質一個而實修的方式如何進
行？就我們的內心實相而言，住分的部分就是安止，明分（明晰）
的部分就是勝觀，安止與勝觀都是屬於內心的實相，兩者無二無

別，這個部分又是雙運。所以，僅僅只是內心實相這個項目，既是安止也是勝觀，本質只有一個，因此這是止和觀雙運結合在一起的一個實修方式。

止與觀個別分開而禪修的方式是什麼呢？也有兩種類型：透過聞所生慧、思所生慧而修安止，以及透過上師的口訣而修安止。

首先透過聞思慧如何修安止呢？就是要廣大閱讀經論，廣大去聽聞與思維經論裡的內容，然後修安止。譬如現在講說教法的時候，一心專注在這個法音上，心思沒有渙散，這是安止；透過聽聞教法的內容之後，如果了悟空性，這是勝觀。

其次，由上師口訣如何修安止呢？當然是要上師做指示、做指導。上師指導一個禪修的口訣，上師開示「你的內心妄念不要動搖、不要渙散，內心專注在這裡，專注在那裡」，做一個講解，之後按照上師所教導的口訣，根據口訣的內容修安止；修時內心穩定，在這個情況之下來證悟內心實相，這是勝觀。

最後做一個總結，總而言之，如果是上等銳利根器，妄念或者是不好的念頭，各種各類出現時，一切念頭本質都不能夠成立，都是空性，對這點有所了悟的話，妄念也會在法身之中完全解脫，消失不見了。

或者當妄念產生了，是好的妄念，例如信心、慈心、悲心、菩提心，當這些好的妄念產生時，不會去想「這是我要證得佛果的原因，我要去追求它，我必須要有這些想法」，不會有這種想法。

或者當不好的妄念出現時，例如貪戀、瞋恨、貪瞋等煩惱出現時，也不會想「這些妄念是不好的念頭，阻礙我得到佛果，我要把

這些妄念去除掉」，這種想法也不會出現。

換句話說，佛果本來就已經存在了，不靠任何的因緣，本來自己就已經存在了。因此，好的妄念出現時不需熱烈去追求；貪瞋癡等不好的妄念出現時，也不必去想我要排除掉，因為會障礙我得到佛果。佛果本身是一個無為法，任何法都不能夠去妨礙、去傷害佛果。因此，對於這些妄念，無論是善的妄念、不善的妄念，當它們以各種各類方式出現時，對這些妄念沒有任何取捨的差別，一切都是平等性，這是平等性的見地。僅僅只是依靠著這個平等性的見地，不需要再依靠其它任何的對治法門，這是上等的根器。

如果是中等根器，就要實修安止與勝觀雙運結合在一起的道路，在這個道路實修下，妄念出現時，無論是善的妄念或不善的妄念，這一切的妄念全部都會沉沒，在沉沒之中消散掉了，在消散之中得到了解脫。

末等根器的話，妄念出現了，妄念紛飛，心裡想著妄念紛飛是非常不好的，不應該如此，因此慢慢的修安止，靠著修安止而能夠穩定內心，以前的妄念逐漸地減少。當妄念逐漸減少的時候，自己就很高興、很快樂，認為實修已經進步很多了，這種情況是末等根器實修的一個情形。

在修安止的時候也要緣取一個對境，靠著所緣對境之後而修安止，內心逐漸能夠安住在所緣境上面，逐漸形成安止，慢慢地又得到了勝觀。在勝觀的本智之中，還要再三地串習，到了某一天，心中不會再出現任何的煩惱了，這個時候好像到達了金銀島一樣，放眼望去，金銀島遍佈金銀珠寶，根本沒有泥土石頭，就像這種情況

一樣。

透過前面所講的，出現不好的妄念，然後又修安止，逐漸又得到勝觀，勝觀本智再三串習，再三串習，靠著這個力量，內心也不會出現煩惱，這個時候就算偶而出現心所，內心裡偶而出現許多妄念，也會知道所顯現的對境與有境的內心兩者沒有什麼差別，所以就算在內心偶而出現煩惱妄念，對這些妄念也不再產生貪戀執著，因此基解脫就會呈現出來了。基解脫就是如來藏，在這個情況之下能夠讓如來藏顯現出來。

轉妄念為道用的修持方式

這個階段要講的是將妄念轉為修道來用的方式。

就殊勝的方便善巧而言，是指一個密咒乘大圓滿見地的實修者，當他善的念頭，例如信心、慈心、悲心、菩提心等等出現時，心裡就想：「哦，這是好的念頭，這是讓我能夠得到佛果的一個原因，所以我喜歡，我就接受它，產生更多這種好的念頭。」會不會有這種想法呢？不會的。或者壞的念頭，例如貪戀、瞋恨等等妄念產生時，心裡就想：「哦，這就是我證得佛果的阻礙，我應當排斥它，把它丟掉。」會不會有這種想法呢？也沒有這種想法。

總而言之，善的念頭產生時，內心不會追隨它後面而去；不善的念頭出現時，內心也不會追隨它後面而去。無論是善的念頭或不善的念頭，各種各類念頭出現時，無論什麼狀況，就只是安住在自己的內心實相，絲毫沒有動搖。如果能這樣堅定，逐漸地，眼根就

能轉變成為天眼通，對世界各種粗細的情況也能看得清清楚楚。不僅如此，連天界都能夠看得到。逐漸地，將來還能夠得到無漏的佛眼，還有佛的神變能力等等，許許多多的功德也都能夠得到。

如果善和不善的念頭產生時，對於這些念頭的對境產生了貪戀執著，這個人就不是大圓滿的實修者，也不能算是大圓滿的瑜伽士，只能當做是普通的世間凡夫。因此，我們要清楚明白，當所有善和不善等各種念頭浮現時，對於念頭的對境，不需要產生任何貪戀執著，例如一面沒有污垢、非常清晰明亮的鏡子，各種影像都能夠呈現出來；又例如天空，如果非常清澈，是無雲的夜空，許許多多的星星就能夠呈現出來。一樣的道理，就我們而言，內心的妄念、內心的念頭，出現各種各類非常多，當這些出現時，我們沒必要對它產生貪戀執著，追逐它而去，並不需要如此。如果能做到這點，雖然念頭出現了，但是能執之心及所執的對境兩者之間不會連絡，不會發生關係，會中斷這個關係。

如果能執之心和所執之對境沒有建立關係，這能執之心本身就不會累積很多善業與罪業。若累積嚴重的罪業，那要投生在地獄道，中等的罪業投生在鬼道，比較薄弱的罪業投生在畜牲道。假設一個沒有學習佛法的世間凡夫沒有菩提心，造作不是菩提心所攝持的善業，如果造得廣大會投生在天界，中等的話投生在修羅道，末等的話投生在人類之中。無論如何，對於這些一切所出現的妄念及妄念裡的對境，假設對這個對境產生貪戀執著，就一定會累積善業與各種各類的罪業，依於這些善業與罪業，就有時投生在善道，有時投生在惡道，形成輪迴的情形。

　　當各種各類的念頭出現時，如果沒有貪戀執著這個對境本身，不追隨它而去，仍然安住在自己的內心，這樣就能夠斬斷跟對境的關係，便不會累積各種各類的業。如果沒有累積各種各類的業，當然墮落在善惡道的因逐漸地便消失不見了。既然投生在六道的原因都已經消失不見，到最後所投生的處所就只有西方極樂淨土了。

　　所以最主要的關鍵在自己的內心，要運用無妄念的本智來作為修道之用。如果能這樣來做實修，這個本智地佛果，無上的果位，就不需要耗費很久的時間，很快就可以到達無上的佛果。

　　最後要針對第十二章做個總結說明，鼓勵所有修行者在大圓滿的道路上應當要好好地實修。

　　大圓滿的不共道路分成五種類型，這五個道路之中，第一個項目是法界空性，法性的道路，這個道路就是在顯教乘門之中，中觀的見地所抉擇的遠離一切的戲論，那個時候所開示的內容是一樣的，這是法界空性的道路。

　　第二個道路是覺性的道路，殊勝勝慧者覺性的道路，這是指佛在中轉法輪時所談到的佛身、佛本智的這個廣大的道路。

　　第三個道路是光明的道路，實際上這個道路是屬於頓超道路的一種類型，這裡稱為光明的道路。

　　在空性的階段，不可執著一切法都是有。但是如果是在覺性殊勝勝慧者的道路，就要了解空性並不單單只是不執著一切法都是有，並不是指一切空空洞洞的什麼都沒有，不是這個意思。雖然本質是空，但是有非常多的明分功德。這是屬於勝慧者的道路。

　　光明的道路則是指兩種燈的實修，是屬於頓超的一個部分。在

光明的道路裡二燈的實修主要是指遠索水燈、明點空燈這兩個燈的實修，這是眼睛確確實實可以看到光與毫光的形相顯現出來的。

第四個是元淨堅斷的道路，現解同時的實修方式，這要靠上師給予心性直指。上師做心性直指時，直接指出內心的本質是什麼，如果在那個時候能夠證悟內心實相，各種各類妄念出現時，妄念自己自然就消失不見了。所以，出現與解脫是同時存在的，這是元淨堅斷的道路，現解同時。

第五個是頓超的實修，頓超的實修主要是四燈的實修，不過雖然是四燈的實修，其實主要也就包括在法界和覺性這兩個項目裡。法界主要是空分、空性的部分，覺性主要是明分、本智的部分。

下乘門有八個乘門，如果經由大圓滿的實修得到證悟，對下乘門八個乘門的見地、觀修、行持，也就能夠完全了悟了。為什麼呢？因為大圓滿的道路包括了下乘門的功德，也就是下乘門道路的功德全部都包括在大圓滿之中。但是，下乘門能不能去包括大圓滿道路的功德呢？當然不可能。

以上是大圓滿不共的五種道路，這些都應當要清楚了解。

現在我們凡夫的內心充滿無明，經由無明產生貪戀、瞋恨、愚癡、傲慢、嫉妒、慳吝之心等等各種各類的煩惱，在各種各類煩惱的詐騙下，我們暈頭轉向，造作了許多業和煩惱，因此投生在三有輪迴之中，沒有邊際，不斷地持續漂流，同時要受到各種各類不可思議、非常可怕的痛苦壓迫，這一切都是由業力煩惱所形成，業力煩惱就像鐵鎖鐵勾把我們束縛住，束縛在三有輪迴之中。在這種情況下，沒有辦法分辨清楚輪迴從什麼時候開始，自己是從什麼時候

開始受到輪迴痛苦，完全沒有辦法講出來，也不能夠知道，因為實在是太過久遠了。

幸運的是，今生這一輩子我遇到了佛法，特別是遇到了大圓滿的教法，能夠實修，這當然是非常殊勝的善緣。

如果把眼前的局勢好好想一想，內心真是憂喜參半。憂慮的原因，是因為以前我可能也多次遇到這種情況，得到人身寶，但是沒有遇到佛法，沒有遇到口訣教誡，所以不斷地在輪迴之中。喜悅的是，這輩子得到人身寶之外，也遇到了佛陀的教法，又遇到了大圓滿的教法，還能夠實修，當然要非常地高興。

因此就要特別掌握這一次的機會，從現在開始，對於佛法務必要努力精進實修，以便能夠得到止息涅槃，毫無痛苦的果位，或者是投生在寧靜而絲毫沒有痛苦的西方極樂國土。

遍智 吉美林巴對實修者做了這一個鼓勵：「無論如何，一定要好好地努力實修大圓滿的道路！」這是本章的總結。

13

究竟之果——
佛身與佛智

　　最後一章要講的是果，分成兩個項目討論：第一項，果非由其他者而產生。第二項，關於果位五身（五個身體）的理論。

　　首先第一項，果不是由其他者而產生。我們前面已經講解過大圓滿關於基方面的理論，還有關於道路方面的理論，這一切都要好好地了解，做一個實修。如果好好地了解努力做實修，最後會是什麼樣子呢？就會得到究竟的果位。

　　如果究竟的果位是佛，那證得佛果時，這個佛果是不是靠著各種因緣條件和合而形成的？不是我內心實相中本來就已經存在的，而是靠著其它很多因緣條件和合之後而得到的呢？並非如此，因為內心的實相本身即是佛的性質，佛的自性，只是現在被各種各類的煩惱所遮蓋起來，特別是被阿賴耶識所遮蓋住了，如果把這些煩惱逐漸地除去，到最後連被阿賴耶識所遮蓋的部分也完全除去的話，這情況就稱為果。所以果是早就已經有了，原來就已經存在了。

　　這種比喻就好像天空的太陽，太陽一直存在，不過有時也會被雲朵蓋住，陽光不見了。如果把雲朵去除掉，太陽的光亮就又照射出來了，這時所照射出來的這個太陽光亮，是不是以前沒有，現在才新出現的呢？當然不是，早就有了，就算是太陽被雲朵遮蓋時，太陽和陽光仍然存在，只不過沒有顯現出來，我們看不到而已，只要把雲朵去除掉，就可以看到了，所以不是以前沒有，而是本來就有的。

　　跟這個道理完全一模一樣，我們的內心，我們的心所，這一切到最後全部在空性之中寧靜止息，所有的迷惑蓋障煩惱完全去除掉之後，就稱為佛果，這一個佛果實際上在基如來藏的時候就已經存

在了，基如來藏本身是佛性，是佛的本質，它的形態就好像是光一樣，當如來藏的自性之光，以光的方式出現時，我們不了解這個光是自顯，是如來藏自己所顯現出來的光，卻把光當做是對境，當做跟自己是分開的、是不同的對境，產生這種執著，這種執著就是迷惑，這種迷惑逐漸地越來越強烈，就形成了「我執」，沒有我卻執著有我，當我執現前，出現越來越多、越來越強後，這個我執的習氣就變得牢不可破。我們的內心就是這樣的一個情況。

因此，眼識就會貪戀執著色法，耳朵就會貪戀執著聲音，鼻子就會貪戀執著很多氣味，舌頭就會貪戀執著美妙的滋味，身體就會貪戀執著觸覺，心意就會貪戀執著一切的法，煩惱意就會沒有我而執著有我，阿賴耶識則是所有這一切的依靠之處。

我們的八識就好像是把太陽光遮蓋起來的雲朵一樣，當狂風一吹，把雲朵都吹散時，太陽光就呈現出來了。一樣的道理，當我們的內心實相，如來藏顯現出來的時候，佛身、佛本智就出現了。因此，不是說離開了內心的實相之外，還有佛身、佛本智可以得到，完全不是這種情況，而是它就在基如來藏裡面，本來就已經存在，只不過之前被遮蓋住，顯現不出來。也就是說，本來是光明的自性，被遮蓋住了，現在因為煩惱完全去除掉了，所以就顯現出來了。

基如來藏本身沒有任何污垢，是光明的自性，就這部分而言，不清淨的眾生的如來藏是這種情況，清淨的佛的如來藏也是這種情況，兩者絲毫沒有差別。不過我們現在凡夫眾生的基如來藏，雖然是佛身、佛本智都存在，但都被烏雲遮蓋住，都被煩惱遮蓋住了，

而釋迦牟尼佛的如來藏，佛身、佛本智則都沒有被雲朵遮蓋住，他是現前呈現出來的。

所以，不清淨的眾生和清淨的佛兩者之差別只在於「有雲朵遮住」和「沒有雲朵遮住」這一點，除了這個差別之外，其它一切都是相同的。正如太陽沒有雲朵遮住時，放射光明，有雲朵遮住時，還是放射光明，就太陽本身放光這個部分而言，絲毫沒有差別，只是雲朵有和無這部分有差別而已。

法界內明三身

關於佛身的理論，分成兩大項：法界內明三身、本智外明二身。法界內明三身之中又分成兩個段落來說明：第一個段落分開說明三身，第二個段落，就法性而言，三身並沒有差別。

首先是分開個別來做說明，三身（三種佛身）是不變金剛身、現證菩提身，以及寂靜法身。

不變金剛身

第一個是不變金剛身。不變金剛身是具足兩種清淨的佛果。首先，暫時的、偶然的污垢這個部分也清淨去除了，所以得到了離偶垢清淨。其次，本質本然就是清淨的，這個清淨也有了，稱為自性清淨。所以具足兩種清淨。

具足兩種清淨只有佛，佛離偶垢也清淨了，本質也清淨了，所

以具足兩種清淨。如果就我們現在眾生的階段，內心的實相如來藏本身，本質清淨的這個部分是有的，但並沒有得到離偶垢清淨，污垢還沒有去除掉，所以只有具足一個清淨，沒有具足兩個清淨。

以一個譬喻來講，佛的具二清淨就好像是太陽同時沒有雲朵遮住，而眾生的內心實相如來藏的情況，就好像是太陽同時又被雲朵遮住了，這樣的一個情況。

佛具足兩種清淨，就佛的本質空性，從空性這個部分來講，當然沒有佛身，也沒有佛的本智，因此也就沒有「我要得到佛果、得到佛的本智」這種願求的對境，這個對境也不存在。

用月亮來作比喻，十五號的月亮當然非常光亮，這個就好像是眾生，在眾生的階段就好像十五號的月亮一樣，內心的迷惑妄念非常多；證得佛果時，就好像三十號的月亮，三十號的月亮一點亮光都沒有，所以在成佛時，內心所有的迷惑妄念，一切的錯亂全部消失不見，就是無虛妄心。無虛妄心是一切法的實相，絲毫不會改變，這個部分就是法界，就是空分。法界空分的這個部分，當然沒有生、住、滅，既然沒有生、住、滅，所以是恆常存在的，這個部分就是不變金剛身。

現證菩提身

第二個是現證菩提身。現證菩提身就是具勝萬象的天然本智，佛有十力四無畏，還有絲毫不會混雜的十八不共法，這一切的功德不可思議甚深廣大，這些所有甚深廣大不可思議的功德，全都包括

在現證菩提身之中，這是就顯分的部分來講。前面就空分，這裡是就顯分來講。就顯現的部分而言，各個部分絲毫不會雜亂在一起，因此顯分的部分不會雜亂。斷除的功德全部圓滿，證悟的功德全部圓滿，斷證兩種功德全部圓滿，就這個部分而言稱之爲現證菩提身。

寂靜法身

第三個是寂靜法身。我們現在的內心要進行認識活動、趨入於「對境」，在法身之中就沒有這種情況，沒有所要趨入的對境。趨入對境時有能認識者存在，這是能執之心，這是「有境」，在法身之中也沒有有境的情況。

總而言之，法身之中沒有對境，也沒有有境，爲什麼呢？因爲有境與對境都是屬於世俗諦的法，而世俗諦的法是要捨棄掉的部分。覺性能夠自己了解自己，覺性就是法身。在法身之中，有邊也不存在，無邊也不存在，常邊也不存在，斷邊也不存在。因此，法身本智會不會針對所要調伏的弟子而呈現出來呢？不會，因爲它不是以外明的方式而存在，法身本智純粹屬於內明，是非常微細的本智，僅僅只是如此而已。法身本智是佛的其他身、其他本智出現的一個基礎，是佛的其他身、其他本智的依靠之處，是內明，是最微細的部分，所以法身本智就是寂靜的法身。

如何知道有法身本智的存在呢？唯有佛佛彼此之間能夠了解，除此之外，對於所調伏的弟子，即使是大菩薩，也不能夠知道法身本智。

三身法性無差別

　　前面所提到佛的三身的情況，不變金剛身、現證菩提身、寂靜法身，其實都是超越我們內心的範圍，不是屬於我們內心所能了解的範圍。這些都是只有佛佛彼此之間，以佛的本智才能夠了解，除此之外，並不是我們以凡夫的內心所能了解的對境。凡夫的內心所能了解的只有實有法，實有法的部分不是一就是多，但是佛的功德不是實有法，佛的功德既不能說是一也不能說是多，如果不是一也不是多，那佛的功德是不是屬於非實有法呢？也不是，因為非實有法與實有法是互相對照、互相依靠的，靠著實有法就知道，哦，還有一種非實有法；內心靠著實有法的部分，可以去了解非實有法的部分，非實有法仍然是內心能夠認識的。可不可以靠著佛的功德不是實有法，因此說它是屬於實有法，靠著這樣我就認識它了？這是不可能的，佛的功德是沒有辦法去了解認識的，即使靠著實有法，佛的功德也不會在內心呈現出來。

　　如果用一個恰當的譬喻來講，就好像是天空，天空即使出現了各種各類的雲朵，天空本身也完全不會沾染到各種各類的雲朵，而且天空本身也不能說是有，也不能說是無，而是遠離一切的戲論邊，所謂天空只是給它取一個世俗諦的名字，僅僅只是如此而已。

　　佛的功德、佛的果位也是如此，超越了我們內心的思維，也超越了我們各種語言的詮釋，為什麼呢？因為是屬於勝義諦的部分。就我們內心所能夠思維到的，我們的語言所能夠詮釋到的，全都是屬於世俗諦的部分。

　　就佛勝義諦的部分而言，我們現在能不能用自己的妄念心給佛的功德取一個名字，用各種的比喻來做解釋說明，或者是以邏輯推理得知而說明佛的功德是如何如何，佛的果是如何如何呢？這是完全不可能的，根本沒有辦法用這樣來做說明。

　　超越了這一切，超越了心王與心所，超越了各種各類的比喻，超越了以邏輯推理的原因想要得到結果……，可以說，佛果、佛的功德超越了這所有一切的方式，絕不是我們凡夫內心所能夠了解的對境，即使到了十地菩薩也不能夠了解。

　　前面提到的三身，一切諸佛經常就安住在甚深寂靜的法界無量宮之中，這時候，對於佛的空分這個部分，佛和佛彼此之間也不會看到，為什麼呢？因為空分的這個部分沒有形相，沒有形狀，沒有顏色，所以不能夠看到。但是明分這個部分，法身本智的這個部分，佛和佛彼此之間能夠看到，除此之外，即使是十地的菩薩也看不到，也不能夠了解佛的功德。

　　總而言之，三時一切諸佛的本質為同一。

本智外明二身

　　前面講到的三身，只有佛和佛彼此之間能夠看到，此外不是所調伏的弟子所能看到，所以是內明，而不是外明，是在裡面明晰，而不是在外面顯現出來。接下來就有本智外明的二身（二種佛身），在外面明晰顯現出來的二身是針對所調伏的弟子而示現，所以弟子能夠看到。可是因為弟子本身也分成清淨和不清淨，本智外

明的佛身因此也分成兩種情況，針對清淨的弟子所示現的是報身，
針對不清淨的弟子所示現的是化身。

報身

在報身裡分成三個階段解釋，先解釋基果無別的報身，其次解
釋果自然形成的報身，最後再總攝這兩者做個結論。

基果無別的報身

基果無別的報身是指基階段和果階段毫無差別的報身。前面講
到的三身，三身的本智絲毫沒有阻礙，但是佛的大悲之心，針對所
調伏的弟子，因此會明晰的示現出來，這就成為外明的情況。又因
為弟子有清淨和不清淨的差別，首先針對清淨的弟子示現出來明晰
能夠看到的，這就是報身，外明的報身。針對清淨的弟子，以報身
的形相去利益他時，利益眾生的處所是美滿的，利益眾生的時間是
美滿的，利益眾生的導師是美滿的，利益眷屬和弟子時，教法是美
滿的，所利益的眷屬也是美滿的，共具足五種美滿❶，這是具足五
種決定的性質的報身。還有它的國土，還有三十二相、八十種好，
還有各種各類廣大的功德，這些都具有甚深不可思議的性質，這就
是報身。

---

❶舊譯「圓滿」，但此處乃從「因」來討論，意指「條件齊備」，故譯「美滿」較適宜。

處所美滿

　　五種美滿之中，首先是處所美滿。一般來講，在這個世界上，如果要蓋一個非常巨大的房子，就要準備很多材料、很多工匠，還有工程師，經過千辛萬苦才能夠蓋好。不過報身國土的無量宮卻是自然形成，不必靠任何的因緣條件。在一切的宮殿之中，最為殊勝的是密嚴國土，無量宮本身都是五種佛智的性質，是光的一個自性，這個情況就好像天空，天空出現很多彩虹，就像那個樣子一樣。

　　這無量宮的地基（大地）也是隨著我們的腳高低起伏，非常柔和，絲毫不是堅硬的物質；無量宮有四個門，裡面許許多多的樑和柱子，樑和柱子之間有各種美麗的裝飾。

　　這裡要特別說明一點，此處所提到的無量宮，它的架構、樣式是以西藏的寺廟作為典範來講述，這點必須明白。實際上，報身國土的無量宮，是不是一定是這個樣子呢？那也不一定，現在所用的一個範本，是以西藏最好、最莊嚴的寺廟來當做範本，之後向弟子做開示。事實上，無量宮既然是本智的自性，外型應該不會是一個固定的形相，也不是必定如何如何的樣子，何況，世界上各個國家各個區域都有佛教，各地佛教寺廟的樣式也都完全不相同。

　　總而言之，這裡提到的無量宮的形相主要以藏式為依據。無量宮裡有眾多橫樑還有柱子，中間有許許多多的供養天女，這些供養天女的數目無量無邊，唱著美妙的歌曲，彈琴奏樂或是嬉笑或是獻供養，房裡還有扇子，還有華蓋、風幡、寶幢等寺廟裡都有的這些東西，這都是以寺廟為例來講解的。換言之，有眾多美麗的裝飾品。

這無量宮的大小，寬廣到什麼程度呢？不可比擬，不可思議，廣大無邊，宛如遍佈整個虛空。無量宮之中，還有五方佛，五方佛是報身，中間是大日如來，由獅子抬舉寶座；東方是不動佛金剛薩埵，由大象抬舉寶座；南方是寶生佛，由駿馬抬舉寶座；西方是阿彌陀佛，由孔雀抬舉寶座；北方是不空成就佛，由共命鳥抬舉寶座，每個寶座上面是蓮花，上面還有日輪、月輪，這是報身佛的處所美滿。

時間美滿

報身佛的時間美滿。首先提到時間都是三時，三時就是過去、現在、未來。為什麼提到時間都是三時呢？因為這是屬於實有法的時間，當一個事物存在時，這是現在；如果它消失不見了，這是過去；如果從它將要產生、將要出現的部分來講，這是未來。為什麼是過去、現在、未來呢？因為是以實有法作為標準來討論時間變化，所以才有三時存在。假設到了成就佛果時，在佛果的境界之中，還有沒有實有法存在呢？沒有，完全沒有實有法的存在。如果沒有實有法存在，就不會有三時的理論，所以是超越三時的時間，超越三時的時間就稱為普賢時間。

導師美滿

在五方佛的時候，有沒有什麼變化呢？譬如說一個嬰兒出生後，慢慢長大，逐漸改變，經過童年、青年、中年、壯年、老年，到了八十歲時，和從媽媽肚子裡剛生出來的那個身體相較，變化簡

直不可以千里計。如果從媽媽肚子裡剛生出來時拍一張照片，到了
八十歲時再拍一張照片，把兩張照片放在一起對照著看，絕對不可
能認出來是同一個人，這就是無常的變化！

　　在證得佛果時有沒有這種變化呢？沒有，絲毫沒有。在五方佛
的時候，絲毫沒有無常的變化，沒有任何變化。主尊是大日如來安
住在中間，東方是不動佛金剛薩埵，南方寶生佛，西方阿彌陀佛，
北方不空成就佛，都在各自的處所與自顯（自己顯現出來）的佛母
相擁而安居，這是導師美滿的部分。

　　前面我們所討論到的這些部分，無量宮也不是一定是這種形
相，佛身的外在形相也不是一定是這個樣子，這都是不一定的。就
中國來講，畫阿彌陀佛時，阿彌陀佛一定是比較胖的福態相，頭
頂扁平、寬闊，中國人在內心裡一想到阿彌陀佛的長相就是這個樣
子，以這個樣子去做觀想。如果是西藏、印度，所畫的阿彌陀佛就
沒那麼胖，比較瘦，而且頭不是扁平的，頭頂有一個頂髻，以這樣
做觀想，而且也認為阿彌陀佛的長相就是這個樣子。如果是泰國、
緬甸的南傳佛教畫阿彌陀佛，這個佛一定比較乾扁，佛的頂髻一定
非常高聳。我們看南傳佛教的寺廟，屋頂都有很多尖端，高聳的指
向天空，都是這個樣子，所以他們想法裡的阿彌陀佛也是長這個樣
子，以這個樣子做觀想禪修。

　　實際上，阿彌陀佛是不是長得像中國、西藏、印度、泰國等地
的人所觀想的那個樣子呢？當然不是，佛身、佛的功德是超越凡夫
內心所能夠思維的範圍，不是任何人內心所思維的那樣。所有的那
些形相都只是舉一個例子，只是作為一種代表而已，實際上佛的功

德超越我們凡夫內心，不是我們所能夠思維出來的。

在導師美滿的部分，五方佛擁有七種相合，安住在無量宮之中，這七種相合是報身七相合，其中包括化身的功德有三項，報身的功德有三項，法身的功德有一項。

化身的三項功德，第一個功德，五方佛有無所緣取的大悲之心存在。第二個功德，利益眾生的事業持續不斷而存在。第三項功德，利益眾生的事業持續不斷到某一天因緣成熟，時機成熟時，這個利益眾生的事業自然達成，不管是誰都不能阻擋，眾生一定可以得到利益，因爲因緣已經成熟了，所以事業無礙，這個事業本身不會遇到任何阻礙。以上是化身支分的三個項目。

報身支分的三個項目，首先五方佛跟佛母相擁和合，五方佛的佛母不是離開自己之外的另外的其他者，不是像世俗之人一樣，你是你，我是我，兩個人是不同的個體。五方佛佛父佛母不是這種情況，佛自己的身體放射出功德的光明，這個功德的光明凝聚形成佛母的形相，所以是自顯，自己所顯現出來的佛母，這是第一個特色，報身功德的第一個支分。

第二個支分，與佛母相擁和合時，不會像世俗之人產生交合的快樂，因爲那是世俗之人，而五方佛與佛母相擁時，內心所產生的是無漏大樂，這是第二個特色。

第三個支分，不必用任何的言語與詞句而法輪常轉。

法身的功德有一項，前面所講的這一切，本然遠離一切戲論，這是法身的性質的支分。

總共七個項目，這是五方佛經常擁有的七種相合的功德。

眷屬美滿

眷屬美滿，這些聽法的眷屬，並不是離開五方佛之外的其他者，稱為「是己非他眷屬」，有男女菩薩，無量無邊。不過這是指在寂靜尊方面，如果是在忿怒尊方面，另外則還有男女門神等等的眷屬。

總而言之，不管是寂靜尊的眷屬或是忿怒尊的眷屬，都不是離開主尊五方佛之外的其他個體，而是主尊五方佛本智自顯所形成的眷屬，因此，與主尊是本質同一，而非本質相異。這就是眷屬美滿。

教法美滿

轉動自性大圓滿的法輪，不需要依賴言語的說明與詞句的解釋，而在超越內心思維的情況之下，遠離各種言語詞句，自性大圓滿的法輪恆常轉動。因此，導師也做了開示，眷屬也用耳朵好好地聽聞了，教法也轉動了，但是在教法轉動的同時，沒有任何言語，沒有任何詞句，也沒有任何形相。如果沒有任何言語與詞句，沒有任何形相，講述者如何講述？眷屬又如何聽聞呢？不可思議，所以稱為教法美滿。

果自然形成的報身

接著要講解果自成壇城，一般經常提到我們的身體裡有文武百尊，講到文武百尊時，心坎裡是寂靜尊四十二尊，頭頂腦袋裡是忿怒尊五十八尊，一般都這樣說明。可是如果我們是用設置壇城的方式來做禪修、修法時，則上方是寂靜尊的壇城，下方是忿怒尊的壇

城,和我們身體裡上下的位置不同。

上方無量宮寂靜尊壇城

如果就上方寂靜尊的壇城來講,主尊是普賢如來（佛父佛母,普賢雙尊）,普賢如來佛父佛母是寂靜尊四十二尊中其他四十尊要變現出來的一個基礎,普賢如來佛父佛母是法身,遍及一切。除此之外,這四十二尊裡,還要算六道能仁,六道的佛陀,而且還有五方佛,還有八位男菩薩、八位女菩薩等等。如果是忿怒尊,忿怒尊裡三十四尊是主尊,十八尊是屬於眷屬的形態,示現出來主尊和眷屬的形態。

無論如何,這些寂靜尊也好,忿怒尊也好,都是我們身體的五蘊、十二處、十八界所形成。譬如五蘊是五方佛,五大種是五方佛母,還有根門八識是八位男菩薩,對境是女菩薩,還有我們的手指關節之處都是忿怒尊。

總而言之,我們身體本身就是本尊,身體是屬於本尊的性質,就我們身體而言,不屬於本尊性質的部分根本就不存在,這是《大幻化網續》、《佛陀等合續》、《無上續部》裡所談到的,遍智 吉美林巴在這裡再做一個說明。

下方無量宮忿怒尊壇城

下方無量宮忿怒尊的壇城,外內九層,宮殿的中間整個大地是金剛的性質所形成,裡面千瓣的蓮花,還有代表方便與勝慧的太陽、月亮,分別有二十四個太陽和二十四個月亮,同時要代表降伏

無明我執之故，所以男女魔鬼也是二十四個，上面還有馬、獅子、豹子、熊、大象、水牛、魔羯陀魚及蛇圍繞，這些男女魔鬼都是仰臥的姿勢，在上面是忿怒尊。忿怒尊的主尊身體是深藍色，放射出的光明威嚴無比，宛如千萬個太陽一樣。通常一個太陽的光亮，我們眼睛就沒辦法直視了，千萬個太陽就更不用講了，主尊身體威嚴燦爛的情況就像是千萬個太陽一樣。二十一個頭，八隻腳，四十二隻手，這四十二隻手的上面都放著寂靜尊，因為寂靜尊有四十二尊，每一個手臂上都端坐著一尊寂靜尊。

　　還有這個忿怒尊的佛母是九個頭，十八隻手臂，主要的兩隻手臂捧著金剛杵和頭蓋骨，其他的手臂上面端坐著察曼本尊。察曼就是人的身體、動物的頭，這種本尊稱為察曼。佛父佛母相擁，從腳到頂髻之間，一切輪迴和涅槃的法全部都包括在這個地方，要如此觀想。

　　忿怒尊的眷屬果黎瑪有八尊，察曼有八尊，這是第一層的外面；第二層波瑪有八尊；第三層二十八位自在天女，還有四方都各有門，每一個門都有男女門神守護。這些本尊全部都有九種神韻，忿怒尊的九種神韻 ❷ 在我們前面已經講過的《準支指導文》裡都有談到。

　　這些所有的本尊都是佛自顯所形成，不需要靠任何因緣條件，是自顯形成的壇城，是佛基顯自成的密嚴淨土。

---

❷九種神韻，有時稱為「九舞神韻」，用來表示本尊身語意的功德。其中身三神韻：威風、英武、粗鄙。語三神韻：猛厲、嬉笑、威赫。意三神韻：悲心、自滿、寂靜。

九層裡面的第四層，三十二尊空行母；第五層四位辛摩；第六層十八位鬼卒；第七層是忿怒尊，有六十尊；第八層兩百四十位使者；第九層六十尊瑪摩。這都是為了要調伏魔鬼邪祟之故，而安居在壇城之中，是針對所要調伏的眾生示現形成的，所以是屬於不清淨的部分，不是原來的密嚴國土壇城的情況，不是佛佛彼此之間看到，不是對佛而示現出來的。

　　這些本尊壇城，我們去做觀想時，它四面的情況，每一層有什麼本尊、拿什麼法器、什麼形相等等，在一個叫做《措千迪吧》的儀軌裡講得非常清楚，壇城的形狀是什麼樣子，裡面哪一層哪些本尊，什麼外形什麼法器等，都講得非常微細。針對這些內容我們現在只簡略介紹，沒有詳細講解，因為詳細講解要花非常多時間，而且這些內容非常微細，對我們初學實修者來講並沒有深入了解的必要。

　　其次就算是深入了解，把壇城的景象、本尊如何、法器形狀等都完全認清楚了，但卻不去做實修，那也沒有絲毫用處。我們現在有許多人對古魯仁波切、觀世音菩薩、阿彌陀佛、寂靜尊一面二臂等做觀修時，都已經無法觀想清楚了，如果這時候還要去觀修忿怒本尊很多頭很多手很多腳，手中還捧著許多本尊，這些對我們初學行者來講實在沒有必要。因此，這裡所做的介紹都很簡略，不做詳細說明。

總攝兩者結論

　　在三身之中關於法身的理論，前面已經解釋完畢了，之後報身

的理論也詳細做了一個說明，現在要把前面所講的報身內容和意義做個歸納總結。

所謂報身是指法身本身的本質和法身本身的功德以外面的方式顯露出來，就稱爲報身。進一步而言，報身以五種美滿的方式顯現出來，處所美滿、時間美滿、導師美滿、教法美滿、眷屬美滿，所以稱爲報身。

就報身所外顯的這些形相，蓋障都已經徹底斷絕，因此僅僅是屬於佛，除此之外，並不屬於蓋障還沒窮盡的凡夫弟子。同時就報身而言，雖然呈現出來的形相，處所、時間、教法、眷屬、導師各個不同，好像有五個項目，不過實際上這一切全部都是屬於法身本智外面顯露出來的部分，這一切全部都是屬於佛的自性，就此而言，平等而沒有差別。

所以就導師與眷屬雙方而言，沒有高跟低的差別，導師和眷屬雙方面全部的心意都是沒有妄念的本智；導師向眷屬開示教法時，超越我們現在所使用的語言和詞句，以超越詮釋的方式來進行講解；而且導師與眷屬雙方身體也都齊備三十二相、八十種好等功德。

報身的這些功德，只有佛和佛彼此之間才能夠見到，並不是凡夫弟子所能夠拜見，而且三時諸佛都具足五種美滿的報身，過去的佛、現在的佛、未來的佛，都具足五種美滿。這種報身是屬於佛的本智的對境。

因此這五項美滿實際上是屬於無上的功德，並不屬於輪迴的法，不屬於止息涅槃，不屬於獨覺這種類型的法。而且就算是安住

在十地的菩薩也不能夠拜見報身的五種美滿，爲什麼呢？如果要拜見報身的五種美滿，必須蓋障全部窮盡、全部斷掉，而即使是十地菩薩，蓋障也還沒有完全窮盡斷掉。

　　報身佛的五種美滿也不屬於過去、現在、未來三時，爲什麼呢？因爲三時是屬於有爲法，是無常法，只有有爲法、無常法才會有三時，報身佛的五種美滿既不屬於有爲法也不屬於無常法，因此也就沒有三時，它是超越三時的。

　　就處所而言，是一切處所之中最爲殊勝的，這一個部分雖然是我們所要證悟、所要得到的，但是它又是超越了三時，因此稱爲第四時，這個是報身佛的五種美滿，無論是導師或是眷屬或是處所或是時間，實際上根本沒有高低好壞之別，因爲一切全部都是佛的本智。

化身

　　法身的理論和報身的理論已經講完了，接下來是化身的理論。

　　由法身自顯顯現出報身，由報身又顯現出化身，但是報身純粹只屬於佛，不清淨的弟子不能夠拜見，所以爲了調伏不清淨弟子，能調伏者（佛）本身就示現三種變化，變化成什麼呢？變化成自性的化身、調伏眾生的化身和種種化身這三種情況。

自性的化身

　　首先第一項是自性化身，自性化身是屬於佛陀本智自顯的本

質，居住的處所在僅有佛陀可以看到的密嚴國土。在那裡有什麼情況呢？佛的某一個部分，即使不是佛的其他者仍然可以看到，譬如我們自己看不到自己的臉，照鏡子看到了，在鏡子裡出現的那一個部分的臉，別人也可以看到。自性化身有一部分即使不是佛也能夠看到，另外一部分是屬於報身，只有佛陀可以看到。前面那一部分是屬於化身，是所調伏的弟子也可以看到。所以稱為半化報身，半化報身的意思就是指一半的性質是報身，只有佛陀可以看到；一半的性質是化身，所調伏的弟子也可以看到。這就稱為自性化身。

自性化身的處所、導師、本智、眷屬、時間和所調治之差別在什麼地方？要從這六項來說明。

處所之差別

自性化身所居住的國土是什麼樣子呢？就是我們凡夫俗子經常發願能夠投生的五方佛國土。這其中最特別最有緣份的，是初級的實修者都發願往生的西方極樂國土，這個發願非常重要，經常發願的話，要投生在西方極樂國土就比較容易。

在西方是極樂國土，中間是密嚴國土，東方是現喜國土，南方是祥瑞國土，西方蓮花積國土（蓮花堆積國土就是極樂世界），北方業極成就國土，這是五方佛的佛國淨土。

導師之差別

五方佛的佛國淨土中，佛的自性化身就是五方佛五位導師，五位導師分別是中間大日如來，東方金剛薩埵，南方寶生佛，西方阿

彌陀佛，北方不空成就佛。這五位導師都是三十二相、八十種好，具足佛無窮無盡、廣大遍佈虛空、甚深像大海一樣的功德。這五位佛所擁有的眷屬，有寂靜形相的眷屬，也有忿怒形相的眷屬，有男性形相的眷屬，也有女性形相的眷屬，所有眷屬也都是超越我們內心所能夠思維的，都是不可思議的。

本智之差別

　　五方佛在五個國土裡，因此本智也各分成五項，這五項本智，中間是大日如來法界體性智，法界體性智裡再細分成四個細項，法界體性智的大圓鏡智、法界體性智的平等性智、法界體性智的妙觀察智、法界體性智的成所作智。東方是金剛薩埵大圓鏡智，大圓鏡智裡也是一樣再細分成四項，大圓鏡智的法界體性智、大圓鏡智的平等性智、大圓鏡智的妙觀察智、大圓鏡智的成所作智。南方是寶生佛平等性智，也是再細分成四項；西方是阿彌陀佛的妙觀察智，也是再細分成四項；北方是不空成就佛的成所作智，也是再細分成四項，因此，五智各個區分開來就變成二十五個項目。

　　法界體性智是其它四項本智的基礎，法界體性智的本質是什麼呢？妄念絲毫沒有動搖，妄念沒有動搖的這個部分就是法界體性智，所用的比喻爲虛空，虛空廣大無比，就天空的空分這部分而言廣大無比，世間界的一切萬法都可以容納在天空裡。跟這個道理一樣，佛的功德無窮無盡，但是佛的一切功德全部都可以包括在法界體性智之中，所以法界體性智的比喻就好像是天空一樣，就法界體性智而言，沒有邊際，沒有窮盡。

　　第二個大圓鏡智。大圓鏡智的本質既不屬於所取法對境,也不屬於能執法內心,它超越取執二邊,絲毫不存在屬於取執二邊的法,不存在屬於貪戀執著的這些過失,所以沒有任何的妄念;在完全沒有妄念的情況之下,還能夠去進行利益所調伏眾的事業,這就是大圓鏡智。舉例而言,譬如說鏡子,鏡子裡出現我們身體的影像,本來我們凡夫當然會有很多胡思亂想,妄念紛飛,不過當我們身體的影像出現在鏡子裡時,鏡子裡的這個影像會不會胡思亂想,有沒有妄念紛飛呢?當然沒有,就像這種情況一樣。

　　第三個平等性智。一切的萬法,形相這個部分的本質也不能夠成立,顏色這個部分的本質也不能夠成立,好壞高低這方面的本質也不能夠成立,超越這一切的性質。所以,平等性智就是一切的本質都不能夠成立,不屬於輪迴的法,也不屬於聲聞與獨覺的止息涅槃的法。

　　第四個妙觀察智。就有法而言,佛陀能夠了知六道一切的情況,例如六道中人類的類型有多少?台灣人口有多少?族別有多少?佛全都清楚了解,這是屬於有法的部分,佛能夠了解有法的部分。而法性的部分,一切萬法的法性是空性,空性就是萬法的本質不能夠成立,佛同樣完全清楚了解這個部分。所以有法跟法性,佛能夠個別分開去了解,這種個別區分開來了解的能力,就是妙觀察智。

　　第五個成所作智。佛在沒有妄念的情況之下會不會想:這個弟子是業力清淨還是業力不清淨?我要去利益這個弟子、我要去利益那個弟子……,種種這些想法並不存在,可是對業力清淨的所調伏

眾，佛陀自然示現出大乘教法的形相；業力如果是中等，佛自然就
開示中等乘門的教法；業力如果是比較劣等，佛又自然示現開示
小乘的教法。總而言之，完全順著所調伏弟子內心能力的情況是如
何，佛的事業就順著弟子的能力情況，水到渠成自然而出現，這就
是成所作智。

　　當佛進行這些利益眾生的事業時，絲毫沒有貪戀之心。佛不會
說這個屬於我的派系，我對他產生貪戀之心，那個不屬於我的派
系，我就對他產生討厭之心，佛完全不會有這種情況。而且利益眾
生的事業，在弟子業力清淨、時機成熟時，這個事業不管是誰都無
法阻擋，自然就達成了，只要時機成熟、因緣際會的時候，弟子一
定可以得到利益，一定會成就佛果。所以，佛行利益事業調伏眾生
時，既不需要妄念分別心去想，也不需要發揮任何力氣，利益眾生
的事情自自然然就達成了，這是第五個成所作智。

眷屬之差別

　　安住在十地的菩薩，功德、本智、事業與佛都非常類似，非常
廣大，所以這時十地菩薩的內心會出現一個想法：「我已經得到究
竟的果位！」當這種想法產生時，五方佛五位導師的身體會放射出
無量無邊的光，當十地菩薩拜見這個光後，就會恍然大悟：「我的
身體並沒有這樣的功德，與五方佛五位導師身體所放出的廣大無量
無邊的光相比，我所得到的果位應該還不是究竟的果位，可能我就
只是十地菩薩而已，我的蓋障應該還沒有完全清淨掉呢！」

　　舉例而言，我們的臉上如果有污垢，自己看不到也不知道，就

算有污垢也自以為沒有污垢，那要怎樣才能知道自己臉上到底有沒有污垢呢？照鏡子，從鏡子裡可以看到自己的臉，也就看到污垢了。十地菩薩也是這種情況，十地菩薩的功德非常廣大，但自己的染垢到底全部斷除了沒有？功德已經究竟圓滿了沒有？自己不知道，這個時候五位導師身體放出強烈的光明，十地菩薩拜見時，看到自己身體與五方佛五位導師佛身所放出來的光還有很大的差別，就會明白：「喔，原來我內心裡還有細分的蓋障還沒有完全清淨去除掉，原來我所得到的果位還不是究竟的果位！」所以十地菩薩就會產生想法：自己還需要再進一步努力，去得到十一地的功德。

時間之差別

五方佛安住的時間到什麼時候呢？只要十地菩薩還沒有得到與佛的身語意三門無二無別的這種果位之前，五方佛永遠都安住。也就是說，十地菩薩還沒有窮盡、沒有全部得到果位、輪迴未空之際，五方佛都長久存在。五方佛的壽命不是一個無常法，而是恆常存在的。

所調治之差別

所調伏眾應當要斷除的煩惱，在十地菩薩時，五毒煩惱現前的部分已經完全沒有了，那還存在什麼呢？習氣，煩惱的習氣還存在，所以要把煩惱的習氣去除掉，因此中間有密嚴國土，還有東方、西方、南方、北方共有五個佛國淨土，還有五位導師，本智也是法界體性智等五種佛智，所以這個煩惱也分成五毒煩惱，這五

毒煩惱也就是五種習氣，這五種習氣轉變成爲佛的五智，所以在見道位時稱爲聖者，初地時即是見道之聖者，從這裡開始到十地最後際的時候，這中間功德不斷增長，到最後功德圓滿，之後得到菩提藏，菩提藏就是佛果，把五毒煩惱的習氣徹底去除掉之後就成就了佛果。

前面提到自性化身的處所、導師、本智、眷屬、時間，與所調治的部分，分成六項做說明。

最後做個歸納總結。

前面所提到的五方佛的國土，全是除了十地菩薩之外，其他者都不能拜見的，而且十地菩薩所拜見的五方佛屬於報身的性質，因此，這位報身的眷屬也是不屬於佛的自性，是佛之外其他者的眷屬。這樣子的五方佛，就報身的部分是佛，但是就所調伏眾弟子可以看到的那個部分又算是化身，所以是一半報身一半化身，這是佛陀在密續《日月相合續》裡曾經開示過的。

正式說明所住的自性化身

就所住的自性化身而言，要分成「正式說明所住的自性化身」和「附帶說明密嚴空行淨土」這兩項說明。

正式說明所住的自性化身又可分成兩項，略說十方化身的淨土及廣釋（詳細解釋）解脫之地五方佛土。

首先第一項，教導自性大圓滿的上師應當是登地以上的上師，弟子應當是多生多世曾經實修過大圓滿教法，有這麼深厚的緣份，在這兩個條件都齊備的狀況之下，上師爲弟子進行大圓滿灌頂時，

弟子立刻契入內心的實相，但是這種情況少之又少。譬如西藏的密勒日巴尊者，即使發生死亡的危險也能成辦上師所吩咐的事情，因此當上師爲他進行灌頂時，立刻見到了本尊，立刻證悟了內心的實相，但這種情況其實少之又少。

有了這麼殊勝的緣份，上師進行灌頂而且指示內心的實相，之後進行元淨堅斷和頓超的實修，白天進行頓超的實修，晚上觀想心坎中間的阿字放射強烈光明，如此來做觀想。頓超的實修也是光明的實修，心坎中間的阿字放光也是對於光明的實修，這種大圓滿光明的實修者，就算這輩子沒有得到究竟的佛果，沒有成佛，但是靠著上師的加持，他在中陰時的緣份是屬於登地菩薩，可以得到這種緣份，在中陰時能夠見到上師，能夠見到自己所觀修的法的本尊，而且靠著活著時實修光明之故，在中陰時煩惱五毒也會化成光亮，五智也會化成光亮。

煩惱五毒所呈現出來的光亮度和色澤都不會這麼亮麗、強烈，因此，一個沒有實修過光明的人不能夠分辨清楚，也不會知道這個是煩惱五毒所放射出來的光，因此對於這個煩惱五毒所放射出來的光會產生貪戀執著。如果對於瞋恨的煩惱所出現的光產生執著的話，會墮入地獄之中；對於愚癡的煩惱所出現的光產生執著的話，會墮入畜牲道；對於貪戀所出現的光產生執著的話，會投入鬼道之中……，再度投入六道輪迴之中。

如果是一個真正實修過光明的修行者，五智所放射出來的光在中陰時會呈現，色彩非常亮麗，光度非常強烈，伴隨著強烈的神采之故，沒有實修過的人會感到害怕，但是實修過的人就會知道這個

是五智祥光，這個是大圓鏡智的光，這個是平等性智的光，這個是妙觀察智的光，這個是成所作智的光……，一看就知道了，就了解了。因為上師曾經做過直接的指示，自己也曾經實修過了，因此在中陰時能夠去分辨清楚這些光，這時他的緣份大概就類似登地以上的菩薩了，這個時候要投生在任何一個佛國淨土他都可以去，也可以拜見很多很多的佛。

接著要詳細解釋解脫之地五方佛土。

我們凡夫俗子平日經常發願要投生在西方淨土、五方佛國淨土，不過前面有提到五方佛國土是十地以上菩薩才能夠拜見，除此之外，我們是不能夠拜見到的。我們能夠去的是解脫之地的五方佛國土，中間為琉璃所做成，東方由水晶所做成，南方由黃金所做成，西方以紅寶石所做成，北方以帝青石（湛藍色）所做成。中間有無量宮四方四門，整個宮殿看起來非常莊嚴美麗。雖然沒有提到有電燈，也沒有說有太陽和月亮，不過在無量宮的四面都有寶石叫做牛眼，像牛的眼睛一樣的寶石，放射出強烈的光明，跟太陽月亮一樣。無量宮四個角落有由珊瑚所做成的四個塔，塔上有各種鈴鐺，風由四面八方吹拂過來時，鈴鐺就會傳出非常美妙的音樂聲。

這個樂音非常好聽，聲音裡會傳達出什麼意義呢？一切萬法的本質為空，原因是無相，果是無願求之心。樂音會講說三解脫門的法音，自然傳出來，而且永遠不會中斷。

在無量宮殿四方堆著各種香堆，散發出芬芳的香氣；上面有華蓋，有寶幢；外面有八功德水的水池，可以玩耍的水池；水池附近有多羅樹，樹枝、花和樹葉都是各種各類的珍寶；還有各種各類的

水鳥，譬如共命鳥、帝鳥、孔雀、卡褡利，還有會講人話的鸚鵡，還有天鵝、八哥、戴勝鳥、岡伽利，這些都是鳥的名字，不過這些都不是我們世間界看得到的鳥，牠們是天界的鳥，美麗無比，不僅不會傷害任何有情眾生，還會去幫助有情眾生，有的鳥發出非常美妙的樂音，有的鳥身體像黃金一樣燦爛，有的鳥例如俱達吧，身體是純粹的綠色像綠寶石一樣，有的鳥身體是純粹的紅色像紅珊瑚一樣，有的鳥身體是湛藍色像帝青石一樣，有的鳥是純淨的白色像白海螺一樣。

現代年輕人很喜歡參加演唱會，男男女女成百成千聚集在一起，演唱會上唱著美妙的歌曲，非常好聽。淨土的音樂比這種演唱會所唱出來的歌聲還要更加好聽，更加不可思議，而且聽了這些樂音還可以給我們內心帶來安樂，帶來快樂。所以如果是現代的歌唱家，他很喜歡唱歌的話，應當發願要投生在這個地方，能夠聽這些美妙的天樂。歌唱家如果這樣發願，他可能還比較有機會投生在這個地方呢！

在這個淨土之中沒有醫生存在，那麼居住在這裡的這些菩薩，假如生病了怎麼辦呢？在淨土裡有一條河流，當自己感覺到身體不舒服時，只要喝下這條河流的水，身體裡的疾病全部去除，不需要看醫生，也不需要去醫院。而且只要內心思維，這個河流就能夠使心願實現，是如此美好的一個淨土。這個淨土，舉一個世間人能夠了解、受用的比喻而言，就好像是三十三天的天界一樣，以在輪迴之中享樂最高的三十三天作比喻，這個淨土就好像是三十三天的天神的快樂一樣。

在無量宮殿外面還有七種珍寶圍繞起來的城牆，這個淨土，東方金剛薩埵、南方寶生佛、西方阿彌陀佛、北方不空成就佛，四位導師超越了過去、現在、未來，超越三時恆常不中斷地開示教法。

在這個淨土天空的中間，是忿怒尊的國土火燄屍陀林，裡面有大力勇士童子，這主要是釋迦牟尼佛的化身，還有金剛手普巴，還有馬頭明王，這些忿怒尊無量無邊，還有勇士、女勇士像雲朵一樣，層層疊疊無窮無盡。這些菩薩、男女忿怒尊居住在這一個地方，在忿怒尊的國土裡經常轉動無上密續的教法。這個淨土純粹只有自蓮花之中化生，既沒有胎生，也沒有卵生，也沒有溼生。所化生的菩薩全部都是天神，都是非常年輕的天子天女的模樣，但是他們都已經得到了共通的成就和殊勝的成就，已經擁有了神通。

這些男女忿怒尊，或者是菩薩天子天女，內心沒有像我們一樣的妄念，沒有阿賴耶識，也沒有煩惱意，眼耳鼻舌身五根也不存在，也沒有眼識、耳識、鼻識、舌識、身識、意識，六識都不存在。因為沒有不清淨的六識，六識所捕捉的對境（色聲香味觸法六境）也不存在，而且內心的貪瞋癡三毒煩惱也早就沒有了，因為沒有三毒煩惱之故，刺激三毒煩惱產生的這些緣份，例如所緣緣、因緣、無間緣、增上緣，這些緣份也都不存在。

我們凡夫就心王而言有八識，就心所而言有五十五種形式，都是屬於不清淨的部分。在這個淨土的菩薩全部都沒有這些不清淨的部分，這個淨土是靠著導師金剛持的加持，佛自己本身的加持，還有佛的神通威力所形成的，這個是化身的國土，主要是菩薩的國土。

前面所講淨土的情況是佛陀親自開示的續部《覺性自現續》（指覺性自己出現）裡所談到的。

附帶說明密嚴空行淨土

密嚴空行淨土是屬於輪迴之中菩薩的處所，譬如兜率天，是慈氏彌勒所居住的處所；西南方羅剎國的銅色山，是蓮花生大士的淨土；北方香巴拉，是轉動時輪法輪的賢種國王的淨土，這些都屬於菩薩的國土，是輪迴的處所，依靠在大地之上。

密咒乘的實修者，就女性而言，分成三種類型，「俱生母」完全了悟內心的實相，「剎生母」是指出生在密咒乘門所提到的聖地，「咒生母」是指實修生起次第和實修圓滿次第。依於前述種種證悟，到達了例如銅色山或者北方香巴拉國土，這些有許許多多勇士、女勇士所聚集的國土。

就格魯派而言，經常發願到兜率天，為什麼呢？因為格魯派至尊仁波切就住在兜率天這個地方；就寧瑪派而言，就都發願要往生西南方羅剎鬼國的銅色山，因為寧瑪派主要的祖師蓮花生大士就住在銅色山這個地方，不僅如此，寧瑪派的許多傳承上師也都居住在銅色山，因此也就發願往生銅色山。

不過恰美仁波切曾經開示，不管是兜率天或銅色山或香巴拉國土，如果經常發願、誠懇發願，就比較容易往生這些國土。但是這些國土也有很多過失，與其發願往生這些國土，還不如發願往生西方極樂國土。只要發願往生西方極樂國土，投生在西方極樂國土還比較容易，而且西方極樂國土也沒有許許多多的過失存在。

假設發願往生西南方羅剎鬼國，就這個例子而言，因為我們是不清淨的眾生，當不清淨的眾生投生在羅剎鬼國時，因為內心不清淨，所看到的也是不清淨的形相，會看見很多羅剎鬼，有可能發生這種危險。當然也有可能不會受到不清淨的控制，有可能見到蓮花生大士，見到傳承祖師爺，當然我們也是抱著這種希望。

　　只有發願投生在西方極樂世界，危險就絲毫不會存在。

　　要投生在這些菩薩國土，只有這輩子實修密咒乘門大圓滿，同時不斷地發願將來要投生在這些菩薩國土，而且有一些密咒乘門共通的成就和不共成就的實修者，才有可能投生。此外，沒有實修密咒乘門大圓滿，也沒有發願要往生這些菩薩國土的人，就完全不可能了。

　　當投生在西南羅剎國的銅色山或者北方的香巴拉時，就有希望能夠拜見蓮花生大士，見到賢種國王。同時，密咒乘門大圓滿教法的許多上師也是住在銅色山或者是香巴拉國土，因此也可以聽聞到開示密咒乘門或者是大圓滿的見地、行持、觀修這些教法。之後把自己以前所實修還沒有到達徹底究竟的部分，就在這菩薩國土裡繼續實修，實修生起次第、實修圓滿次第，按照順序經過了五道、十地，功德逐漸地進步，最後也可以把自己的道路實修到徹底究竟，得到果位。

　　或許有人會問：「如果羅剎鬼國在西南方，我搭飛機往西南方一直飛一直飛，應該可以到達吧！」或者說：「香巴拉國土是在北方，我坐飛機往北方一直飛一直飛，經過好幾天總是可以到達吧！」或許有人會有這種想法，不過這是不可能的，還是到不了。

或者說兜率天，兜率天是在天上，正如月亮也是在天上，如果搭太空船往天空一直飛行就可以登陸月球，能不能也搭太空船往天空一直飛一直飛，登陸兜率天呢？這也不可能。因為我們現在內心是屬於不清淨的凡夫心，眼識是屬於不清淨的眼識，這些菩薩國土不是這種不清淨的心和不清淨的眼識所能夠見到的，也不是現在這種不清淨的凡夫身體所能夠到達的。

還有，或許有人會這樣想，如果這些國土真實存在，使用現代科技儀器應該可以到達，現在既然到達不了，那就只是佛教徒自己的說法而已，根本就沒有這種地方存在。

大家千萬不要有這種想法啊！因為不管靠著多麼精密的科學儀器，也不能夠看到這些菩薩的國土，也不能到達這些菩薩的國土。舉例而言，恰美仁波切說西方極樂世界是在往西方經過無量無數、無窮無盡像我們這樣的世界之後才能到達，如此遙遠距離的西方那一邊才是西方極樂世界，我們這個眼識怎麼可能看得到呢？雖然用我們凡夫的眼識看不到，用我們凡夫的身體也到達不了，但因為佛陀曾經這樣開示過，菩薩也曾經這樣開示過，所以我們要有信心，內心一定要堅決地相信這些菩薩國土確實存在，而且要經常地發願，發願希望自己跟眾生都能夠投生在這些菩薩國土，這是非常重要的。

調伏眾生的化身

調伏眾生的化身這個段落裡，要分成三項做解釋。首先正式說明調伏眾生的化身；第二，由這裡再度示現出化身之後，去利益眾

生的情形是什麼樣子；最後，這兩者都是如夢似幻，沒有自性存在。

正式說明調伏眾生的化身

　　第一個，正式說明調伏眾生的化身。報身本身從身體的六個處所放射出六個字「ཨ 阿（二聲）ཨ 阿（四聲）ཤ 夏 ས 薩 མ 瑪 ཧ 哈」。這六個字放射出來之後，其中一個字射到天界，化成天道的能仁；一個字射到修羅道，化成修羅道的能仁；一個字射到人道，化成人道的能仁；一個字射到畜牲道，化成畜牲道的能仁；一個字射到鬼道，化成鬼道的能仁；一個字射到地獄道，化成地獄道的能仁。六個字射到六道處所，化成六道佛陀，稱為「六道能仁」廣大利益眾生。因此這六個字是六道能仁的性質，這個化現出來之後的六道能仁，遍佈十方無量無邊的世界，在所有世界的六道之中都有一位導師，化成這位導師後，以四種調伏利益眾生。四種調伏就是布施、愛語、利他、同事。六道能仁以這個方式利益眾生的情況，是我們凡夫眾生不可思議，沒有辦法了解的。

　　六道能仁利益眾生的方式，以身事業、語事業、意事業三方面而進行。

　　以身體所示現的事業而言，例如釋迦牟尼佛是人道的能仁，人道能仁要在人類世界利益眾生時，身體示現出來的形相就是十二相成道，或稱十二行誼，這是屬於身體方面的佛行事業。

　　有關十二行誼，在此補充說明一下。

　　佛示現的化身有各種不同類型，有時是生物，有時是無生物。如果是生命，又有具足相好與不具足相好者，其中如果是具足相

好者，即有十二項行誼，以之進行有情利樂諸事，這類化身即稱為「殊勝化身」，意即和其他無生物之化身、不具足相好之化身比起來，此類化身較為殊勝，釋迦牟尼佛即是與其同一相續之尊佛的殊勝化身。不過這只是針對進行有情事而言，從實相上而言，佛的任何化身都是不可思議，都無高低優劣之別，但是在進行有情事之時，當然以殊勝化身最為殊勝。

釋迦牟尼佛同一相續續流的前一世在兜率天法悅內苑，稱為正白頂天子（或譯為白幢天子），是最後際十地菩薩，經過五種觀察，察知以殊勝化身誕生人間的因緣已經成熟。這五種觀察，首先觀察國家，是印度迦毘羅衛國；其次觀察種族，應屬王族；其次觀察族姓，應屬甘蔗釋迦族；其次觀察母親，即摩耶夫人；其次觀察時間，正是五濁惡世人壽百歲之時代。殊勝化身示現世間必定示現十二項事蹟而成就佛果，其他化身則不具備十二行誼，這十二行誼是：兜率降世、入住母胎、圓滿誕生、少年嬉戲、受用妃眷、離家出家、難行苦行、趨金剛座、降伏魔軍、成正等覺、轉正法輪、入大涅槃。也就是佛陀一生應化事蹟的十二個階段。

語言方面的行誼。這位化身，他語言方面的行誼事蹟是什麼呢？就是開示三種乘門的教法，或是開示究竟一個乘門的教法。

順著所調伏的弟子，這一切眾生煩惱的粗重、大小、強弱的程度是如何？所應當斷除的煩惱是什麼類型、什麼狀況？因此化身佛就做了各種各類的開示，這些所開示的教法，也就形成「了義的教法」和「不了義的教法」。

一般說釋迦牟尼佛所開示的教法有八萬四千種，這八萬四千法

門的目的何在呢？因爲眾生的煩惱歸納起來就是八萬四千種。既然有八萬四千種的煩惱，對治的法門也就有八萬四千種。所以，釋迦牟尼佛開示了八萬四千種法門，初轉法輪在瓦拉納西，中轉法輪在靈鷲山，末轉法輪在廣嚴城，還有其它不固定的一些處所。

　　弟子聽聞佛陀開示，聽到了法音，了解了法義，但是這些法音，是不是像我們平常所聽到的這種普通的聲音和詞句呢？是不是由一個凡夫俗子所發出來的聲音呢？不是的。佛陀的法音會順著所調伏弟子信心的程度，以及弟子業力清淨不清淨的程度，順著這種種情況，顯現出弟子能夠聽到的、能夠了解的聲音。

　　佛陀心意調伏眾生的事蹟，是什麼樣子呢？佛陀的心意完全了解過去、現在和未來，甚至超越三時的基如來藏、佛的功德，這一切佛都完全了解。此外，這一個眾生現在內心在想什麼？他會遇到什麼障礙？他的運氣是什麼樣子？上輩子他是什麼？下輩子他投生在什麼地方？這些情況化身也都完全了解。而且化身擁有許多神變能力，譬如天眼通、天耳通等。

　　就聲音而言，佛的耳朵是不是只有聽到聲音而已？不是的。佛陀的耳朵除了聽到聲音之外，色香味觸法，這一切，佛陀的耳朵也都能夠了解。一樣的道理，佛陀的眼睛，是不是只有看到色法呢？也不是的。佛陀的眼睛對一切萬法，色聲香味觸法，任何法，佛陀的眼睛也都能夠看得到，而且還有無漏的神通，他心通、神足通、天眼通、天耳通等各種各類的神變，佛陀這位化身都完全齊備。

　　就利益眾生的事業而言，當調伏眾生的時機成熟時，利益眾生的事業自然形成，誰也不能阻擋。譬如我們大家坐在這裡，如果其

中有一個人，佛陀調伏他的時機已經成熟了，佛陀一定親自降臨來調伏他，怎麼擋都阻擋不住。但是因為我們的業力很粗重，煩惱也粗重，還不能成為佛陀調伏的對象，調伏的時機還未到。所以就佛身示現的調伏而言，在十方無窮無盡的剎土，佛陀的身體示現出來的形相，有男有女，有老年人有幼童，有寂靜尊有忿怒尊，甚至動物的形體，佛陀的身體示現成為各種各類的形相，以這個方式去利益眾生。

在這一切利益眾生的事業裡，最重要、最為殊勝的事業是語言的事業。例如佛陀告訴弟子，這種行為是罪業，將來會感得種種痛苦，所以應當要斷除；這種行為是善業，會感得這輩子、下輩子的快樂，所以應當要努力去做……，因此，佛陀的語言事業是轉動法輪，開示善惡取捨的教法，如果弟子按照這些方式去做，就能夠得到解脫。

也就是說，能否解脫最主要是靠弟子自己有沒有去實修，這是最重要的關鍵。佛陀曾經告訴弟子：「我只是開示一條解脫的道路，講完之後，按照這個道路去實修的人就會得到解脫；不按照這個道路去實修就不會得到解脫。」

2001 年　達賴喇嘛尊者來台灣時，開示談到西藏人跟台灣人個性非常類似，哪個地方有上師灌頂？要用什麼東西放在頭頂？有什麼東西可以吃？有什麼東西可以喝？對這些都非常注意，因此灌頂法會就會聚集很多人；如果沒有灌頂，只有佛法開示，就沒什麼人來了。事實上像這種想法、這種態度、這種學習的方式，都是錯誤的。

達賴喇嘛尊者又說，當他要在印度做《時輪金剛》灌頂時，事先必定廣大宣傳，讓大家都知道，目的何在呢？因爲透過《時輪金剛》灌頂，肯定會有很多人聚集過來，他就趁此機會，把佛法的義理、內容，好好地做個解說，所以他最主要的目的是找機會開示佛法。至於在傳授灌頂時，頭上放什麼東西？吃什麼東西？喝什麼東西？到底有沒有多大的利益呢？　達賴喇嘛尊者認爲這些都沒有非常大的利益，反倒是趁那麼多人聚集在一起時，把佛法的義理向大家好好做個說明，大家都能了解佛法內容的話，還比較有廣大的利益呢！

　　因此，在佛陀利益眾生的事業之中，佛法的開示、語言的事業是最重要、最爲殊勝的，所以我們講說佛法與聽聞佛法，當然也就最重要了。

　　這些事業之中，有些是化身佛自己直接去利益眾生，有些是間接的方式去利益眾生。

　　報身性質所出現的這尊化身，對萬法的實相完全了解，這就是「如所有智」，這個是法性的部分，因此能夠向眾生開示解脫的道路。

　　對於有法的這個部分，不可思議的、窮盡所有的有法，佛陀也都知道，這個是「盡所有智」。

　　當然佛的智慧廣大無比、無量無邊，但如果歸納起來就包括在「如所有智」和「盡所有智」這兩項裡，以這兩種智慧去廣大利益眾生。利益眾生時，能夠徹底了解輪迴的一切情況，因此，將這個盡所有的萬法，能夠如理開示。同時這個有法本身，這些輪迴之中

的眾生，他的煩惱應當要斷除的是什麼？佛陀做了開示；聲聞、獨覺、菩薩他們各自要學的法是什麼？佛陀也都完全了解，順著他們的根器又做了開示。所以能夠以「如所有智」與「盡所有智」的方式去廣大利益眾生。

從前面來了解，佛陀所開示的教法與外道全都不相同，見地完全不相同、行持完全不相同、果位完全不相同、觀修方式完全不相同，不管從哪一方面來看都完全不相同，這是化身開示教法的情況。

再化身的情況

在六道之中有六道能仁利益眾生，從六道能仁之中又再度示現出化身，所以稱為「再化身」。就人類來講，順著所調伏弟子的情況，佛陀就應化成各種各類不同的形相，如果所調伏的眾生是聲聞弟子，佛陀就化成聲聞的形相；如果是獨覺弟子，佛陀就化成獨覺的形相：如果是菩薩，佛陀就會化成菩薩的形相去利益他；如果這個弟子是國王，佛陀就化成轉輪聖王的模樣去調伏他……，以這些各種各類的形相化身去利益眾生。同樣的道理，佛陀也會化成阿修羅的形相去利益眾生，或者化成動物的形相去利益眾生，譬如化成啄木鳥、化成鹿王去利益眾生，這些都是佛陀《本生傳》裡的事蹟。

總而言之，佛陀調伏眾生時，六道之中所調伏弟子的情況是什麼，能調伏者（佛陀）就會順著對方的情況，自己的身體也化成對方的樣子，以適合對方的情況去利益他，因此時間絲毫不會浪費。

眾生如果造作的是善業，會投生在天界、阿修羅道、人道，這

是三善道。如果造作的是惡業，以惡業作爲原因，就會投生在地獄道、鬼道、畜牲道，這是三惡道。順著各自業力善惡的情況，將會遭遇到各種各類的痛苦或快樂。佛陀會順著眾生的各種狀況示現成眾生能夠了解的情況去利益他，或者開示教法去引導他。

因此，佛陀所開示的教法不會固定，有時候開示大乘的教法，有時候開示小乘的教法，有時候開示一切萬法都是「無我」，但有時候爲了利益外道引導他學習，又開示「有我」。總而言之，佛陀的開示形形色色，所有情況都是順著所調伏眾生，一步一步逐漸地引導他們能夠產生證悟。

輪迴空掉了、眾生窮盡了，佛就不需要再開示教法了，只要眾生還繼續存在，佛陀開示教法的事業就持續不斷。那麼眾生什麼時候窮盡呢？不可思議。僅僅只是我們眼睛所能看到的眾生，數量就已經數不清楚了，還有很多眾生是我們眼睛看不到的。譬如科學家所發明的顯微鏡、放大鏡能夠看到很多生命，這不是我們眼睛所能看到的，在這些科學儀器底下所能看到的生命同樣無量無邊不可計算，所以窮盡所有眾生還未空之際，佛陀化身就會不斷地去利益眾生。

前面講的這些情況，利益眾生的處所主要是指不清淨的國土，在不清淨的國土去利益眾生。

如幻顯現之力

如幻顯現之力，譬如一個業力清淨者晚上作夢，夢到拜見佛陀，夢到佛陀開示教法，可是等他清醒過來，佛陀不見了，開示教

法的法音也不存在了，像這種情況就是如幻顯現之力。不過，無論如何，他的內心仍然能夠得到利益，因爲聽到了佛陀的開示，產生了信心。

我們現在清醒時，化身佛開示教法，我們聽聞，跟前面所講的夢境完全一模一樣，沒有自性存在，講說者與聽聞者都是如夢似幻，因爲一切萬法全部都是空性。

關於一切萬法都沒有自性存在，都是空性這一點，在開示空性的甚深佛經，例如《中觀》類型的佛經裡，佛陀曾經再三地開示：「無論如何，不清淨的輪迴與清淨的涅槃，一切的法都沒有自性存在，比喻就像如夢似幻一樣。」

佛的本質雖然是煩惱障和所知障已經徹底斷盡，但是化身所要去調伏的眾生，就受調伏的眾生而言，都是不清淨的眾生，所以佛就順著所調伏眾生的業力，示現成爲不清淨的形相，有時化成動物，有時化成鳥類，我們去看當然是不清淨的，不像清淨的佛擁有三十二相、八十種好，但是他們的本質其實都是清淨的。只要窮盡輪迴不空之際，佛的化身都不會中斷，會持續不斷地示現，廣大利益眾生。

種種化身

首先，正式說明種種化身，之後收攝色身的情形，色身如何收攝？

正式説明種種化身

　　分成兩種，一種是不屬於有情生命，像東西一樣的物質體，這也是佛陀的化身；另一種是色身的化身。

　　就佛陀示現出的化身而言，譬如木頭、石頭上面自然形成的佛身形相；或者以泥土、石頭、銅、鐵等塑造出一尊佛像；或者是唐卡，用圖畫畫出佛的形相，這些全部都是屬於佛的化身，都是佛為了利益眾生所化成的。甚至佛也會化成一個大殿、佛堂來利益眾生；或者化成高樓大廈、公園來利益眾生；或者在眾生飢寒交迫的情況下，變出一個住處、一些食物來利益眾生；或者變出如意寶樹、如意寶珠、船、衣服、車子……等等，變出各種沒有神識、沒有內心的物質體，以物質體的形相去利益眾生。

　　其次，色身的化身，釋迦牟尼佛調伏眾生時會示現種種的化現，這些都記載在他的傳記裡。譬如有一個地方陷入嚴重飢荒，完全沒有食物，佛陀是一位大菩薩，化成一條大魚，發出人的聲音，要大家來吃自己身體的肉，以這個方式免除了眾生飢餓的痛苦。

　　還有一個地方發生奇怪的流行病，怎麼治療都無效，佛陀化成一種動物，把肉分給大家吃，患病的人吃後就痊癒了。

　　還有在羅剎鬼國，任何人到羅剎鬼國都會被羅剎鬼吃掉，為了使這些人能逃離羅剎鬼國，佛陀變成一匹馬，背著在羅剎鬼國的人逃走，保全性命。

　　還有在一大片污泥裡有很多小蟲，佛陀化成金色的風，念誦皈依佛陀、皈依正法、皈依僧寶的法音，使這些小蟲都能夠聽到，因此死掉之後能夠投生在淨土。

總而言之，佛陀所示現出來的化現，有各種各類不同的形相，廣大不可思議，而且佛陀所示現出來的這些化現，沒有任何妄念存在，不會有妄念心去區分這是我的派系、那不是我的派系。佛陀的化身就是這樣，在沒有妄念心的情況之下，不斷地廣大利益眾生。

收攝色身的情形

色身是如何收攝的呢？化身融入報身，報身融入法身，法身融入法界之中。

化身融入報身，譬如在以前有釋迦牟尼佛出現世間、古魯仁波切出現世間，為什麼現代沒有釋迦牟尼佛出現世間，也沒有古魯仁波切出現世間呢？因為他們親自要調伏的弟子已經窮盡了，因此化身就融入了報身之中。

舉例而言，在地面上擺放很多水缸，裡面倒滿水，當月亮在天空出現時，每一個水缸裡都可以看到月亮的倒影。假設水缸裡沒有水，或者是水缸破掉水流光了，水缸裡就看不到月亮，因為月亮的倒影已經消失不見了，也可以說那個月亮的倒影已經融入了天空的月亮。一樣的道理，就弟子共通所顯現的這個化身形相，當他所要親自調伏的弟子窮盡之後，就融入報身之中，因為他所要利益的這些弟子已經不存在之故，因此化身融入了報身。所以我們現代業力不清淨的眾生就再也不能看到了。

報身融入法身的情況，用一個比喻說明，像三十號的月亮一樣，三十號的月亮我們看不到它的光，是不是光被太陽吃掉了，所以我們看不到月亮的光？當然不是！這是因為月亮根本就沒有照到

南瞻部洲，根本不明亮、不清楚，所以就看不到了。一樣的道理，報身也是如此，報身是屬於法身外明而顯現形成的，法身的光亮照射到外面，顯現所形成的就是報身。當法身外明的光不再明晰時，報身就不見了，我們就稱之為報身融入法身。這個時候，報身融入法身，唯有在內明之中，報身的三十二相、八十種好也不能夠成立，唯有本智存在。中觀應成派曾經這樣提到：「化身的心王與心所徹底斷滅的時候，就是法身，這就是佛果。」也有這種主張。

　　之後就會安住在法身，法身就繼續地安住在自己的本質之中。

　　法身這個段落是覺性本智，覺性本智是最微細的形相、最微細的部分，這種覺性本身細而微細，以內明的方式而存在，即使是佛與佛彼此之間也看不到。但是這種情況，跟我們所談到的凡夫的愚癡、無明，完全不相同。

　　總而言之，這種本智不是以外明的方式呈現出來，而是以內明的方式存在，稱之為「童子寶瓶身」，這是我們內心實相之中最為究竟的實相。一旦所要調伏、所要利益的眾生出現時，從這童子寶瓶身、從最微細的本智這裡，又可以再度示現出報身，再度示現出化身，這是報身、化身顯現的一個基礎，以這種方式持續不斷繼續地存在。這也是我們經常打坐、禪修，所要追求的最究竟的果位，法身的果位。

　　以上是《功德寶藏》第十三章，開示究竟的果位的理論、佛身的理論和本智的理論。

後善——結論

後善結論的內容，談到至尊　吉美林巴寫《功德寶藏》的原因，還有將撰寫善根迴向給一切的眾生。

造論之因

　　遍智　吉美林巴造論《功德寶藏》，完全齊備一切撰寫論典的條件，因為他實修遍智　龍欽巴尊者教法，觀想、實修閉關經過很多年，之後　龍欽巴尊者現身（本智身），　吉美林巴親見三次，得到遍智　龍欽巴尊者的大悲攝受，傳授口訣。假設不是這種情況做實修，或是沒有得到　龍欽巴尊者親自指導的話，　吉美林巴很可能會走到顛倒的道路，墮入輪迴的懸崖中，浪費掉十八種暇滿的人身寶，很可能會發生這種危險。

　　現在造論寫成這部《功德寶藏》，從經教乘門到密咒乘門到大圓滿教法，將一切教法的見地、觀修、行持，全部做了一個妥善的講解，這些完全都是因為實修遍智　龍欽巴尊者教法非常多年，再三閉關，再三實修，再三觀想，產生勝慧之故才寫下來的，所以這裡面所談到的內容，就不是一個人在學校讀很多年書，博通經典，通過層層考試，變成一個大博士，再用自己的妄念心，把各種經典，各家宗義比較、思維之後寫成的，完全不是這種方式！如果是經由這種方式，絕對不可能寫成本書。

　　因此，這裡面所講的見地、觀修、行持，如果有和其它派系不相隨順的部分，遍智　吉美林巴也說跟大家懺罪，非常抱歉。

　　這本書的內容主要是將遍智　龍欽巴尊者全集《七寶藏論》、

《三休息論》、《三自解脫論》、《三種除暗》等殊勝廣大無邊的教法要點，全部濃縮，集中在一起做說明，而且完全是經由遍智　吉美林巴自己實修，證得了內心實相、本然面貌之後，才成就了這部《功德寶藏》的內容。

因此如果我們詳讀全書，靠著這些內容努力做實修，一定可以證得佛果，得到如所有智與盡所有智，這條道路是正確的，絲毫不會騙人。

迴向發願

最後，將撰寫《功德寶藏》的善根做一個迴向發願，以這個善根迴向給自己和其他一切眾生都能夠證得佛果，而且能夠實修釋迦牟尼佛所開示的正確無誤的內道教法，能夠精進努力實修，能夠逐漸清淨去除掉煩惱障、所知障，進入解脫的正法法寶之中，順利到達究竟的佛果、無邊功德的果位。這是　吉美林巴的迴向文。

之後發願祝福眾生，　吉美林巴發什麼願望呢？大圓滿教法的實修者如果住在繁榮的城市，想要得到證悟非常困難，應當去住在寂靜的山居蘭若做實修，因此希望大圓滿的實修者都能夠有非常好的順緣，能夠於寂靜的山居做實修，這些順緣能夠成熟。

如果是住在城市，看不到樹木，看不到草地，看不到來來往往的各種動物，聽不到大自然所發出的天籟之聲。但是如果住在寂靜的深山閉關，森林非常安靜，春夏秋冬四季景觀各不相同，來來往往的動物和鳥類發出美妙的聲音，還有形形色色的花草樹木，隨著

季節更迭盛開、枯萎、掉落，因此內心無常的想法很容易產生，無常想法產生之後，就很容易做實修。

都市就宛如毒蛇出沒的森林一樣，看起來好像非常美麗、非常清涼，以為到裡面去可以納涼休息，但一走進去立刻被毒蛇咬死了！就像這個情況一樣，住在城市裡以為順緣非常好，生活條件也非常好，但內心的妄念會出現很多，做事時也會累積很多罪業。

如果能安住在深山裡，內心容易產生憂戚之心，能夠思維無常；思維無常就很容易看到輪迴的過患；看到輪迴的過患，在修法上就很容易精進努力；對於上師的功德大恩很容易回憶起來，對於上師教法的信心很容易強烈，對於淨土的功德和情況也非常容易產生信心。

還有在深山之中，大自然不斷傳出流水的聲音、山風的聲音，這些聲音也能夠除去我們內心的煩惱妄念。而且在深山實修時，自他各種干擾都不會存在，因此，自古以來許多大圓滿的實修者都是在深山裡做實修。遍智　吉美林巴說就像他們的情況一樣，希望每一位實修者都能夠得到這種機會，能在深山裡做實修。

我們有一些人在實修佛法時，很容易因為父母阻礙不能實修佛法，因為丈夫阻礙不能實修佛法，因為子女阻礙不能實修佛法，因為錢財不足夠不能實修佛法，遇到各種各類的障礙，無法順利實修佛法。遍智　吉美林巴因此發願，希望所有的實修者都能夠自由自主、稱心如意來實修。而當這些人都能稱心如意、自由自主來實修佛法時，他發願祝福這些人能迅速證得果位，能夠有偉大事業廣大利益眾生！

　　這是《功德寶藏》的迴向發願文。

　　《功德寶藏》的請求者是遍智　吉美林巴的弟子札布巴，因弟子的請求，遍智　吉美林巴寫下此論。最後他說：「這些內容經常受到古魯仁波切的加持，將古魯仁波切當作究竟的皈依之處，我，稱爲至尊金剛兼瑞偉瑟（吉美林巴的名字）這樣的一位大圓滿的實修者，在貝瑪偉林（吉美林巴住的地方）寫下了這本書的教法。」

　　我們已經將《功德寶藏》顯分和密分完整做了一個詳細的講解，此後，大家要反覆再三地聽聞，複習，依法實修，對於大家一定會有非常廣大的利益。

善知識系列　JB0089

本智光照──功德寶藏論　密宗分講記

藏 文 原 著／遍智　吉美林巴
講　　　記／堪布徹令多傑仁波切
口　　　譯／張福成
編　　　輯／丁品方
業　　　務／顏宏紋

總　編　輯／張嘉芳
出　　　版／橡樹林文化
　　　　　　城邦文化事業股份有限公司
　　　　　　台北市民生東路二段 141 號 5 樓
　　　　　　電話：(02)25007696　傳眞：(02)25001951
發　　　行／英屬蓋曼群島商家庭傳媒股份有限公司城邦分公司
　　　　　　104 台北市中山區民生東路二段 141 號 2 樓
　　　　　　客服服務專線：(02)25007718；25001991
　　　　　　24 小時傳眞專線：(02)25001990；25001991
　　　　　　服務時間：週一至週五上午 09:30 ～ 12:00；下午 13:30 ～ 17:00
　　　　　　劃撥帳號：19863813　戶名：書虫股份有限公司
　　　　　　讀者服務信箱：service@readingclub.com.tw
香港發行所／城邦（香港）出版集團有限公司
　　　　　　香港灣仔駱克道 193 號東超商業中心 1 樓
　　　　　　電話：(852)25086231　傳眞：(852)25789337
　　　　　　E-mail：hkcite@biznetvigator.com
馬新發行所／城邦（馬新）出版集團【Cité (M) Sdn.Bhd. (458372 U)】
　　　　　　41, Jalan Radin Anum, Bandar Baru Sri Petaling,
　　　　　　57000 Kuala Lumpur, Malaysia.
　　　　　　電話：(603)90578822　傳眞：(603)90576622
　　　　　　E-mail：cite@cite.com.my

版面構成／歐陽碧智
封面設計／周家瑤
印　　刷／韋懋實業有限公司

初版一刷／ 2013 年 6 月
初版五刷／ 2021 年 11 月
ISBN ／ 978-986-6409-56-1
定價／ 340 元

城邦讀書花園
www.cite.com.tw

版權所有‧翻印必究（Printed in Taiwan）
缺頁或破損請寄回更換

國家圖書館出版品預行編目資料

本智光照：功德寶藏論 密宗分講記 ／遍智 吉美林巴
藏文原著；堪布徹令多傑仁波切講記；張福成口譯
-- 初版 . -- 臺北市：橡樹林文化，城邦文化出版：
家庭傳媒城邦分公司發行, 2013.06
　　面 ；　公分 . --（善知識系列；JB0089）
　　ISBN 978-986-6409-56-1（平裝）

1. 藏傳佛教　2. 注釋　3. 佛教修持

226.962　　　　　　　　　　　　　　102007347

廣　告　回　函
北區郵政管理局登記證
北 台 字 第 10158 號
郵資已付　免貼郵票

104 台北市中山區民生東路二段 141 號 5 樓

城邦文化事業股份有限公司

橡樹林出版事業部　收

請沿虛線剪下對折裝訂寄回，謝謝！

橡樹林

書名：本智光照——功德寶藏論　密宗分講記　書號：JB0089

橡樹林文化
讀者回函卡

感謝您對橡樹林出版社之支持，請將您的建議提供給我們參考與改進；請別忘了
給我們一些鼓勵，我們會更加努力，出版好書與您結緣。

姓名：＿＿＿＿＿＿＿＿＿＿＿＿ □女 □男　生日：西元＿＿＿＿＿年

Email：＿＿＿＿＿＿＿＿＿＿＿＿＿＿＿＿＿＿＿＿＿＿＿＿＿

● 您從何處知道此書？

　□書店　□書訊　□書評　□報紙　□廣播　□網路　□廣告 DM　□親友介紹

　□橡樹林電子報　□其他＿＿＿＿＿＿＿＿＿＿

● 您以何種方式購買本書？

　□誠品書店　□誠品網路書店　□金石堂書店　□金石堂網路書店

　□博客來網路書店　□其他＿＿＿＿＿＿＿＿＿

● 您希望我們未來出版哪一種主題的書？（可複選）

　□佛法生活應用　□教理　□實修法門介紹　□大師開示　□大師傳記

　□佛教圖解百科　□其他＿＿＿＿＿＿＿＿＿

● 您對本書的建議：

＿＿＿＿＿＿＿＿＿＿＿＿＿＿＿＿＿＿＿＿＿＿＿＿＿＿＿＿

＿＿＿＿＿＿＿＿＿＿＿＿＿＿＿＿＿＿＿＿＿＿＿＿＿＿＿＿

＿＿＿＿＿＿＿＿＿＿＿＿＿＿＿＿＿＿＿＿＿＿＿＿＿＿＿＿

＿＿＿＿＿＿＿＿＿＿＿＿＿＿＿＿＿＿＿＿＿＿＿＿＿＿＿＿

＿＿＿＿＿＿＿＿＿＿＿＿＿＿＿＿＿＿＿＿＿＿＿＿＿＿＿＿